인간과 풍토

와쓰지 데쓰로 지음─서동은 옮김

인간과 풍토

風土

P 필로소픽

서문

　이 책의 목적은 인간 존재를 가능하게 하는 구조적 계기로서의 풍토 성을 명확히 하는 데 있다. 이런 이유 때문에 여기서 다루고자 하는 것은 자연환경이 어떻게 인간생활을 규정하는가 하는 문제가 아님을 미리 밝혀 둔다. 보통 자연환경으로 간주되는 것은 인간의 풍토성을 구체적 기반으로 하여 나온 것으로, 여기서 (풍토는) 대상적으로 해소되어 나온 것이다. 이러한 의미에서 풍토와 인간생활의 관계를 생각한다면 인간생활 그 자체도 이미 대상화된다. 따라서 이 관점은 대상과 대상 사이의 관계를 생각하는 데 있는 것이지, 주체적인 인간 존재가 (대상과) 관계하는 입장은 아니다. 우리가 다루는 문제는 후자에 해당한다. 예를 들어 여기에서 풍토적 형상形象이 계속해서 문제가 되고 있는 것은 그것이 주체적 인간 존재의 표현으로서 문제가 되는 것이지, (나의 밖에 대상으로 존재하는) 모든 자연 현상으로서 그런 것이 아니다. 이 점에 대해 혼동이 없기를 바란다.

　내가 풍토성의 문제를 생각하기 시작한 것은 1927년 초여름, 베를린에서 하이데거의 《존재와 시간》을 읽었을 때다. 인간의 존재 구조를 시간성으로 파악하는 (그의) 시도는 나에게 매우 흥미로웠다. 그러나 시간성이 각각의 인간 주체의 존재 구조로 작용할 때 왜 동시에 공간성이 같은 근원적인 존재 구조로 작용하지 않았을까 하는 물음이 생겼다. 물론 하이데거에게서 공간성의 문제가 전혀 모습을 드러내지 않는 것은 아니다. (그는) 인간 존재와 관련해 구체적인 공간에 주목했고, 독일 낭만주의의 '생생한 자연'을 새롭게 부각시키기도 하였다. 그러나 이것은 시간성이 강하게 조명되는 가운데 그 형체를 잃어버렸다. 여기서 나는 하이데거가 했던 작업의 한계를 보게 되었다. 공간성에 입각하지 않은 시간성은 아직 진정한 의미의 시간성이 아니다. 하이데거가 이 차원에 머무르게 된 것은 그의 현존재Dasein가 어디까지나 개인에 불과했기 때문이다. 그는 인간 존재를 단지 인간의 존재로 이해하는 데 사로잡혀 있었다. 이러한 관점은 인간 존재의 개인적·사회적인 이중구조에서 보면, 단순한 추상화의 일면에 지나지 않는다. 인간 존재가 그 구체적인 이중성에서 파악될 때, 시간성은 공간성과 상호보완적으로 다가오게 된다. 하이데거에게 구체적으로 충분하게 드러나지 않는 역사성도 여기서 비로소 참된 모습을 드러낸다. 이와 더불어 역사성과 풍토성이 서로 관련되어 있다는 점도 분명해진다.

이 문제가 이처럼 나에게 다가오게 된 계기는 시간성의 엄밀한 분석에 몰두했던 나 자신의 마음이 마침 여러 풍토에 대한 인상으로 채워졌기 때문일지도 모른다. 또 마침 이런 문제가 나 자신에게 다가왔기 때문에 풍토에 대한 인상을 되돌아보게 되었거나 혹은 풍토의 인상에 주목하게 되었다고 할 수도 있다. 따라서 내가 풍토의 문제를 자각하게 된 것은 시간성, 역사성의 문제 때문이라고 말해도 좋을 것이다. 이러한 문제가 매개되지 않았다면 풍토에 대한 인상은 그야말로 단지 풍토에 대한 인상에 머물렀을 것이다. 매개에 의거했다고 말하는 것은 마침 풍토성과 역사성의 상호 연관관계를 보여주는 것이기도 하다.

이 책은 대체로 1928년 9월에서 1929년 2월까지 했던 강의 초고를 기초로 작성한 것이다. 이 강의는 외국 여행에서 돌아와 시간적 틈도 없고, 인간 존재의 시간성·공간성의 문제에 들어가 씨름할 여유도 없고 해서 단지 풍토의 문제만을 다루어 논의해본 것이다. 그렇기는 하지만, 이 책의 대부분은 이미 쓴 초안 각각의 부분을 나중에 기회가 있을 때마다 고쳐 단편적으로 발표했던 것들이다. 초안의 형태를 그대로 간직하고 있는 것은 마지막 한 장뿐이다. 각기 따로 발표했던 글이지만 원래 하나의 연관성 가운데 생각했던 것들이기 때문에 여기에 한데 모아두고자 한다. 아직은 불충분하지만 말이다. (이 책의 부족한 점이) 여러 지식인들의 논의를 통해 채워진다면 더없이 기쁠 것이다.

1935년 8월

이번에 새 판을 출판하면서 3장의 중국 부분을 다시 고쳐 썼다. 원래 이 부분은 1929년 좌익 사상이 유행하던 무렵에 쓴 것이어서 풍토를 고찰할 때 당시 좌익 사상에 대한 반박을 섞어 넣었다. 지금은 그것을 빼고 순수하게 풍토의 고찰로 고쳐 썼다.

1943년 11월

와쓰지 데쓰로

차례

일러두기

1. 이 책은 和辻哲郎 著,《風土 – 人間學的考察》, 岩波書店, 1984. 49쇄 판을 대본으로
   하여 번역하였다.
2. 본문에서 인명이나 지명 등 설명이 필요한 부분은 [ ] 안에 옮긴이 주를 표시했고, 설명
   이 긴 경우에는 각주로 옮긴이 주를 달았다.
3. 문맥상 어색한 부분은 옮긴이가 말을 첨가하고 괄호 처리하였다.
4. 원문의 문단이 너무 짧거나 긴 경우, 번역본에서는 이를 일정한 문단의 크기로 나누었다.

1

풍토의 기초 이론

1. 풍토 현상

이 책에서 풍토란 어떤 땅의 기후, 기상, 지질, 토질, 지형, 경관 등의 전체를 지칭하는 말로 예전에는 수토水土라고도 했다[우리말로는 풍수風水가 이에 해당하는 말이라고 할 수 있을 것이다]. 인간을 둘러싼 환경으로서 자연을 흙, 물, 불, 바람으로 파악한 고대의 자연관은 이러한 개념을 바탕으로 하고 있다. 그러나 이 책에서 인간의 환경을 '자연'이 아니라 '풍토'로 고찰하려는 데는 그럴 만한 이유가 있다. 이것을 명확하게 하기 위해 우리는 먼저 풍토 현상을 분명하게 설정해야 한다.

우리는 이미 특정한 땅에 살고 있다. 그에 따라서 우리가 원하든 원하지 않든 그 땅의 자연환경이 우리를 '둘러싸고' 있다. 이 사실은 상식적으로는 매우 분명하다. 여기서 인간은 보통 이 자연환경을 각각의 자연 현상으로 고찰하고, 더 나아가서는 이것이 '우리'에게 미치는 영향도 주제로 다룬다. 자연환경이 우리에게 주제가 되는 경우는 그것이 생물학적, 생리학적 대상이거나, 국가의 형성과 같은 실천적인 활동에 연관된 대상일 때다. 이러한 주제들은 각 분야의 전문적 연구가 필요한 복잡한 관계를 함축하고 있다.

그러나 우리가 주제로 삼고자 하는 것은, 일상에서 직접 경험하는 사실로서의 풍토를 과연 **그대로** 자연 현상으로 간주해도 좋은가 하는 점이다. 자연과학의 관점에서는 풍토를 자연 현상으로 다루는 것이 당연한 일이겠지만, 현상 자체가 근원적으로 자연과학의 대상인가 아닌가 하는 것은 다른 문제이다.

이 문제를 생각해보기 위해 상식적으로 명백한 기후 현상이지만 여러 현상 중 하나일 뿐인 추위로 기후 현상에 대해 논의해보자. 우리가 추위를 느낀다는 사실은 누구에게나 의심할 수 없는 명백한 사실이다. 그런데 추위란 무엇일까? 일정한 온도의 공기, 즉 물리적 객관인 한기寒氣가 우리 몸의 감각 기관을 자극해서 심리적 주관으로서의 우리가 추위를 어떤 심리 상태로 경험하는 것일까? 만약 그렇다면, 이 '한기'와 우리는 각각 단순하게 그 자체로 존재하고, 그 한기가 밖에서 우리에게 들어옴으로써 비로소 '우리가 추위를 느낀다'라는 지향적 관계가 생긴다. 따라서 한기가 우리에게 영향을 미치고 있다는 사실은 당연히 고려할 수 있는 대상이다. 즉 (객관적 대상으로서의) 기후 현상으로 고려할 수 있는 것이다.

그렇지만 과연 그럴까? 우리가 **추위를 느끼기 전**에 한기라는 것이 독립적으로 있다는 것을 어떻게 알 수 있을까? 그것은 불가능하다. 우리는 추위를 느끼는 **한**에서 한기를 발견한다. 이 한기가 밖에서 우리에게 온다고 생각하는 것은 **지향적 관계**에 대한 오해이다. 원래 지향적 관계는 밖에서 객관이 다가옴으로써 형성되는 것이 아니다. 개인적 의식과 관련해 고찰해볼 때, 주관은 그 자체 안에 지향적 구조를 가지고 있고, 이미 '무엇인가를 향해' 있다. '추위를 **느낀다**'고 할 때, '추위'란 한기를 향해 관계가 일어나도록 하는 어떤 점點적인 것이 아니고, '…를 느낀다'는 경험의 사태로서 그 자체가 이미 관계이다. (바로) 이 관계에서 추위를 발견하는 것이다. 그러므로 이러한 관계적 구조로서의 지향성은 추위와 관계된 주관의 한 구조에 불과하다. '우리가 추위를 느낀다'고 말하는 것은 무엇보다도 이러한 '지향적 체험'을 뜻한다.

그렇다면 추위란 주관적 체험의 한 계기에 불과한 것은 아닐까? 이렇게 발견된 한기는 '나'의 영역 안에 있는 한기이다. 그런데 우리가 한기라고 부르는 것은 나의 밖에 있는 어떤 초월적이고 객관적인 것이지, 단순한 나의 느낌은 아니다. 주관적 체험은 어떻게 해서 이러한 초월적 객관과 관계할 수 있을까? 즉 추위라는 느낌이 어떻게 바깥 기온의 차가움과 관계할 수 있을까?

이 물음은 지향적 관계에서 지향된 것에 대한 오해를 담고 있다. 지향적 대상은 심리적 내용과 같은 것이 아니다. 따라서 객관적인 한기와 독립해 있는 장소 체험으로서의 추위가 지향적 대상이라고 이해해서는 안 된다. 추위를 **느낄** 때, 우리는 추위라는 '감각'을 느끼는 것이 아니라 직접적으로 '바깥 공기의 차가움' 또는 '한기'**를 느끼고 있는** 것이다. 즉 지향적 체험에서 '느껴지는 것'으로서의 한기는 '주관적인 것'이 아니고 '객관적인 것'이다. 그러므로 추위를 느끼는 지향적인 '관계' 자체가 이미 바깥 공기의 차가움과 관계되어 있다고 말해도 좋을 것이다. 초월적으로 있는 것으로서의 한기는 이러한 지향에서 비로소 성립한다. 이에 따라 추위의 느낌이 바깥 공기의 차가움과 어떻게 관계하는가와 같은 물음은 본래 존재하지 않는다.

이렇게 보면 주관과 객관의 구별, 즉 그 자체로 독립해 있는 '나'와 '한기'를 구별하는 것은 오해이다. 추위를 **느낄** 때 우리는 이미 바깥 공기의 차가움과 함께 살아가고 있는 것이다. 우리가 차가움과 관계한다는 것은 우리 자신이 차가움으로 **나오는 것**이다. 이런 의미에서 우리 자신의 존재방식은 하이데거가 말하고 있듯, '밖으로 나오다ex-sistere'라는 것, 즉 지향성을 그 특징으로 한다.[1] 여기서 다음과 같은 설명이 가능하다. 우리 자신은 **밖으로 나옴**으로써 자기 자신과 마주한다. 반성의 방식으로 자기 자신을 향하지 않을 때에도, 즉 반성을 하지 않고도 자기는 자기 자신에게 나타난다. 반성은 자기 파악의 한 양태일 뿐, 원초적인 자기개시自己開示의 방식이 아니다. (원래 reflektieren을 시각적 측면에서, 즉 무언가를 갖다 대고 거기에서 **반사**하는 것, 무언가의 방향에서 반사되어 스스로를 보이는 것의 의미로 이해한다면, 이것은 자기가 그 자신에게서 스스로를 드러내는 방식을 표현하는 것으로 볼 수도 있다.) 우리는 추위를 느낀다. 즉 우리는 추위 가운데로 나온다. 그 때문에 우리는 추위를 느끼는 데서, 추위 자체에서 자기를 발견한다. 그러나 이것은 스스로가 자기를 추위 가운데 이입시키고, 이입된 자기가 추위 안에 있는 것을 나중에 발견한다는 의미가 아니다. **추위가 처음** 발견될 때, 자기 자신은 추위 가운데 나온 것이다. 그래서 가장 근원적으로 '밖에 있는' 것은 한기와 같은 (어떤) '것', '대상'이 아니라 자기 자신이다. '밖으로 나온' 것은 자기 자신이 지닌 구조의 근본적 규정이다. 지향성도 여기에 기초한다. **추위를 느끼는 것**은 하나의 지향적 체험이지만, 여기서 우리는 이미 밖으로, 즉 추위 안으로 **나온 자신**을 본다.

　지금까지는 추위를 느끼는 개별적 의식의 시점에서 고찰한 것이다. 그런데 '**우리가** 추위를 느낀다'고 표현해도 이상하지 않듯 우리 역시 추위를 체험한다. 추위는 나에게만 느껴지는 것이 아니다. **우리는 같은 추위를 함께 느낀다.** 그렇기 때문에 추위를 표현하는 언어를 일상의 인사말로 사용할 수 있는 것이다. (이러한 인사는) 우리가 추위를 느끼는 방

1　이 점이 이 책에서 하이데거의 관점을 충실히 반영한 부분이라고 할 수 있다. 나와 추위, 나와 더위는 따로 존재할 수 없다. 인간은 이미 어떤 특정한 '세계(혹은 주위세계, Umwelt)'에서 살고 있다. 하이데거가 세계-내-존재(In-der-Welt-sein)라는 개념으로 말하려는 것이 바로 이러한 사실(Sache)이다. 그런데 우리는 이 양자를 떼어 따로 보는 데 익숙해 있다. — 옮긴이 주.

식이 서로 다르면서도 추위를 함께 느낀다는 공동의 경험에서만 가능하다. 이 공동의 경험이 없으면 타인 가운데 있는 추위의 체험에 대한 인식은 전혀 불가능할 것이다. 이렇게 본다면, 추위 가운데 나온다는 것은 단지 나만의 경험 사태가 아니고, 우리의 경험 사태인 것이다. 아니, 우리가 있는 곳에서의 나, 내가 있는 곳에서의 우리인 것이다. '밖으로 나온다'는 말을 근본적 규정으로 만드는 것은 이러한 우리이지, 단순히 나는 아닌 것이다. 따라서 '밖으로 나온다'라고 하는 구조는 한기와 같은 '것' 가운데로 나오기에 앞서 이미 **타인의 우리 가운데로 나온다**는 데서 성립하는 것이다. 이것은 **지향적 관계가 아니라** '관계間柄²'이다. 이 때문에 추위에서 자기를 발견한다는 것은 근본적으로 관계로서의 우리를 발견하는 것이다.

　추위라는 현상이 무엇인가에 대해서는 이제 거의 분명해졌다고 생각한다. 그러나 우리는 추위와 같은 기상 현상을 독립적으로 체험하지 않는다. 추위는 따뜻함과 더위와의 연관 가운데서, 더 나아가 바람, 비, 눈, 햇빛 등과의 연관 속에서 체험된다. 즉 추위는 여러 기상 현상의 전체인 '기후' 가운데 하나에 불과하다. 밖에는 차가운 바람이 불지만 따뜻한 실내에 있거나, 추운 겨울이 지난 후 부드러운 봄바람이 불 때, 매우 더운 여름 낮에 억수 같이 내리는 소나기를 만났을 때, 우리는 언제나 날씨에서 우리 자신을 먼저 이해한다. 기후의 변화에 우선해 우리 자신의 변화를 먼저 아는 것이다. 그런데 이 '기후'도 단독으로 체험되는 것이 아니다. 이것은 어떤 토지의 토양地味, 지형, 경관 등과 연관해서만 체험된다. 추운 바람은 '산 위에서 부는 바람'이기도 하고, '강한

2　이 단어는 사람과 사람 사이를 뜻하는 말로, 저자에게 중요한 의미가 있다. 특별히 그는 人間이라는 단어에 중요한 철학적 의미를 부여하는데, 이를 '사람 사이'라는 말로 풀이하고 이 말에서 인간과 인간, 인간과 사물 관계의 특징을 읽는다. － 옮긴이 주.

바람'이기도 하다. 봄바람은 꽃을 흩날리게 하는 바람이기도 하고, 파도를 일으키는 바람이기도 하다. 여름의 더위 또한 왕성한 초록을 물들이는 더위이기도 하고, 아이들을 바닷가에서 놀게 하는 바람이기도 하다. 꽃을 흩트리는 바람에서 기쁨이나 슬픔을 느끼는 우리 자신을 발견하는 것과 같이, 가뭄이 심할 때 나무에 내리쬐는 햇빛에서 마음이 타들어가는 우리 자신을 본다. 즉 우리는 '풍토'에서 우리 자신을, 관계로서의 우리 자신을 발견한다.

이와 같은 자기이해는 추위나 더위를 느끼는 '주관'으로서 혹은 꽃을 즐기는 주관으로서의 '나'를 이해하는 것이 아니다. 우리는 이러한 체험에서 '주관'에 눈을 돌리지 않는다. 추위를 느낄 때 우리는 몸을 움츠리기도 하고, 옷을 입기도 하고, 화롯가로 다가가기도 한다. 아니, 이것보다 더 강한 관심을 가지고 (우리는) 아이들에게 옷을 입히고, 노인들을 불 곁으로 이끈다. 또는 옷과 숯을 팔기 위해 노동을 한다. 숯을 만드는 사람은 산에서 숯을 굽고, 직물공장에서는 옷감을 제조한다. 즉 추위와의 '관계'에서 우리는 추위를 막는 여러 수단을 통해 개인적·사회적으로 얽혀 행동한다. 마찬가지로 꽃을 즐길 때도 '주관'에 눈을 향하는 것이 아니고, 넋을 놓고 꽃을 보거나 꽃구경을 하면서 친구를 불러내기도 하고, 꽃 옆에서 시를 짓거나 즐겁게 몸을 움직이기도 한다. 즉 우리는 봄 풍경과의 관계에서 꽃을 향유하는 여러 수단을 개인적·사회적으로 실천하고 있다. 폭염, 폭풍이나 홍수 같은 자연재해를 대하는 태도도 마찬가지다. 이러한 모든 '자연의 맹위'와의 관계에서 우리는 우선적으로 신속하게 재해를 방어하는 공동의 수단에 얽혀 행동한다. 풍토에서의 자기이해는 바로 이런 수단의 발견으로서 나타나는 것이지, '주관'을 이해함으로써 되는 것이 아니다.

위에서 발견된 것과 같은 여러 가지 수단, 예를 들어 의복, 화로, 숯을 굽는 일, 집, 꽃구경, 꽃의 명소, 제방, 배수로, 방풍을 위한 집의 구조와 같은 것은 원래 자유롭게 우리 자신이 만들어낸 것이다. 하지만 그것을 추위와 폭염과 습기와 같은 풍토의 여러 현상과 관계없이 만들어내는 것이 아니다. 우리는 풍토에서 우리 자신을 보고, 이러한 자기이해 속에서 우리 자신을 자유롭게 형성해간다. 그런데 우리가 당대에 국한해 추위나 더위, 폭풍이나 홍수에 대항하거나 방어하는 일을 하는 것은 아니다. 우리는 조상 대대로 이어 내려온 오랜 시간 동안 축적된 이해를 토대로 하고 있다. 가옥의 양식은 **집을 만드는 방식**을 고정한 것이라고 할 수 있다. 이 방식은 풍토와 깊은 관련이 있다. 집은 추위를 막는 도구이면서 동시에 더위를 막는 도구이기도 하다. 집 짓는 방식은 추위와 더위 중 무엇을 **더** 많이 방어해야 하는가에 따라 우선적으로 규정되지 않으면 안 된다. 더욱이 가옥은 폭풍, 홍수, 지진, 화재 등에도 견딜 수 있어야 한다. 가옥 지붕의 무게는 지진에 취약해도 폭풍이나 홍수에는 유리하다. 집은 각각의 제약에 부합해야 한다. 한편 습기는 가옥의 거주성을 섬세하게 규정한다. 습기가 강한 곳에서는 통풍이 매우 잘 조절되어야 한다. 목재, 종이, 진흙 등은 습기를 막기에 가장 좋은 건축 재료이지만 화재에 대해서는 어떠한 방어력도 없다. 이러한 여러 제약이 그 경중 관계에서 질서를 잡아가면서 점차로 어떤 지역의 가옥 양식이 만들어져 부각된다. 그렇다면, 집을 만드는 방식이 고정되었다고 하는 것은 풍토에서 인간의 자기이해를 잘 표현한 것이라 할 수 있다. 의복의 양식도 마찬가지일 것이다. 그것 또한 의복을 만드는 **방식**이 오랜 시간 동안 사회적으로 고정된 것이지만, 이 방식을 규정하는 것은 풍토이다. 어떤 지역에서 특유한 의복 양식이 그 지역의 문화적 우월함 때문에 풍토가 다른 지역으로 이식되는 것은 가옥 양식의 이식보다 쉽게 일어나는 일이지만, 그렇다고 해도 어떠한 지역에 **이식된 양식이 그 양식을 가져온**

풍토에 규정된다는 사실이 결코 없어지지는 않는다. 양복洋服은 반세기에 걸쳐 이식되었어도 여전히 서양 옷으로서의 양복이다. 이것은 '음식'에서 더 잘 드러난다. 음식의 생산과 가장 관계가 깊은 것이 풍토이다. 인간이 짐승의 고기나 물고기 중에 어떤 것을 원하는가에 따라 목축이나 어업 가운데 하나를 선택한 것은 아니다. 풍토적으로 목축이나 어업이 결정되기 때문에 그에 따라 짐승의 고기나 물고기를 원하게 된 것이다. 마찬가지로 이념적인 이유에서 채식주의를 선택하는 게 아닌 이상, 채식이냐 육식이냐를 결정하는 것도 풍토이다. 이렇게 해서 우리의 식욕은 단순하게 음식 일반을 원하는 것이 아니라, 이미 오랜 시간에 걸쳐 형성된 특정한 요리 방식으로 조리된 음식을 향해 있다. 빵인가 밥인가 비프스테이크인가 생선회인가 하는 것 등은 배고플 때 원하는 것이다. 요리 양식은 한 민족이 살아가면서 오랜 기간에 걸쳐 경험한 풍토적인 자기이해를 표현한다. 일본의 경우 어패류나 해초를 먹는 것은 선조들이 농업을 습득하기 전부터 이미 해왔던 것이다.

더 나아가 우리는 풍토 현상을 문예, 미술, 풍습 등 모든 인간생활의 표현 가운데 발견할 수 있다. 풍토가 인간의 자기이해 방식인 한 이는 당연하다. 우리는 풍토의 표현을 이런 것으로 받아들인다. 따라서 풍토는 자연과학적 대상과 분명히 다르다. 해초를 사용하는 요리 양식을 풍토 현상으로 고찰하는 것은 풍토를 단순히 자연환경으로 보는 입장이 아니다. 더군다나 예술의 양식을 풍토적으로 이해한다는 것은 풍토가 역사를 떠나지 않는다는 사실을 단적으로 보여준다. 풍토 현상에 대해 가장 자주 등장하는 오해는 우리가 처음에 제시한 것과 같은 상식적인 입장, 즉 자연환경과 인간 사이의 영향을 생각하는 입장이다. 그렇지만 이것은 이미 구체적인 풍토 현상에서 인간 존재 혹은 역사의 계기를 제거하고 풍토를 단순한 자연환경으로 보는 입장으로 이동한 것이다. 인간은 단지 (주어진 자연환경이라는) 풍토에 의해 규정되지만은 않는다. 이 입장은 진정으로 풍토 현상을 보지 못하게 한다. 이와는 달리 앞서 우리는 풍토 현상이 어떻게 인간의 자기이해 방식으로 있는가를 살펴보았다. 인간, 즉 개인적이면서 사회적이라는 이중성격을 지닌 인간의 자기이해 과정은 또한 역사적이기도 하다. 따라서 역사를 떠난 풍토가 없다면 풍토를 떠난 역사도 없다. 그런데 풍토는 인간 존재의 기본 구조로부터만 분명해질 수 있다.

2. 인간 존재의 풍토적 규정

앞 절에서 풍토 현상은 인간이 자기를 발견하는 방식이라고 규정했다. 그렇다면 인간이란 무엇인가? 이에 대한 상세한 고찰은 다른 연구에서 하기로 하고 이 책에서는 다루지 않겠다. 대강의 내용은 (나의 저서) 《인간학으로서의 윤리학》에 서술했다. 자세한 것은 최근에 간행된 《윤리학》을 참조하기 바란다. 그런데 풍토를 인간 존재를 규정하는 것으로서 설명하기 위해서는 먼저 이 규정이 인간 존재의 구조 가운데 어떤 위치를 차지하는지 가늠해보아야 한다.

1. 여기서 인간이라고 부르는 것은 단순히 '사람'(그리스어 anthropos, 라틴어 homo, 프랑스어 homme, 영어 man, 독일어 Mensch)이 아니다. 그것은 '사람'이기도 하지만 동시에 사람들의 결합 혹은 공동체로서의 사회이기도 하다. 이렇게 한 개체로서의 인간이면서 동시에 사회의 일원으로서 존재하는 인간 존재의 이중적 성격이 인간의 근본 성격이다. 따라서 그 일면인 '사람'만을 취급하는 인간학, 또는 그 다른 측면인 '사회'만을 취급하는 사회학은 근본적으로 인간의 본질을 파악할 수 없다. 인간을 진정 근본적으로 파악하기 위해서는 개별적이면서 또한 전체인

인간 존재의 근본 구조를 파악하지 않으면 안 된다. 이런 관점에서 인간 존재를 분석하면 그것이 절대적 부정성으로서의 부정의 운동[3]임이 분명해진다. 인간 존재는 이 부정 운동의 실현일 뿐이다.

2. 위와 같은 인간 존재는 무수한 개인으로 나뉘는 동시에 여러 결합과 공동체를 형성하는 운동이다. 이 분열과 결합은 어디까지나 주체적이고 실천적인 것이지만, **주체적인 신체**身體 없이 일어나지 않는다. 따라서 주체적 의미에서 공간성과 시간성이 위와 같은 운동의 근본 구조를 이룬다. 여기서 공간과 시간이 그 본래적인 의미에서 포착되는데, 시간과 공간은 분명히 서로 떼어 생각할 수 없는 **상즉불리**相卽不離 관계에 있다. 만약 인간 존재의 구조를 단지 시간성으로만 파악하려고 한다면, 그 시도는 개인의식의 바탕에서만 인간 존재를 발견하려고 하는 일면성에 빠져버린다. 인간 존재의 이중적 성격이 우선 인간 존재의 본질로 파악되려면, 위와 같이 시간성에 기초하면서 동시에 공간성을 발견해야 한다.

3. 인간 존재의 공간적·시간적 구조가 명확해질 때, 인간의 연대성의 구조 또한 그 본 모습을 드러낸다. 인간이 만든 여러 공동체, 결합체는 일정한 질서 속에서 내적으로 발전한 체계이다. 이것은 사회의 정적인 구조가 아니라 동적인 운동 체계이다. 부정 운동의 실현이다. 역사도 이렇게 형성되어 간다.

4. 인간 존재의 공간적·시간적 구조는 풍토성·역사성으로서 자신을

---

3 여기서 저자는 개별자로서의 인간이 스스로 변해가며 자신을 구체화하면서 보다 큰 전체로 확대되어 간다는 헤겔의 입장을 취하는 듯한 인상을 준다. 잘 알려져 있듯이, 헤겔에게 개별자는 지속적인 자기 부정성을 통해 절대정신으로 향하는 가운데 있다. 저자의 다른 저술과 관련해서 보면 이러한 입장보다는 대승불교에서 말하는 절대적 부정성을 염두에 두면서 어떤 것을 '어떤 것'으로 고정시킬 수 없는 차원에서의 부정성을 의미한다고 할 수 있다. 부정성 앞에 '절대적'이라는 말을 붙인 것은 니시타 기타로가 말하는 '상대무'와 구별되는 '절대무'의 입장과도 통하는 입장이다. — 옮긴이 주.

드러낸다. 시간과 공간의 상즉불리가 역사와 풍토의 상즉불리의 토대이다. 주체적 인간의 공간적 구조에 기초하지 않으면 모든 사회적 구조는 불가능하고, 사회적 존재에 기초하지 않는 시간성은 역사성이 될 수 없다. **역사성은 사회적 존재의 구조**인 것이다. 시간적이고 역사적인 이중구조에서 인간 존재의 유한적·무한적 이중성격도 명확해질 것이다. 인간은 죽고, 인간과 인간의 관계는 변한다. 그러나 끊임없이 죽어가고 변하면서도 인간은 생생한 인간관계를 지속한다. 이것은 끊임없는 끝이면서 끊임없는 지속이다. 개인의 입장에서 보면 '죽음으로 가는 존재'이지만, 사회의 입장에서 보면 '삶으로 가는 존재'이다. 이처럼 인간 존재는 개인적이고 사회적인 존재인 것이다. 하지만 역사성만이 사회적 존재의 구조는 아니다. 풍토성도 사회적 존재의 구조이고, 그래서 역사성과 뗄 수 없는 관계인 것이다. 역사성과 풍토성이 통합적으로 파악되어야 역사는 육체성을 획득한다. 만약 '정신'이 물질과 대립하는 것이라면 역사는 결코 단순히 정신의 자기 발전 과정일 수 없다. 정신이 자기를 객체화하는 **주체**일 때, 즉 주체적인 육체를 포함할 때 자기 발전으로서의 역사가 창조되는 것이다. 이러한 주체적 육체성이라고 해야 할 것이 바로 풍토성이다. 인간의 유한성과 무한성이라는 이중성격은 인간의 역사적·풍토적 구조로서 가장 잘 드러난다.

여기가 바로 풍토성이 드러나는 장소이다. 인간은 단지 일반적인 '과거'를 등에 업고 있는 것이 아니다. 특수한 '풍토적 과거'를 등에 업고 있는 것이며, 일반적이고 형식적인 역사성의 구조는 (특정한 역사적 상황의) 특수한 내용을 통해 충족된 것이다. 인간의 역사적 존재가 **어떤 나라의 공간, 어떤 시대**의 인간 존재인 것은 위와 같은 사실에 의해서 비로소 가능하다. 그런데 이 특수한 내용으로서의 '풍토'는 일반적인 풍토로서의 역사와 별개로 있다가 나중에 역사의 내용으로 기입되는 것이 아니다. 그것은 처음부터 '역사적 풍토'이다. 한 마디로 말하면, 인간의 역사·풍토적 이중구조에서 역사는 **풍토적 역사**이고, 풍토는 **역사적 풍토**이다. 별개로 고립된 역사와 풍토란 위와 같은 구체적 기반을 추상화한 결과물에 지나지 않는다. 우리가 주제로 삼는 풍토는 추상화 이전의 근원적 풍토이다.

풍토적 규정이 인간 존재의 구조에서 차지하고 있는 위치는 위와 같다. 여기서 풍토의 문제가 이전의 인류학에서 다룬 육체의 문제와 어떻게 다른지 분명해질 것이다. 인류학은 개인적·사회적 인간의 이중성격에서 개인적 성격만을 추출하여 주제로 삼은 학문이었다. 이 학문은 관계에서 유리된 '사람'을 **심신**心身의 **이중성격**에서 파악하고자 하였다. 그러나 **심신**의 차이를 명확히 파악하려는 노력은 공통점을 간과하게 만들었다. 가장 큰 이유는 신체를 그 구체적인 주체성에서 떼어내 '물체'와 동일시한 데 있다. 이렇듯 인류학은 정신론과 신체론으로 나뉘고, 전자는 심리학에서 철학적 인식론의 방향으로, 후자는 동물학의 한 분과인 '인류학'의 방향 또는 생리학이나 해부학의 방향으로 발전해나갔다. 그런데 현대의 철학적 인간학은 이 분열을 극복하고 다시 심신의 이중성격에서 '사람'을 파악하고자 시도한다. 여기서 문제의 중심은 육체가 단순히 '물체'가 아니라는 통찰이다. 즉 육체의 주체성이다. 그렇지만 인류학의 전통을 고수하는 한, 이것은 어디까지나 '사람'의 학문이지 '인간'의 학문은 아니다. 여기서 우리는 인간의 개인적·사회적 이중성격을 가장 근본적인 문제로 하는 입장에서 같은 문제를 추적해보고자 한다. 육체의 주체성은 인간 존재의 공간적·시간적 구조를 기반으로 해서 성립한다. 따라서 주체적인 육체는 고립된 육체가 아니다. 고립되어 있으면서 합일되어 있고, 합일되어 있으면서 고립되어 있는 것과 같은 동적인 구조를 가진 주체적 육체이다. 그런데 이런 동적인 구조에서 여러 가지 연대성이 발전될 때, 이것은 역사적·풍토적인 것이 된다. 풍토 또한 인간의 육체인 것이다. 이제 이 풍토는 개인의 육체가 단순한 '물체'로 보이듯이, 객관적인 단순한 자연환경으로 간주되고 있다. 이런 까닭에 육체의 주체성이 회복되어야 하는 것과 같은 의미에서 풍토의 주체성이 회복되지 않으면 안 된다. 이렇게 보면, 심신관계의 가장 근원적 의미는 '인간'의 심신관계, 즉 역사와 풍토의 관계까지 포함한 개인적·사회적 심신관계에 있다고 해도 좋을 것이다.

풍토의 문제를 뚜렷하게 구별하는 것은 인간 존재의 구조를 분석하는 데 결정적인 지침을 준다는 점에서 중요한 의의가 있다. 인간 존재의 존재론적 파악은 단지 시간성을 구조로 하는 '초월'에 의해서만 이뤄지는 게 아니다. 초월은 무엇보다도 타인에게서 자기를 발견한다. 그것은 자신과 타인의 합일에서 (드러나는) 절대적 부정성의 의미에서의 초월이어야 한다. 따라서 사람과 사람 사이의 '관계'는 초월의 장면일 수밖에 없다. 즉 자신과 타인을 발견하기 위한 기반으로서의 관계 자체가 본래 이미 '밖으로 나가 존재하는ex-sistere' 장면인 것이다. 두 번째로 초월은 위와 같은 관계의 시간적 구조로서 본래 역사적 의의를 띠지 않으면 안 된다. 끊임없이 미래로 나가는 것은 개인적 의식에 의한 것만이 아니다. 관계 자체가 미래로 나가는 것이다. 개인적 의식에서 시간성은 관계의 역사성을 기반으로 추출된 것에 지나지 않는다. 세 번째로 초월은 풍토적으로 밖으로 나가는 것이다. 즉 인간이 풍토에서 자신을 발견하는 것이다. 개인의 입장에서 이것은 몸(신체)의 자각이다. 인간 존재에게 이것은 공동체 형성의 **방식**, 의식의 **방식**, 따라서 언어를 **만드는 방식**, 더 나아가서는 생산 방식과 가옥을 건축하는 방식 등에서 드러난다. 인간의 존재 구조로서의 초월은 이러한 모든 것을 포함해야 한다.

이렇게 보면 주체적인 인간 존재가 자신을 객체화하는 계기는 정확히 이러한 풍토에 있는 것이다. 풍토 현상은 밖으로 나가는 우리 자신을 우리가 어떻게 발견했는지 보여준다. 추위에서 발견된 우리 자신은 의복, 집과 같은 도구가 되어 우리와 마주한다. 더 나아가 우리 자신이 그곳으로 나가 거주하는 풍토 자체도 도구로 '사용'된다. 예를 들어 '추위'는 우리를 의복에 신경 쓰는 방향으로 움직이게 하는 한편, 음식과 관련해 두부를 얼려 먹는 요리 방식을 발달시킨다. '더위'는 부채를 사용하게 하는 한편, 벼를 자라게 하기도 한다. '바람'은 우리에게 210일의 무사[無事, 바람을 향해 기원하는 것]를 기원하는 대상이기도 하지만 돛을 펼치도록 하는 바람이기도 하다. 우리는 이런 관계에서 풍토 안으로 들어가고, 또 이런 방식을 통해 사용자로서의 우리 자신을 이해한다. 다시 말해 풍토에서 자기이해는 (풍토와 연관해서 만든) 도구를 동시에 자기에게 대립하여 분명하게 드러나도록 한다.

인간 존재에게 **가장 가깝게**手近 발견되는 사물이 도구라는 통찰은 많은 것을 알려준다. 원래 '도구'란 본질적으로 '…하기 **위한 것**'이다. 예를 들어 망치는 '못을 박기 **위한 것**'이고, 구두는 '신기 **위한 것**'이다. 그런데 '…하기 위한 것'은 그 자체로 사용되기 위한 기준으로서의 '무언가를 위하여'에 대해서 지시적인 연관 관계를 갖는다. 예를 들어 망치는 구두를 만들기 위한 도구이고, 구두는 걷기 위한 도구이다. 이처럼 언제나 '무언가를' 지시하면서 '…하기 위한 것'으로 있는, 다시 말해 '위함의 연관'이 있는 곳에 도구의 본질적인 구조가 있다. '위함의 연관'은 인간 존재에서 나온다. 그런데 우리는 이와 같은 '위함의 연관'이 시작되는 근원에서 인간 존재의 풍토적 규정을 발견한다. 구두는 걷기 위한 도구이지만 많은 인간은 이 도구 없이도 걸을 수 있다. 구두를 필요로 하는 것은 추위나 더위이다. 의복은 입기 위한 것이지만 입는 것은 1차적으로 추위를 막기 위함이다. 그렇기 때문에 '위함의 연관'은 궁극적으로 풍토적인 자기이해를 감추고 있다. 예를 들어 우리는 추위나 더위에서 자기를 이해하고 아울러 자기의 자유에 입각하여 '막기 위함'이라는 일정한 방향을 취한다. 추위나 더위의 계기 없이 완전히 자발적으로 의복을 만들어내지는 않는다. 따라서 '막기 위하여'에서 '무엇을 가지고'로 향하는 자기를 직시할 때 이미 여기에 풍토적인 자기이해가 드러난다. 바로 이 때문에 의복은 따뜻한 것 혹은 시원한 것, 두꺼운 것 혹은 얇은 것 등의 여러 행태로 제작된다. 양털, 면화, 목화 등이 의복의 재료로 사회적으로 발견되기에 이른다. 이렇게 생각해보면 도구가 일반적으로 풍토적 규정과 밀접한 연관이 있다는 것은 명백하다. 따라서 도구가 우리에게 가장 가까운 것이라는 점은 풍토적 규정이 대상 성립의 최초의 계기가 된다는 사실과 연결된다.

이와 같이 풍토는 인간 존재가 자신을 객체화하는 계기이지만, 풍토 안에서 인간은 또한 자기 자신을 이해한다. 풍토 안에서 자기를 발견한다는 것은 바로 이를 말하는 것이다. 우리는 일상생활에서 어떤 기분 상태에서 자신을 발견한다. 유쾌한 마음가짐 혹은 울적한 마음가짐을 가진 상태에서 (무언가를 지향하고 있는 자신을 발견한다.) 이와 같은 마음가짐, 기분, 심사 등은 단지 심적 상태만을 보여주는 것이 아니라, 우리의 존재방식이다. 그렇지만 이것은 우리 자신이 자유롭게 선택하는 것이 아니라 '이미 정해진' 존재방식으로서 우리 배후에 있다. 이러한 결정성[하이데거의 용어로는 '던져져 있음'혹은 '피투성'], 마음가짐(혹은 기분)은 반드시 풍토적으로만 규정되는 것은 아니다. 우리가 개인적이며 동시에 사회적 존재라는 사실은 우리가 이미 존재하는 곳의 관계에 속해 있는 개인으로 존재한다는 사실을 말해준다. 따라서 (사회가) 개인에게 일정한 마음가짐을 부여한다. 다른 한편, 우리가 이미 존재하는 곳의 역사적 형태도 특정한 사회에 일정한 기분을 부여한다. 그러나 이것들과 함께 또 이것들을 포함해서 풍토적 전승負荷[4] 또한 지극히 현저하게 개입하고 있다. 우리는 어느 날 아침에 '기분이 상쾌한' 자신을 발견한다. 이것은 공기의 온도와 습도의 특정한 상태가 밖으로부터 영향을 주어 안으로 상쾌한 심적 상태를 일으키는 것으로서 설명되는 현상이기는 하지만, 구체적인 체험에서의 사정은 전혀 다르다. 여기에서 있는 것은 심적 상태가 아니고, 공기의 상쾌함이다. 그렇지만 공기의 온도나 습도로서 **인식**되고 있는 대상은 이 상쾌함 그 자체와 어떤 유사점도 가지고 있지 않다. 상쾌함은 '존재방식'이지 '(어떤) 것'도, '(어떤) 것의 성질'도 아니다. 이것은 공기라고 하는 **것**에 속하지만, 공기 자체도 아니고 공기의 성질도 아니다. 우리가 공기라는 **것**을 통해 일정한 존재방식을 떠맡고 있는 것이 아니다. 공기가 '상쾌함'의 존재방식을 지닌다면 이는 결국 우리 자신이 상쾌함으로 존재한다는 의미이다. 즉 우리가 공기에서 우리 자신을 발견하고 있는 것이다. 하지만 공기의 상쾌함은 심적 상태의 상쾌함은 아니다. 우리가 서로 아침 **인사**를 나누며 상쾌한 기분을 직접적으로 표현한다는 점이 이를 잘 보여준다. 우리는 **상쾌한 공기**에서 우리 자신을 이해한다. 상쾌한 것은 자신의 심적 상태가 아니라 공기이다. 바로 그렇기 때문에 우리는 타인의 심적 상태에 눈을 돌리는 것과 같은 절차 없이 직접적으로 서로 "날씨가 좋지요?", "햇볕이 좋네요" 등의 인사를 한다. 우리는 아침 공기 가운데로 들어감과 더불어 일정한 존재방식을 과거로부터 수용하면서 존재하고 있는 것이다.

　이와 같은 풍토적 전승은 우리 존재 안에서 지극히 풍부하게 발견

---

4 저자는 부하, 부담, 짊어짐이라는 단어로 표현하고 있는데, 하이데거의 표현을 빌면, 던져짐 곧 이미 던져져 있음에 해당하고, 가다머의 표현을 빌면 전통에 해당하는 말이다. 이는 이미 주어진 것을 뜻하는 단어로, 역사적·문화적으로 전승된 의미를 지니며 현재의 나를 규정하는 것을 뜻한다. 이 책에서는 단지 시간적 의미에서 과거의 전통이나 전승을 지칭하기보다는 장소적·풍토적 의미에서 이 말을 사용하고 있다. 문맥에 따라 전승 혹은 풍토적 전승으로 옮긴다. – 옮긴이 주.

된다. 쾌청한 날의 쾌청한 마음가짐, 비 오는 날의 음산한 마음가짐, 낙엽이 질 무렵의 생생한 마음가짐, 봄비가 내릴 무렵의 침울한 기분(마음가짐), 여름 아침 뻥 뚫린 기분, 폭풍우가 몰아치는 날의 무서운 느낌 — 어쩌면 우리는 해학연가[일본 무로마치室町시대 말기에 시작된 익살스러운 형식의 연가]에서 계절을 담고 있는 모든 언어를 다 동원해도 역시 이런 전승을 다 담아낼 수 없을 것이다. 이렇게 우리의 존재는 무한하게 풍부한 양태를 띠면서 풍토적으로 규정되어 있다. 우리는 단지 과거를 배후로 하는 것뿐만 아니라, 풍토까지도 배후로 해서 살아가고 있는 것이다.

원래 우리 존재는 전승을 바탕으로 존재하며 규정되는 풍토적 전승의 성격뿐만 아니라, 자유의 성격을 지니고 있다. 이미 존재하고 있으면서 미리 존재하고 있는 것이고, 던져져 있으면서도 앞으로 나갈 자유를 지니고 있는 것이다. 여기서 우리 존재의 역사성이 발견되는데, 이 역사성은 풍토성과 밀접하게 관련되어 있다. 따라서 전승이 (시간적) 과거가 아닌 풍토를 배후로 한다면, 풍토적 규정은 인간의 자유로운 활동에도 일정한 성격을 부여한다. 도구로서의 의식주가 풍토적 성격을 띠고 있음은 말할 것도 없고, 더 근본적으로는 인간이 자신을 발견할 때 이미 풍토적 규정아래 서 있다고 한다면, 풍토 유형은 더 나아가 자기이해의 유형이 되지 않을 수 없을 것이다. 여러 종류의 풍토, 여러 종류의 인간이 그 존재 표현에서 각각 현저한 특성을 지닌다. 이것은 존재적으로 우리에게 명백한 사실이다. 이제 (우리는 인간을) 존재론적으로 구명究明하는 과정에서 **풍토 유형이 인간의 자기이해의 유형**이라는 사실을 깨닫는다. 여기에서 필요한 것은 위에서와 같은 풍토 유형의 발견이다.

그렇다면 우리는 어떻게 풍토 유형과 같은 것을 발견할 수 있을까? 앞에서 언급해왔던 인간 존재의 풍토적 규정은 인간의 역사적·풍토적 구조 일반의 문제이기 때문에 구체적인 인간 존재의 방식에 대한 고찰은 아니다. 이 방식은 구체적인 인간 존재가 반드시 어떤 국토 어떤 시대의 특유한 방법의 차원에 존재한다는 것을 규정하는 데 그치고, 그것이 어떻게 특수한지는 묻지 않는다. 따라서 존재론적으로 파악되는 인간 존재의 방식은 직접적으로 특수한 존재의 유형을 이해하는 것이 아니다. 존재론적으로 존재를 파악하는 것은 단지 특수한 존재에 대한 이해를 매개할 뿐이며, 존재를 파악하기 위한 방법상 길잡이에 불과하다.

따라서 우리는 구체적인 인간 존재의 방식, 즉 존재의 특수성을 파악하기 위해 존재적 인식 곧 역사적·풍토적 현상의 직접적인 이해로 나아가야 한다. 그런데 역사적·풍토적 현상을 단지 객관적 대상으로만 취급한다면 앞에서 언급해왔던 것과 같은 풍토의 의의는 전혀 파악되지 않을 것이다. 여기서 우리는 역사적·풍토적 현상의 이해에 부합하여 엄밀하게 존재론적 규정의 안내를 기다려야 한다. 즉 이러한 현상이 인간의 자각적 존재의 표현이라는 것, 풍토는 이런 존재의 자기 객체화의 계기라는 것, 따라서 주체적인 인간 존재의 유형으로서의 풍토 유형은 풍토적·역사적 현상의 해석을 통해서만 획득할 수 있다는 것 등에 이르러야 하는 것이다. 이것은 특수한 존재의 특수성을 향하는 한에서의 존재적 인식이지만, 이 특수한 방법을 인간의 자각적 존재의 양태로 파악하는 측면에서는 **존재론적** 인식이다. 이렇게 해서 인간의 역사적·풍토적 **특수 구조**의 파악은 존재론적·존재적 인식이 된다. 풍토 유형이 문제가 되는 한 이렇게 되지 않을 수 없다.

이 책은 특수한 풍토 현상에 대한 직관에서 출발해 인간 존재의 특수성을 고찰한다. 원래 풍토는 역사적 풍토이기에 풍토 유형은 동시에 **역사의 유형**이다. 이것을 다루는 데 조금도 주저하지 않을 것이며, 그럴 수도 없을 것이다. 여기서는 특히 인간의 역사적·풍토적 특수 구조를 풍

토의 측면에서부터 파악하려고 시도할 것이다. 이 측면을 강조하는 이유는 역사의 측면에 비해 이에 관한 고찰이 현저하게 등한시되었기 때문이다. 그 이유는 이 문제를 학문적으로 파악하기가 매우 어렵기 때문이다. 일찍이 헤르더J. G. Herder는 '생생한 자연'의 해석에서부터 시작하여 '인간 정신의 풍토학'에 관한 저술을 남겼는데, 이 책은 칸트가 비판하고 있듯이, 학문적 작품이 아니라 시적인 상상의 산물과 유사한 종류의 것이 되어버렸다. 이러한 위험은 풍토를 근본적으로 고찰하려고 하는 사람에게 언제나 따라오는 것이다. 그럼에도 불구하고 풍토의 문제는 근본적으로 다루어지지 않으면 안 된다. 역사 세계의 고찰이 진실로 구체성을 얻기 위해서도 풍토적 성격의 문제는 근원적으로 명확하게 다루어져야 한다.

(1929년 초고, 1931년에 수정, 1935년에 보완함)

2
세
가
지
유
형

1. 몬순

　몬순이라는 말은 아랍어 마우심(mausim, 계절)이라는 말에서 나왔다고 한다. 몬순은 아시아 대륙과 인도양의 특수한 관계 때문에 생긴다. 태양이 적도를 중심으로 북쪽으로 넘어갔다가 다시 남쪽으로 넘어가는 반년가량의 여름에는 남서 몬순이 대륙을 향하여 불고, 나머지 반년가량의 겨울에는 북동 몬순이 바다를 향하여 분다. 특히 여름 몬순은 열대의 대양에서 극심한 습기를 머금은 공기가 강한 바람의 힘을 타고 대륙으로 불어오기 때문에 세계에서 유일한 특수한 풍토를 만들어낸다. 넓은 의미로 해석하면 동아시아 연안 일대는 중국과 일본을 포함하여 풍토적으로 몬순 지역에 해당한다고 할 수 있다. 몬순은 계절풍이다. 특히 **여름의 계절풍**으로 **열대의 태평양**에서 대륙으로 부는 바람이다. 그래서 몬순 지역의 풍토는 **폭염과 습기가 결합**된 것이 특징이다. 우리는 이 몬순의 풍토를 온도계로는 파악될 수 없는 인간 존재의 방식으로 파악하려고 한다.

　몬순 시기에 인도양을 건너는 여행자는 누구나 경험하는 것이 있다. 바람이 부는 쪽에 있는 배 안에서는 아무리 더워도 창문을 열 수가 없다. 습기를 머금은 바람을 자유롭게 받아들이면 배 안에서 (사람이) 머물기 힘들어지기 때문이다. '더위'보다는 '습기'가 더 견디기 힘들다. 또한 더위보다도 습기를 **막아내기 어렵다**. 창을 닫은 밀폐된 배 안에서 가죽 구두의 장식 철이 녹슬고 도금이 변색될 정도의 습기에 대처하기 위해 무엇을 할 수 있을까? 열에 달궈진 공기를 얼음으로 차갑게 하고, 철관을 통해 그 공기를 배급하는 것 말고는 달리 어쩔 방도가 없다. 이것은 더위뿐만 아니라 추위를 막을 때도 사용할 수 있는 수단이다. 몬순의 습기에 대항하려면 보통 지역에 사는 사람들보다 두 배의 힘이 필요하다. 그러나 몬순 지역에 사는 사람들은 추운 지역이나 사막에 사는 사람 어느 쪽과 비교해도 자연에 대항하는 힘이 약하다. 두 배의 힘이 요구되지만 그 절반의 힘도 발휘하지 못한다.

왜 그럴까? 그 이유는 '습윤濕潤' 자체에서 찾을 수 있다. 습기는 가장 참기 힘들고, 또 가장 막기 어렵다. 그런데도 습기는 인간 내부에서 '자연에 대한 저항'을 불러일으키지 않는다. 첫 번째 이유는 대륙에 사는 인간에게 습윤은 **자연의 은총**이기 때문이다. 바다에서라면 참기 힘든 몬순은 사실 태양이 바다의 물을 육지로 운반하는 수레일 뿐이다. 이 물 때문에 태양 바로 아래 있는 한여름의 더운 나라는 왕성한 식물로 뒤덮인다. 특히 폭염과 습기가 필요한 다양한 풀과 나무가 이 시기에 생겨나 성장한다. 대지 곳곳에 식물의 '생명'이 나타나고, 그에 따라 동물의 생명도 번영한다. 이렇게 해서 인간의 세계는 식물과 동물의 생명으로 차고 넘치는 장소가 된다. 자연은 죽은 것이 아니라 살아 숨 쉬는 생명의 공간이 된다. 죽음은 여기에 끼어들 여지가 없다. 그래서 사람과 세계의 관계는 대항적이기보다 수용적이다. 이것이 (바로) 사막의 건조함과 대조되는 부분이다.

또 다른 두 번째 이유는 습윤이 **자연의 폭위**이기도 하기 때문이다. 폭

염과 결합된 습윤은 자주 큰 비, 폭풍, 홍수, 한발과 같은 거친 힘으로
인간을 엄습해온다. 이러한 것들은 인간에게 **저항을 단념시킬** 정도로 큰
힘이고, 따라서 인간을 **인종적**忍從的이 되도록 한다. 사막의 건조함은 죽
음의 위협으로 인간을 압박할 뿐 인간을 살리는 힘으로 엄습하지는 않는
다. (사막의 건조 기후에서) 인간은 자기 자신의 생명의 힘으로 죽음에 저
항할 수 있다. 여기서 인종은 죽음에 대한 인종이다. 그런데 습윤한 자
연의 폭위는 넘치는 힘(생명을 베푸는 힘)의 위협이지 자연의 이면에 존
재하는 '죽음'의 위협은 아니다. (이런 풍토에서) 죽음은 인간의 편에 있
다. 넘치는 생명의 힘이 인간 안에 들어 있는 죽음을 불필요하게 한다.
인간은 자신의 생명의 힘으로 그 생명의 근원인 힘에 저항할 수 없다.
인종은 여기서 생명에 대한 인종이다. 이런 의미에서 (몬순은) 사막의
건조함에 대조된다. 이렇게 우리는 일반적으로 몬순 지역의 인간 구
조를 수용적이고 인종적이라고 파악할 수 있다. 이 구조를 보여주는
것이 '습윤'이다.

  습윤은 더욱 세분해서 여러 특성으로 분석할 수 있다. 장마와 태풍을
특징으로 하는 일본 국토는 고대의 선조가 직관적으로 '비옥한 갈대 초
원에서 벼이삭이 결실 맺는 나라豊葦原の 瑞穂國'로 불렸듯이 특히 습윤
한 국토이다. 습윤은 대설大雪로 나타나기도 한다. 계절의 뚜렷한 변화
는 이러한 국토의 숙명이다. 따라서 수용적·인종적인 특성도 여기서는
더욱더 특수한 제한을 두지 않으면 안 된다. 양쯔 강과 같은 세계적인
큰 강이 있는 남중국 또한 습윤한 국토이다. 그런데 북방에 사막을 둔
이 막막한 대륙은 마치 끝없이 흐르는 양쯔 강이 습윤을 표현하는 듯,
일본과는 현저하게 다른 방식의 풍토를 보여준다. 중국의 풍토는 어느
정도 건조한 습윤이다. 전형적인 습윤을 나타내는 고유한 몬순 지역으
로는 남양[南洋, 태평양의 적도를 경계로 남북에 걸친 지역을 통틀어 이르는

말로 동남아시아를 가리킴]과 인도를 들 수 있다.

남양의 더위는 일본인에게 결코 독특한 것이 아니다. 일본의 한여름을 알고 있는 사람이라면 누구나 경험해봤을 법한 더위이다. 식물의 종류는 어느 정도 새롭지만, 야자 숲은 조금 멀리 떨어져서 보면, 그 형태와 색깔이 일본인에게 매우 친숙한 소나무 숲과 유사하다. 고무나무 숲도 일본의 낙엽수 숲과 크게 다르지 않다. 전체적으로 보면 (남양의) 자연이 준 인상은 일본의 한여름 풍경과 유사하다. 특히 인간의 생활로서의 '여름'은 일본인들이 언제나 경험하는 그대로이다.

'여름'은 하나의 기후일 뿐이지만, 기후는 인간의 존재방식이기도 하다. 우리는 단지 높은 기온과 강한 햇빛에서 '여름'을 발견하는 게 아니다. 한겨울에 가끔 나타나는 더운 날에 '여름 같다'고 말하기도 하지만, 한여름으로 느끼지는 않는다. 한겨울에 일본을 떠난 여행객이 남양에 도착했을 때도 이런 경험을 한다. 홍콩에서 출발한 여행자는 다음날 배 안에서 바로 흰색 여름옷으로 갈아입는다. 뜨거운 햇볕이 짙은 감색 바다에 내리쬐고, 온도계의 수은주가 올라가고, 사람들은 땀을 흘린다. 이런 상황에서 일본인 여행자라면 누구나 보통의 여름 바다에 들어간다고 생각할 것이다. 그런데 싱가포르에서 석양 무렵 시내를 드라이브하는 여행자라면 풀과 나무가 우거진 조용한 교외에서 풀벌레 소리를 듣거나, 아이스크림 가게나 과일 가게들이 줄지어 있는 거리에 바람 쐬러 나온 사람들이 흰 옷 차림으로 오가는 여름 밤 도시 풍경을 바라볼 때, 비로소 강렬하게 '여름'을 느낀다. 더욱이 그것이 일본에 두고 온 '겨울'과 대조되면서 새삼 놀라게 된다. 무성한 풀과 나무, 벌레 소리, 저녁 바람은 여행객들이 높은 기온이나 강한 햇빛보다 더 본질적으로 '여름'을 경험하는 계기이다. 여름 '기분'이 나지 않는다면 여름은 없는 것이다. 인간은 여름으로 한정된 일정의 존재방식을 가지고 있다. 이렇게 남양에서 발견한 것은 이미 오랜 시간 동안 '여름'으로 알고 있던 그 존재방식과 다르지 않다.

그렇지만 일본인에게 남양은 (여전히) 낯설고 이국적이다. 왜냐하면 일본인이 그곳에서 '여름'으로 발견한 것이 **남양의 여름은 아니기 때문**이다. 일본인들에게 '여름'은 이미 벌레 소리에 가을이 담겨 있고, 떼어낸 장지문이 겨울바람을 품고 있는 여름이다. 어린잎과 죽순, 그리고 지빠귀와 홍시 사이에서 달라지는 여름이다. 그런데 남양에는 이런 가을이나 겨울, 봄을 포함하지 않는 단순한 여름, 다시 말해 **여름이 없는** 단순한 기후가 존재할 뿐이다. 식물은 그 잎사귀가 변하는 때가 정해져 있지 않다. 3월 초에 고무나무의 붉은 잎사귀와 낙엽, 신록과 푸른 잎사귀가 나란히 있는 것처럼, 6월 말에도 사계절은 서로 어우러져 공존한다. 과일도 몇몇 종류를 제외하면 연중 끊이지 않고 있다. 이렇게 단순하고 **고정된 기후**는 끊임없이 **이행하는 계절**로서의 '여름'과 같지 않다. 여름을 경험하는 인간의 존재방식은 **기분의 이행**으로서 존재하는 것이다. 남양에 사는 사람들은 이러한 이행을 알지 못한다.

우리는 위의 사례를 통해 남양 사람이 문화적 발전을 보여주지 못한 이유를 이해할 수 있다. 남양 풍토는 인간에게 풍부한 식물을 제공해준다. 인간은 그저 자연의 품에 안겨 있기만 하면 된다. 인간과 자연의 관계는 어떤 이행도 포함하지 않는다. 인간은 수용적·인종적 관계에 고정된다. 사나운 짐승이나 독 있는 뱀과의 싸움도 이러한 고정을 깨뜨릴 수 없다. 여기에는 생산력을 발전시켜야 할 어떤 계기도 존재하지 않는다. 이따금 자바에서 인도 문화의 자극으로 거대한 불탑이 만들어진 것 말고는 남양은 문화를 생산하지 못했다. 그 결과 문예부흥기 이후의 유럽인에게 쉽게 정복되고 노예화된 것이다. 그런데 남양 풍토의 단조로움을 참기 힘들어했던 것은 사실 유럽인이 아니라 중국인이었다. 유럽의 지능이 개발한 남양의 부의 원천은 지금 중국 상인들의 수중에 있다. 어떻게 이러한 일이 일어날 수 있었는지는 중국 사람들의 특성을 보면 이해할 수 있다.

그러나 남양의 단순함은 내용이 없는 단조로움이 아니다. 힘의 과잉이 주는 단조로움이다. 예를 들어 감정의 공허함, 어떤 일에도 흥미를 느낄 수 없는 단조로움이 아니라, 언제나 격정적으로 끓어오르며 흥분하는 사람의 단조로움이다. 그런 단조로움을 방해하는 과잉의 힘을 움직일 수 있다면 당연히 눈부신 발전이 있을 것이다. 이와 관련된 구체적인 사례를 보여줄 수 있다. 베냉[Benin, 아프리카 서부 기니 만에 인접한 공화국, 1960년에 프랑스로부터 독립함]의 식물원은 싱가포르의 식물원과 다르다. 작은 산의 계곡 사이에 위치해 있지만, 이 산에서 풍성하게 자라나는 활엽수의 느낌은 단 2~3주 동안 밤나무와 떡갈나무로 무성한 일본의 산에서 볼 수 있는 강한 느낌이다. 베냉에서는 일 년 내내 그렇다. 하지만 그곳을 지나 드넓은 야자나무 숲을 빠져나와 케이블카가 있는 산에 오르기 시작하면, 어쩐지 하얀 이삭을 드러내는 풀, 가을 풀과 유사한 작은 자색의 꽃이 있고, 그 사이에 담담하게 사랑스러운 고무나무의 신록과 붉은 잎이 있다. 산 정상은 더 서늘하고, 편백나무나 목련 비슷한 나무가 마치 일본 정원에서 보는 나뭇가지 모양과 색깔이 변한 줄기 모양으로 서 있다. 이러한 것들도 세월의 변함없는 모습이지만, 침울하면서도 울창한 숲의 한여름에 비하면 진정 봄이면서 가을이다. 그래서 계절의 이행이 없어도 변화에 상응하는 **여러 종류의 변화**가 풍토 안에 들어있다. 말하자면 '시간적 이행'이 없지만 '**공간적 이행**'이 동시에 존재하는 것이다. 이를 수용한다면, 남양의 단조로움이 계절의 단조로움일 뿐, 내용의 단조로움이 아님을 알게 될 것이다.

인도 사람들은 이런 수용성이 탁월하다. 그래서 인도에는 극단적인 역사 감각이 없고, 대신에 풍부한 인생에 대한 여러 종류의 통찰이 있다. 인도는 가장 전형적인 유형의 몬순이 나타나는 땅이다. 인도의 계절은 비교적 서늘한 건조기, 더운 건조기, 우기의 건조기로 나뉜다. 콜카타의 1월 평균 기온은 18.1도로 서늘하고, 가장 더운 3월의 평균 기온은 28.4도이다. 이 지역의 연간 평균 기온인 24.8도는 일본 규슈의 여름 평균 기온과 거의 같다. 나폴리처럼 추위와 더위의 차가 큰 곳도 연간 평균 기온은 23.9도이다. 일본 사람들이 보면 이것은 일상이 여름인 나라이다. 계절적으로는 단조롭고, 남양에 비하면 추위와 더위의 변화가 훨씬 많다. 그래서 여름이 일상적인 나라로서 인도는 남양적인 삶의 과잉을 가지면서도 남양의 고정된 삶에서 벗어나는 계기를 갖는다.

그런데 인도 사람들의 수용성이 높은 첫 번째 이유는 몬순의 우기다. 인도 인구 3억 2,000만(전 인류의 5분의 1) 가운데 3분의 2 이상을 차지하는 농민은 몬순에 기대 밭을 간다. 특히 물이 풍부한 지역을 제외하면 대부분의 지방은 몬순의 지연, 중단, 강수량이 많고 적음에 따라 가족이 먹을 양식과 가축 사료를 얻기 힘들 정도로 흉년을 겪기도 한다. 예전에는 잦은 흉년으로 굶어 죽는 일도 드물지 않았다. 지금은 교통수단 덕분에 아사를 방지할 수는 있지만, 농민은 여전히 경제적 어려움을 겪고 있다. 흉년이 되면 사람들은 영양실조에 걸리고, 몸의 면역력이 떨어져 질병이 유행한다. 1918~1919년 스페인 독감이 발생했을 때는 (인도의) 환자가 1억 1,500만, 사망자가 750만 명으로 보고되었다. 현재까지도 인도 사람들을 이러한 삶의 불안에서 벗어나게 할 방법은 없다. 인도인에게 자연에 대항하는 방법은 존재하지 않는다.

여기서 우리는 인도 자연의 힘의 과잉이라는 조건, 곧 폭염과 습윤의 결합이 인도인에게 생명을 베풀어주면서 동시에 위협하는 것임을 발견한다. 크고 작은 여러 섬으로 이루어진 남양에는 이런 위험이 없다. 남양의 사람들은 단순하게 수용적일 수 있었다. 그러나 대륙에 위치한 인도에서는 수용적인 관계가 언제나 **불안과 동요**를 포함할 수밖에 없었다. 수용적이면서도 **움직임**이 있다는 것은 수용성을 활발하게 하는 것, 즉 **민감한 감수성**이다. 여기서 자연이 지닌 힘의 과잉은 인간 **감정의 과잉**으로 나타난다.

인도 사람들의 감정의 과잉은 그 수용적 태도에서 나온다. 수용적인 태도는 동시에 인종적인 태도이다. 삶에 혜택을 주는 자연이 동시에 인간의 저항을 압도하는 거대한 위력으로 압박해온다. 지속적인 폭염 자체가 이미 인간에게 극도의 대항력을 요구하지만, 폭염이 습윤과 결합될 때, 사람들은 참고 따르는 수밖에 없다. 몬순은 인간의 저항을 **단념**시킨다. 이렇게 자연은 인간의 **능동적인 기분**을, **의지의 긴장**을 위축시키고 이완시킨다. 인도 사람들의 감정의 과잉은 의지를 총괄하는 힘을 수반하지 않는다. 수용적이고 인종적인 인간의 구조는 몬순 지역 인간에게 **역사적 감각의 결여, 감정의 과잉, 의지의 이완**으로 규정된다. 우리는 이것이 역사적·사회적으로 인도 문화의 형태로 나타나고 있음을 발견한다. 인도 문화에서 역사적·사회적으로 자기 자신을 드러내고 있는 인도인은 언어나 인종이 그리스인과 기원을 같이 한다고 보고됨에도 불구하고 그 특성은 전혀 다르다.

> 인도 문화를 그 고유의 모습으로 만들고, 그 노력에 방향을 주고, 그 이상에 혼을 넣었던 것은 인도 자신이다. 인도·아리안 사상에 그 특수한 성격을 부여하고, 인생관 전체를 물들인 지역적 환경은 히말라야 북서 지방과 히말라야에서 흘러나오는 대하大河의 계곡이다. 이곳은 인도의 성지였고, 지금도 그렇다. (Havel, *The History of Aryan Rule in India*, p. 7.)

남반구 다도해의 그리스적 '인간'이 '그리스적' 인간으로 나타날 때의 인간은 이미 폴리스police의 인간이었다. 호메로스의 서사시에는 신들과 인간이 폴리스적으로 묘사되어 있다. 그런데 인도인이 인도인으로 나타날 때의 인간은 폴리스적 생활의 속박을 싫어하고, **농업과 촌락 공동체**가 형성된 곳을 좋아하는 인간이었다. 폴리스적 인간의 장점 중 하나인 상업기술이 인도에서는 멸시된다. 원래 인도 사람도 침입자이자 정복자로서 인도의 영토로 들어왔기에 한편에서 보면 전사이기도 했다. 그러나 인도 사람들의 전투는 약탈하는 전투가 아니었다. 그들의 승리는 그 전투력보다는 오히려 우월한 **지적 능력**에 의한 것이었다. 한 손에는 칼을, **다른 한 손에는 가래(혹은 써레)**를 가진 전사가 농업적 촌락 공동생활에서 보여줄 수 있는 가장 탁월한 힘은 시인, 철학자로서의 지혜 Beda였다. 베다는 이러한 전사적 시인, 전사적 철학자의 문화를 표현하고 있다.(Havel, 같은 책, p.5.) 전사는 동시에 사제였다. 그리고 제사를 지내는 대상은 자연의 신비한 힘이었다. 이런 방향은 더 나아가 전사에서 사제를 독립시키고 사제를 전사 위에 놓게 되는 쪽으로 나아간다. 부족의 희생제의에서 찬가를 부르는 바라문은 곧 깊은 비밀의 지혜를 가진 자, 인간의 스승, 정신적 지도자가 되었다.

이러한 것들은 인도에서 부족적 인간, 즉 촌락공동체의 표현이다. 그들이 사막 부족의 인간과 명백하게 다른 점은 전투적이고 의지적이지 않다는 데 있다. (인도인들에게) 신들은 결코 **한 부족의 신**으로 나타나지 않았다. 모든 부족에게 평등한 시혜를 주는 자연의 힘은 인간의 저항을 불러일으키지 않았으며, 또 한 부족의 전쟁의 신이 될 수도 없었다. 아주 초기의 베다에서 행동과 전투를 좋아하는 인간이 표현되지 않은 것은 아니다. 리그베다에 나오는 어떤 찬미가들은 신들에게 전쟁에서의 승리를 기원하기도 한다. 그렇지만 리그베다에서 이 신들은 삶의 궁핍에서 벗어나고자 하는 의지적 긴장에서 나온 것이 아니라, 어디까지나 인간에게 시혜를 베푸는 자연의 힘에서 생겨나 신화적인 모습으로 발전해 형성된 것이다. 찬가들은 '신'에게가 아니고 '자연'에, 예를 들어 태양신에게가 아니고 태양 자체에, 물의 신에게가 아니고 흘러가는 물 또는 구름에서 떨어지는 물 자체로 향한다. 신화적인 모습이 자연의 힘을 인격화함으로써 생성되었다는 사실을 리그베다 찬가가 입증한다.(Winternitz, Geschichte d. *Indischen Literatur*, I, S. 66-67.)

그렇기 때문에 신과의 관계는 **호의를 받아들이는 관계**이지, 사막적 특징인 절대 복종의 관계는 아니다. 구약 시편에 나오는 찬미가, 즉 여호와를 향한 전율하는 숭배나 바위 같이 단단한 신앙은 여기에서는 발견되지 않는다. 신을 향한 기도도 사막에서와 같이 영혼 깊은 곳에서 흘러나오는 것이 아니다. 베다의 찬미가는 이와 반대로 '신들과 사이가 좋다.' 이들은 신들에게 복종을 맹세하고 신의 명령에 따름으로써 구원을 구하지 않는다. 단지 **신들을 칭송함**으로써 지상에 내려줄 부의 은총을 기대한다. "신이시여, 만약 내가 모든 부富의 주인이라면 나를 찬미하는 자에게는 기쁘고 복된 은총일 것입니다. 은혜가 깊은 신이시여…!"(같은 책, S. 70.) 이렇게 신을 찬미하는 노래를 부르는 사람은 신을 두려워하지 않는다. 은총에 사로잡혀 있는 것이 그의 신앙의 태도이다. 이런 신앙의 대상인 신들은 인격화되기는 했어도 사막의 신과 같이 인간의 인격에 끊임없이 관계해 들어오는 '인격신'은 될 수 없다. 그래서 이미 일찍이 리그베다의 철학적인 찬가 안에는 이러한 신들이 '생명에 은총을 주는 힘'으로서 '일자'로 사유되고 있음이 드러난다. 이러한 범신론적 사상은 브라흐마나나 우파니샤드에서 브라흐만과 아트만으로 나타난다. 이러한 것들은 그 깊은 의미에서 **비인격적인** 창조 원리이다. 철학적으로는 '무無' 또는 '유有'라고도 한다. 우파니샤드의 정점인 우다라카의 '유'설은 '무'를 원리로 하는 입장에 대한 반박에서 나온 것이다.

또한 신들을 찬미하는 베다는 세계의 이런 유의 고전 가운데 역사적 이야기와 가장 거리가 멀다. 특히 구약성서가 역사적 이야기로 두드러진다는 점은 말할 것도 없고, 호메로스의 서사시도 그런 면이 있다. 그런데 베다는 전혀 그런 성격을 가지고 있지 않다. 그뿐만 아니라 베다는 신들의 사적과 인간의 생활을 다루기는 하지만 이를 객관적으로 묘사하는 것이 아니라 단지 칭송할 뿐이다. 오히려 베다는 그 이름대로 신들과 인간에 대한 '지혜'를 말한다. 개념적이 아니라 **서정적으로** 지혜를 말한다. 찬가, 주문呪文, 시율施律, 희생의 노래라는 네 종류의 베다는 이미 제의의 실천이고, 종교적 감정에 침잠한 지혜이다. 이렇게 베다는 **역사적인** 구약의 이야기나 **조소적彫塑的인** 호메로스의 이야기와 현저하게 다른 양식, 즉 감정 과잉의 양식을 보여준다.

이러한 칭송의 지혜에서 우리는 인도 사람들의 특성을 두 측면으로 이해할 수 있다. 하나는 인도인의 **상상력**이고, 다른 하나는 인도인의 **사유**이다. 이 두 측면은 베다에서 밀접하게 결합되어 있는 것과 같이 이후의 문화적 산물에 있어서도 자주 결합되어 나타난다. 우리는 동일한 작품을 한 측면에서는 예술적으로, 다른 측면에서는 철학적으로 이해할 수 있다. 이렇게 나누어 이해함으로써 양자가 왜 결합하기 쉬운지, 또 왜 분화하기 어려운지를 이해할 수 있다.

베다에 나타난 상상력은 인도 사람들의 감수성이 얼마나 민감한지를 보여준다. 모든 자연의 힘은 그 신비로움 때문에 신격화된다. 해, 달, 하늘, 폭풍, 바람, 불, 물, 새벽 빛, 대지와 같이 두드러진 자연 현상뿐만 아니라, 숲, 들판, 동물도 수용적인 인간에게 어떤 힘을 느끼게 하는 한, 모두 신이거나 혹은 악마Demon이다. 그래서 바라문의 신화에서 세계의 주인공은 어떤 신화의 주인공보다도 (상상력이) 풍부하다. 그렇지만 이러한 다수의 신들은 혈통적으로 한 가족으로 모인 것도 아니고 자연 현상과의 연관을 모티브로 해서 하나의 체계로 통일된 것도 아니다. 신들의 바탕에 통일적인 '일자'나 '유' 또는 '무'가 놓인다 해도 이 철학적 통일은 신들의 모습을 좌우할 수 없다. 신들의 세계는 점차 복잡함을 더해가면서 불교의 상상 속에까지 들어가 있다.

인도인이 지닌 상상력 가운데 우리에게 가장 강한 인상을 주는 것은 (사물의) **본성에 대한 논의**이다. 여기에서는 모든 생물, 즉 인간을 포함한 '중생衆生'이 공통의 생명의 차원에서 묘사된다. 신화적 상상에서 나온 모든 살아 있는 것 — 천상에 사는 것, 지옥에 사는 것 — 뿐만 아니라 가축도 야수도 곤충도 모두 같은 생명이다. 우리는 지금 인간으로 있지만 다음 삶에서 소로 태어날지도 모른다. 또 전생에서 뱀이었을지도 모른다. 따라서 지금은 소이고 뱀이지만 예전에는 인간이었을지도 모르며, 언젠가는 인간으로 나타날지도 모른다. 그렇다면 이러한 중생은 현상적 형태는 제각각 다르지만 본질은 모두 같다. 현상으로 나타나는 형태의 차이는 단지 동일한 생명의 여러 가지 운명을 표현하는 것에 지나지 않는다. 여기서 (살아 있는 것의) 본성에 대한 상상이 인간의 역사에만 제한되지 않음을 알 수 있다. 즉 여기서 우리는 인간에만 제한된 '생명'의 시간적 이행을 근본적으로 폐기하면서 동시에 '생명'의 공간적 이행, 즉 생명의 여러 가지 (공간에서) 변화하는 모습으로 파악하고 있음을 알 수 있다. 기어 다니는 뱀은 예전에는 사람이기도 소이기도 새이기도 했고, 이렇게 해서 여러 가지 사랑과 증오를 체험한 존재이다. 현재 뱀인 것은 과거에 의해서 결정된다. 마찬가지로 모든 다른 생물도 **전생**에 의해서 현재의 모습이 결정된 것이다. 그렇지만 과거의 어떤 시대에 만들어진 중생은 **그대로** 또한 현재를 만들어낸다. 다른 점은 개개의 성원이 그 모습을 바꾼 것뿐이다. 중생의 **현재의 모습**은 전생의 삶을 고스란히 담고 있다. (인도인의 상상에서) 인간은 역사적 발전을 모색하기보다는 현재 모습의 다양한 형태가 근원적으로 어떤 모습이었는지 모색하는 존재이다. 그래서 이런 상상에서는 지나가는 뱀의 움직임에서 또는 소의 눈망울에서 인간이었던 과거의 삶도 읽어낼 수 있다. 인간의 일상생활은 직관적으로 풍부해진다. 한 걸음 걷다가 개미를 밟아 죽일 때, 그는 예전에 인간이기도 했던 한 생명의 운명에 참여하는 것이다.

이런 민감한 감수성, 감정의 과잉이 본성에 대한 논의와 결합되어 꿈보다 훨씬 더 몽환적인 세계를 만들어낸다. 문예 작품의 양식 또한 마찬가지다. 이러한 양식 가운데 **특별히 두드러진** 사례로 대승불교의 경전을 들 수 있다. 여기에는 감각적인 형상이 무한대로 풍부하게 축적되어 있고, 수백 수천 만억의 보살의 행동이 묘사되어 있다. 이것은 인간의 직관적 능력을 마비시키는 형상의 과잉이다. 언어로 묘사되어 있음에도 거대한 교향악에 비할 수 있을 정도로 역동적인 과잉이다. 우리는 이러한 형상의 과잉에 취해서 몽환적인 세계 안으로 빨려 들어간다. 그러나 이러한 형상의 과잉은 전체를 통일하는 구도에 무관심하고, 개별적인 모습이 가진 조소적 선명함에 무관심할 때만 가능하다. 즉 이 양식은 총체적으로 '통합'되지 않은 감정 과잉의 표현이다. 이런 전통에서는 시간과 장소의 통일성을 초월하지 않으면 안 된다.

이런 양식이 잘 구현된 모습을 우리는 인도 예술에서 발견한다. (인도 예술에서는) 조각이든 회화든 건축이든 세부적인 차원에서는 경탄할 만한 풍부함이 있지만, 이에 비해서 구도의 통일성이 매우 약하다. 예를 들어 아마라바티나 산치의 조형은 무수한 인체의 여러 가지 자세가 넘치듯 조각되어 있어서 보는 사람을 혼란스럽게 만든다. 그래서 전체적으로 보면 선명함이 결여되어 있고, 비구조적이다. 보는 사람의 마음을 최초의 순간에 강력하게 엄습하는 '**자세의 선명함**'은 없다. 이런 양식을 옹호하는 학자들은 인도 예술가가 그 구도로 풍부한 생물의 모든 형태를 한데 모아 놓은 것은 모든 생물의 통일을 상징하기 위함이라고 설명한다. 이러한 동기로 조각가는 극도로 많은 형상을 쌓아서 겹쳐 놓고, 건축가는 첨탑 위에 첨탑을 관통시켜 첨탑을 무수히 많은 각면刻面으로 분열시키고 벽면을 무수히 많은 요철로 분해한다. 이것은 '다多 속의 일一'이라는 보편 법칙을 상징한다. 이러한 통일은 인간중심주의적인 서양의 예술적 통일과는 다르지만, 하나의 통일적 원리이다. 서양풍의 고전적 단순함이 없다고 해서 인도 예술이 **통일성이 없다**고 말할 수는 없다. 인도 전통의 통일성의 관점에서 보면 세부적 차원이 이상할 정도로 풍부한데도 하나하나가 온전하게 자신의 위치를 가지면서, 균형을 이루고 있다. (Havel, *The Ideal of Indian*, p. 111ff.) 인간만이 아니라, 일반 중생의 생명을 하나로 느끼는 것은 인도인의 특징이다. 민감한 감수성은 모든 **저항적 관계**를 종결지어 버린다.

그러나 바로 그 때문에 수용적 통일성은 의지적, 능동적, 정복적 통일과는 다르다. 예술의 통일은 후자에 의해서만 가능하다. 인도에 수용적 통일이 있고, 이것이 예술로 표현되었다는 것은 인도의 예술에 **형식적 통일**이 있다는 것과는 전혀 별개의 일이다. 모든 살아 있는 것이 하나임을 상징하기 위해서는 반드시 무수히 많은 형상을 한데 모아놓을 필요는 없다. 상징의 기능을 이해하는 예술가는 단지 두 개의 형상을 결합하는 것으로도 표현할 수 있을 것이다. 많은 형상을 모아놓는다 해도 예술작품의 통일은 세부의 완전한 지배, 형태의 선명한 통일성에 의해 얻어질 수 있다. 그렇다고 중생의 통일이라고 하는 관념적 동기가 곧바로 세부의 지배는 아니다. 인도의 조각이나 건축에서 세부의 지배가 결핍되어 있다는 것, 전체는 이러한 세부의 집합이기에 진정으로 통일적 전체로 되지 않는다는 것, 따라서 전체로서 보면 억지스러운 면이 있고 선명함이 결여되어 있다는 점은 어떠한 강변에도 감출 수 없다. 인도 예술의 매력은 세부의 풍부함으로 사람을 끌어들여 취하게 하고 그 취함을 통해 사람들에게 신비로운 기분이 들게 하는 데 있다. 만약 누가 인도 예술을 보며 전체 형태의 선명함을 가장 중요시하는 태도를 취한다면, 단지 붕괴된 느낌, 퇴폐적인 느낌만을 받게 될 것이다. 통합 없는 감정의 과잉은 여기에서 가장 잘 드러난다.

인도 사유의 특징도 이와 다르지 않다. 베다에 나타나는 '정적 사유' 경향은 철학의 전성기에도 없어지지 않았다. 정적 사유가 철학에 준 특성은 추리가 아니라 직관이나 직접적인 이해에 의한 것이다. 또 보편 개념에 따른 것이 아니라 유형 개념 또는 비유적 개념에 따른 것이다. 우리는 여기서 정적 사유가 역사적 인식으로서가 아니라, 형이상학적인 인식으로서 또는 삶에 대한 현상학적 인식으로서 작동하고 있다는 점에 각별히 주목할 필요가 있다.

사람들은 그리스 초기의 자연철학과 우파니샤드 철학 사이에서 많은 유사성을 발견하기도 한다. 이 두 철학은 모두 이미 세계의 통일을 전제한다. 그래서 '최초에' 무엇이 있었는가를 추구한다. 이에 대해 주어진 답이 '물'이고 '불'이고 또는 '무'이고 '유'이다. 도이센Paul Deussen이 파르메니데스, 플라톤의 사상과 우파니샤드의 사상의 본질적 동일성을 역설한 것이 당연하게 보일지 모르겠다. 이에 동의한다고 해도 여기서 우리는 한 가지를 간과해서는 안 된다. 그리스 철학자는 자신과 **대립해서 존재하는** 세계의 '최초'를 추구했고, 논증으로 이것을 파악하려고 했다는 점이다. 그래서 세계의 질료로서 원자가 발견된 것과 똑같은 기반에서 '유'의 원리도 발견되었다. 원래 이 대립적 관계는 어디까지나 관조적 관계이지 실천적이고 전투적이며 **저항적인** 관계는 아니다. 그러나 인도 철학자들에게는 이러한 의미의 대립관계조차도 존재하지 않았다. 그들이 추구했던 것은 그들 자신을 포함한 모든 것의 '최초'에 있는 '유'였다. 그래서 '최초에' '유'가 있고, '유'가 '불'이 되고 '물'이 되고 '대지'가 된다고 말하기 전에 이 '최초'는 이미 아트만·브라만이다. 대상을 '식별하는 것(산스크리트어 vijñāna)'이고 '나'이다. 세계의 근원이 '나'라는 것은 나와 세계의 대립의 부정撥無이다. 이러한 이해가 본래적 의미에서의 인도철학의 출발점이다. 철학자는 단지 이해한 바를 그대로 풀어낸다. 이것은 논증에 의하지도 않고, 또한 보편적 개념을 사용하지도 않는다.

우다라카Uddalaka는 아트만의 우주 개벽설 신화를 완전히 이론화한 사람으로 알려져 있다. 그에 따르면 '최초'에 존재(sat, 그리스어의 to on과 같다)가 있었다. 존재는 아트만이기 때문에 스스로 식별하는 것이다. (이러한 사유 전통에서) 우리가 이런 '존재有' 또는 '나'에 어떻게 도달할까를 묻는 것은 불가능하다. 이것은 (직관적으로 가장 확실한) '보이는' 또는 '느껴지는' 사실이다. 철학자의 관심은 이 사실로부터 다양한 현상을 이해하는 데 있다. 그렇다면 일자인 '존재'가 어떻게 다양한 모습으로 전개될까? 그 첫 걸음은 이 '존재'가 다多로 존재할 수 있음을 자각함(봄)에 있다. 그래서 이 자각이 '불'을 생성시킨다. 여기서 '불'은 '변화의 원리'도 아니고, 불생불멸不生不滅의 '요소'도 아니다. 이것은 '불의 형태로 존재하는 유'이다. 타는 것, 빛나는 것, 붉은 것, 끓이는 것 등 모두 '불'에 비유해서 이해할 수 있는 존재의 방식을 가지는 것이지만, 여기서는 '불'로 지시된다. 이런 의미에서 '존재'는 다양한 모습으로 전개되는 첫 번째 걸음에서 불로 한정된다. ― 여기에서도 우리는 이 한정의 필연성을 물을 수 없다. 그것은 태양숭배 전통에서 살아온 철학자의 직관에 의존할 뿐이다. 다음으로 이 '불 형태의 존재'는 더욱 다양하게 변화의 가능성을 자각해서 '물'이 생성된다. 물 또한 '물의 형태에서의 존재'이다. 모든 것은 유동적인 것, 밝은 색을 지는 것이 '물'로 지시된다. 이러한 변화의 두 번째 걸음은 일상의 경험에 친숙한 증거에 기초한 것이다. 땀, 즉 물은 더위 즉 불에서 생긴다. 구름과 비는 태양의 열에서 생긴다. 세 번째로 '물 형태의 존재'가 다양하게 변화할 수 있는 가능성을 자각할 때 '먹을 것'(대지)이 생긴다. 이것도 또한 비가 와야만 먹을 것이 생기는 앞의 예증에 기초해 있다. 이렇게 보면, '존재'의 다양한 변화를 역설하는 우다라카의 설은 생명에 혜택을 주는 자연의 힘에 대한 직접 체험을 비유적인 개념으로 표현한 것이라고 말할 수 있다.

우리는 이러한 사유 방식이 인도철학의 초기뿐만 아니라 번영기에도 명확하게 존재했음을 확인할 수 있다. 불교 철학은 아트만(atman, 나)을 원리로 하는 형이상학을 버리고 현실 삶의 실상을 **보라고** 한다. 이른바 법(法, dharma)이 여시如是하다고 하는 입장, 여실如實의 입장이다. 이 근본 직관은 '나'의 형이상학을 버린다는 점에서 무아無我의 입장이고, 모든 현실이 유전流轉한다고 보는 점에서 무상無常의 관점에 서 있지만, 더 나아가 이 세상 모든 것을 고통으로 보는 고통의 관점에서 정적 사유의 특징을 분명하게 보여준다. 여기서 고통은 단지 경험되는 고통이 아니고, 그런 고통을 예증으로 해서 직관되는 **고통 일반**이다. 모든 현실이 '법'으로서의 고통이다. 이러한 직관은 그 자체로 이미 인도인의 감정 과잉을 보여줄 뿐만 아니라 직관 파악의 방식 곧 예증으로 보편개념을 대체하는 방식은 확실히 인도적이다. 우리는 '법의 체계'에서 조직된 여러 종류의 법이 이러한 직관에 근거해 있음을 잊어서는 안 된다. 예를 들어 '나이 들어 죽는 것'은 이러저러한 생물의 늙음과 죽음이 아니고, 이것을 예증으로 직관되는 무상성이다. '눈'은 이러저러한 생물에게 있는 시각기관이 아니고, 이것을 예증으로 직관되는 '봄 일반'이다. 이러한 인도 사유의 특징은 다른 한편으로는 논증적·지성적 사유의 약함을 수반한다. (인도) 사람들은 하나의 보편 개념 아래 다양한 특수성들을 종속시키고, 이를 통해 복잡한 것을 단순화시키는 노력을 하지 않는다. 여러 종류의 **법의 나열**은 자주 통제되지 않는 상태에 빠지고, 더나아가 단지 법의 '**수**數'만이 통일의 역할을 감당하는 데까지 이른다. 아비달마 철학은 이런 (전형적인) 사례에 해당한다. 사람들은 여러 가지법에 5위 75법에 따라 질서를 부여하는 것도 쉽게 할 수 없었다. 논리적으로 가장 예리한 용수龍樹에서조차 제법무아성의 논증은 오온五蘊, 육입六入, 육계六界를 시작으로 하는 아비달마의 철학이 나열하는 제법諸法을 세세하게 **반복하고** 있다. 더욱이 논서가 아닌 경전에 이르면 철학사상은 논리와는 완전히 동떨어져 단지 직관적이고 형상적으로 묘사될뿐이다.

인도에서 발달한 논리학 또한 직관의 명증을 핵심으로 한다는 점에서 앞의 사례와 다르지 않다. 비량(比量, 분별추리)은 현량(現量,직관)에서나온다. 현량에서 파악된 것은 비량에서 명확해진다. 인명[因明, 산스크리트어 hetu-vidyā, 인도에서 발생한 논리학으로 특히 불교의 논리학 용어, 오명五明 가운데 하나]의 작법作法은 기명已明의 전제에서 미명未明의 귀결을 이끌어내는 **추리**의 형식이 아니라, 처음에 핵심적인 사안 혹은 기준이 되는 주제나 단안斷案을 제시하고, 이것을 이유(원인)와 비유(유비)를 통해 논증하는 것이다. 그래서 새로운 인명의 삼지작법三支作法은형식논리학의 추리 형식과 **정반대** 방향에 서 있다. 대전제에 해당하는명제는 비유를 함축하고 있다. 비유는 인도 논리학 발달 과정에서 처음부터 중시되었고, 발달의 최고 단계에 이르기까지도 **빼놓을** 수 없는 한항목으로 자리 잡았다. 이런 면에서 인도인의 논리가 필연적으로 직관의 논리라고 해도 과언이 아니다. 인도철학이 여러 눈부신 발전을 거친후에 결국 밀교와 인도교의 상징주의로 빠진 것도 정적 사유의 당연한 결과라고 볼 수 있다. 인도 사람들은 사변적 성향이 강함에도 불구하고 다시 주술 신앙으로 돌아갔다. 더욱이 철학적인 불교는 나라 밖으로 추방된다. 베단타vedanta 철학은 제의의 장소로 넘겨졌다. 감정의 과잉과 의지의 이완이 학문을 말살한 것이라고 할 수 있다.

지금까지 우리는 역사적·사회적으로 나타난 상상력과 사유가 어떻게 인도 사람들의 특수 구조를 보여주는가를 살폈다. 그것은 바로 비역사적이고 비통제적인 감정의 과잉으로서의 수용적·인종적인 태도였다. 이러한 인도적 인간은 히말라야를 넘어 중국과 일본으로 침입했다. 그렇지만 이 **침입의 방식**은 전투적이거나 정복적이지 않고 어디까지나 수용적·인종적이었다. 불교를 통해 인도적 인간은 중국과 일본을 자연스럽게 **끌어당겼다.** 중국이나 일본에서 인도적인 것을 그들 안에서 **끌어낸** 것이다. 이와는 반대로 인도가 사막의 침입을 받아들일 때는 그 침입이 전투적이고 정복적이었다. 인도인은 내부에 간직하고 있던 사막적인 것을 끌어낸 것이 아니라, 단지 밖으로부터 사막에 압도되어 더욱더 수용적이고 인종적이 되었다. 이슬람교도의 정복은 말 그대로 인도인의 감정의 과잉을 사막적인 통일에 복종시킨 것이다. 인도 마호메트교도의 건축이 이 관계를 구체적으로 보여준다. 이 건축양식이 결과적으로 비잔틴의 흐름을 벗어난 모스크mosk의 수입에 지나지 않는가, 아니면 인도의 건축물보다 더 '뾰족한 아치'나 '순무 형태의 둥근 지붕'을 취한 것인가 하는 점은 논의의 여지가 있다. (Havel, *Indian Architecture*, p. 4f., 16ff.) 그러나 어찌되었든 세부 형상의 과잉이 옛날 고대 인도에서는 나타나지 않았던 엄밀한 통일성에 따라 통제되었다는 것은 이 건축양식의 첫 번째 특징으로 인정해도 좋을 것이다.

마호메트 교도의 정복 이후에는 유럽인의 정복이 계속되었다. 그렇지만 인도인은 최근에 이르기까지도 그 전투적이고 정복적인 성격을 배우거나 받아들일 수 없었다. 오랜 기간 지속된 (인도의) 피정복 상태는 오히려 감정의 과잉을 약화시키고 감상적으로 길들여지게 만든 것으로 보인다. 남양까지 진출한 용감한 인도인조차도 대다수가 충실하게 순종하는 (순종의) 화신처럼 되고, 목소리나 표정에는 언제나 심약한 인상을 주는 감상주의가 들어 있다. 남양과 세일론 섬 사이를 지나는 배의 갑판에서 본 인도인들의 인상도 그러하였다. 많은 가족이 갑판에서 밥을 지어 먹고 놀기도 하고 누워서 자기도 했다. 우리는 엄마가 어떻게 자녀들을 보듬는지, 어린 형이나 언니들이 어떻게 갓난아기를 달래는지를 가까이서 목격할 수 있었다. 아침저녁으로 식사시간에 가족이 왁자지껄 단란하게 둘러앉아 있는 모습도 볼 수 있었다. 이러한 장면들은 보는 이의 눈물이 맺힐 정도로 감상적인 감정의 과잉이었다. 이와 똑같은 인상은 또 세일론 섬을 스쳐 지나가듯이 잠깐 둘러보면서도 느낄 수 있었다. 가는 길에서 본 단순한 소회를 적어보면, 길에서 보는 광경들 ― 야자 숲 가운데 있는 오두막 앞에서 갓난아이를 안고 서성대는 아이 엄마, 백발의 노인, 가방을 늘어뜨리고 학교에서 돌아오는 아이들, 또는 밤에 야자수 나무 사이의 큰 나뭇잎 아래 평상에서 바람을 쐬고 있는 가족들 ― 은 본래 여행자의 마음에 특별한 감동을 주는 모습은 아니지만 강렬한 감상을 자아낸다. 도시에서 있었던 밤의 축제에서도 만등萬燈을 손에 들고 가는 행렬과 북적이는 인파의 가장 자리에서 드러나는 들뜬 기분 안에도 감추기 힘든 애조가 느껴진다. 감정의 과잉이 옛날 인도와 같이 경탄을 느끼게 하기보다는 의지력의 부족과 압박에 대한 굴종으로 우리들의 마음을 아프게 했다. 우리는 압박받는 사실을 한 번도 목격한 적이 없지만 인도인 자체가 피억압을 표현하고 있다는 것을 느낄 수 있었다.

상하이와 홍콩은 공공연하게 서양인의 세력에 노출되어 있음에도 불구하고, (그곳의) 중국인은 억압되어 있다기보다는 오히려 저력이 강한 승리자라는 느낌이 들었다. 여기에서 인간의 차이를 발견하지 않을 수 없었다. 인도인은 그 수용적·인종적인 특성 때문에, 다시 말해 전투적이고 정복적인 성격을 **결여했기** 때문에 일본인의 전투적이고 정복적인 성격을 자극하고 **이끌어낸다.** 인도를 방문한 여행자가 독립을 위한 투쟁을 충동적으로 바라게 되는 것은 이런 사실에 기초한다. 이런 의미에서 인도인은 그들의 목화가 세계 시장에 진출한 현대에도 여전히 수용적·인종적이다. 비폭력 투쟁이 이것을 잘 보여준다. 인도 노동자의 체력은 중국인보다도 훨씬 약하고 서양 노동자의 3분의 1 혹은 4분의 1에 지나지 않는다고 한다. 체력이 단시일에 바뀔 수 없는 것처럼 인간의 특성도 단시일에는 변할 수 없다. 이것이 풍토의 특성이다. 변혁은 풍토의 극복을 기다리지 않으면 안 된다. 그러나 풍토의 극복 또한 풍토적 특수성의 길에서 찾을 수밖에 없다. 즉 풍토의 자각을 역사적으로 실현할 때에만 인간은 풍토 밖으로 나올 수 있게 된다.

(1929년 원고, 1930년 고쳐 씀.)

2. 사막

　'사막'이라는 말은 영어의 'desert'와 동의어로 사용된다. 나도 이 용례에 따라 사막이라는 말로 아랍, 아프리카, 몽고 등의 매우 특수한 풍토를 표현하고자 한다. 그러나 '사막'과 'desert'가 원래 의미가 매우 다르다는 것은 이 말의 의미를 잘 생각해보면 바로 느낄 수 있다. 같은 풍토를 어떤 경우에는 사막이라고 부르고 어떤 경우에는 'desert'라고 부르는 것은 마치 같은 도형을 어떤 경우에는 등변삼각형이라고 부르고, 어떤 경우에는 등각삼각형이라고 부르는 것과도 같이 파악하는 방향을 달리하는 것이다. 그래서 이런 방향의 차이가 있을 수 있다는 것에서 이미 사막이라는 현상의 인간적 의미가 지시되고 있음을 확연히 알 수 있다.

　'사막'이라는 말은 중국에서 왔다. 이에 상응하는 일본어는 존재하지 않는다. '모래벌판'은 사막이 아니다. 엄밀한 의미에서 일본인은 사막을 모른다. 그렇다면 중국어로 '사막'은 무슨 의미일까? 현대 중국인은 일본의 역영향을 받아 사막을 desert의 동의어로 사용한다. 그러나 옛날 용법에서 '사막'은 직관적으로 고비 사막을 지칭하는 말이었다. '사沙'

는 자주 '유사'[流沙, 물을 많이 품고 있어 유동하는 모래]의 의미로 사용되고, '막漠' 또한 북방의 유사를 뜻했다. 이것은 거대한 **모래 바다**沙海였고, 이 모래가 심한 바람에 휘말려 높이 솟아오르는 **흐름**이었다. 중국인은 이런 풍토 밖에서 살고 있어서 이런 풍토를 단지 밖에서 보는 경치의 특성으로, 즉 막막한 모래 바다로 파악하였다.

그리스인은 예레미야eremia로, 로마인은 데세르타deserta로, 근대인은 Wüste, waste, wilderness 등으로 파악했던 것은 단순한 모래 바다는 아니었다. 사막은 아무것도 **살고 있지 않는**, 따라서 어떤 생기도 없는 황량하고 매우 **꺼림칙한** 곳이었다. (이때) 사람들은 이 풍토를 형태가 아니라, 생기에서 파악하였다. 이것은 단지 모래 바다 정도가 아니다. 우뚝 솟은 암석이 노출된 돌로 되어 있는 산맥이고, 돌의 근원이 되는 물이 없는 큰 강의 근원大河床 같은 것이었다. 사람들은 (사막을) 이러한 산하山河에 둘러싸여서 식물도 동물도 **살고 있지 않는** 세계로 간주하였다. 마치 '사는 사람이 없는 집'이 생기 없고, 공허하고, 황량하듯이, 이러한 풍토가 desert였다. 그러나 풍토가 이처럼 desert로 불릴 때 이것은 역시 단순히 외적 자연은 아니다. desert는 사람과 세계의 통일적인 관계다. 어떤 집 또는 도시가 desert일 수 있는 것과 같이, 어떤 풍토는 또한 desert일 수 있다. 풍토는 '人間'(단지 한 **사람**이 아니라, 개인적·사회적인 이중성격을 갖는 인간)의 존재방식이지, 인간과 독립된 '자연'의 성질은 아니다.

그러나 desert가 지리학적 용어로 정착될 때 사람들은 '인간과 독립된 자연'을 다룬다고 믿었다. 사막은 강수량의 결핍으로 생긴 황막한 불모지이다. 그런데 이 경우에도 사람들은 직관적으로 아랍과 아프리카에 있는 황량한 불모지를 지칭하는 뜻으로 desert라는 개념을 만들었다. 우뚝 솟은 암석이 노출된 거친 땅荒地은 rock desert이고, 자갈의 바다는 gravel desert이고, 모래 바다는 sand desert이다. 따라서 사막이라는 말은 단지 sand desert에만 해당하는 것이어서 일반적인 desert에 해당하지 않는다. 그렇지만 사막沙漠을 desert와 동의어로 하는 우리에게 있어서는 '암석 사막', '자갈 사막', '모래 사막'과 같은 우스꽝스러운 번역어가 여전히 쓰이고 있다. 우리가 여기서 고찰의 대상으로 삼는 '사막'은 본래 의미에서의 'desert'이지, 사막은 아니다. 사막이란 말을 사용하는 것은 다른 적당한 단어가 없기 때문이다.

나는 사막을 '인간의 존재방식'으로 다루고자 한다. 이 경우, 인간은 개인이면서 사회적으로 존재하며, 역사적으로만 존재할 수 있다는 것을 전제한다. 따라서 인간의 존재방식으로서의 사막은 인간의 사회적이고 역사적인 성격과 뗄 수 없는 것이다. 사막의 구체성은 인간의 역사적 사회에서만 드러난다. 만약 사람들이 자연과학적인 사막에 이르고자 한다면, 이 구체적인 사막으로부터 혹은 사막적인 인간 사회로부터 모든 인간적 성격을 사상捨象하고, 추상의 입장에 서지 않으면 안 된다. 자연으로서의 사막은 이러한 추상일 뿐이다. '추상抽象'은 인간의 힘 중 위대한 특성이다. 구체적인 것은 추상에 의해 그 내용이 명확해진다. 그러나 추상적인 것과 구체적인 것을 혼동해서는 안 된다. 나는 여기서 이러한 추상적인 사막이 인간의 역사적·사회적 현실에 어떻게 영향을 주는가를 보고자 하는 것이 아니다. 그 반대로 이러한 추상이 수행되는 기반으로서의 역사적·사회적 사막을 명확하게 하고자 한다.

그렇다면 어떻게 이러한 구체적인 사막에 접근할 수 있을까? (이것은) 사막의 인간에게 자기해석의 문제일 수도 있을 것이다. 그러나 인간이 반드시 자신을 자신으로부터 가장 잘 이해할 수 있는 것은 아니다. 인간의 자각은 보통 (자신과) 다른 것을 경험함으로써 실현된다. 그렇다면 사막에 살고 있는 인간의 자기이해는 장마가 내리는 곳에 자신의 몸을 놓음으로써 가장 분명하게 드러날 것이다. 이것은 사막에서 살지 않았던 인간이 **여행자**로서 구체적인 사막에 접근할 수 있다는 것을 입증한다. 그는 사막에서 자기가 (처한) 역사적 사회적 현실이 어떻게 사막의 현실이 아닌지를 자각하게 될 것이다. 그렇다면 이 자각은 사막을 이해하는 데서 가능해진다. 이러한 이해가 여행자로서 **일시적인** 사막생활에서 나온 것이라 해도 그것이 사막에 대한 본질적인 이해라고 한다면, 그는 그 일시적 생활에서 역사적이고 사회적인 사막에 '깊이 들어가 살아봄'을 이룰 수 있다.

(이때) 여행자는 자신의 삶에서 어느 짧은 기간을 사막에서 산다. 그는 결코 사막의 인간이 되지는 않는다. 사막에서 그의 역사는 사막의 인간의 역사가 아닌 (자기 개인의) 인간의 역사이다. 그렇지만, 바로 그렇기 때문에 그는 사막이 **무엇인가를**, 즉 사막의 본질을 이해하게 된다. '인간이 가는 곳 어디에나 푸른 산이 있다'는 말은 자유로운 삶의 방식을 드러내는 말로서, 삶의 지혜에 대한 비유적 표현이지만, 풍토와 관련해서 볼 때 이 말은 맞지 않다. 이러한 표현이 가능한 것은 풍토적으로 가는 곳 어디에나 푸른 산이 있고, 이런 풍토에서 푸른 산은 이미 이런 풍토의 생활적 의미를 담고 있기 때문이다. 즉 푸른 산은 '고향'을 대신할 수 있는 것, 어떤 의미에서는 사람이 정착할 수 있는 곳이다. 그렇다면 '가는 곳 어디에나 푸른 산이 있다는 것'은 풍토적인 의미에서도 인간의 존재방식이다. 이렇게 푸른 산 (주변에 사는) 사람이 어느 날 인도양을 건너 아랍의 남단 도시에 도착한다고 해보자. 그의 앞에 있는 것은 한자어의 '돌올(突兀, 우뚝 솟음)'이란 말에서 그대로 드러나듯이 뾰족하고, 황량하며, 검붉은 바위산이다. 푸른 산 (주변에 살았던) 사람은 여기에서 '산'에서 기대할 수 있는 모든 생기, 활력, 우아함, 청초함, 산뜻함, 장대함, 친숙함은 전혀 발견하지 못하고, 낯설고 무섭고 암울한

느낌만 들 것이다. 가는 곳 어디에나 푸른 산이 있는 풍토에서는 어떠한 바위산도 이 정도로 음침한 느낌을 주지 않는다. 여기서 푸른 산(에 둘러싸인 풍토에 살았던) 인간은 분명하게 **타자**를 발견한다. 단지 물리적인 바위산만이 아니고, 푸른 산을 모르는 사람, 그리고 푸른 산을 모르는 사람과의 관계를 말이다.

푸른 산이 없다는 것은 추상적으로 말하면, 산에 **한 그루의 나무도 풀도 없다**는 것이다. 풀과 나무로 둘러싸여 있는 산은 식물의 생명에 둘러싸여 있고, 따라서 그 색체나 형태도 식물의 생명을 표현한다. 여기에서 비와 바람은 우선 이 생명과 교섭하는 것이어서, 무생물인 바위나 흙과 직접적으로 접촉하지 않는다. 그런데 풀과 나무가 없는 산은 어떠한 생명도 보여주지 않는다. 비와 바람은 단지 물리적으로 바위의 표면에 영향을 미친다. 그래서 이 바위는 산의 '뼈'이다. 죽은 산이다. 산의 윤곽도 바위의 뾰족한 방향도 거무칙칙함도 모두 죽음의 표현일 뿐, 살아 있는 힘을 느끼게 하지 않는다. 이렇게 풀도 나무도 없는 바위산은 구체적으로 **무서운 산**, **음침한** 산이다. 무서움과 음침함은 본래 물리적 자연의 성질이 아니고, 인간 존재의 방식이다. 인간은 자연과의 교섭 안에서 존재하고, 자연 가운데서 자신을 발견한다. 먹음직스러운 과일에서 자신의 식욕을 보고, 푸른 산에서 자신의 편안한 마음을 느끼듯이, 무서운 산에서는 자신의 무서움을 발견한다. 말하자면 푸른 산을 모르는 인간을 발견하는 것이다.

이런 인간 존재방식의 특성을 우리는 '건조'의 풍토로 파악할 수 있다. 아덴aden에는 강한 일조량에도 불구하고 비가 1년에 4~5회 정도밖에 내리지 않는다고 한다. 인도양에 몬순이 부는 황량한 계절에도 아덴에서는 까마득히 높은 하늘이 옅은 흰색으로 가려져 아주 흐리며 햇빛도 거의 보이지 않는다. 더군다나 다른 시기에는 하늘이 **완전히** 맑다.

구름이 자주 모습을 드러내는 일몰에는 아득히 먼 지평선에서조차 구름 한 점 없는 맑은 하늘이 이곳에서는 보통의 날씨이다. 이렇게 맑은 하늘은 상쾌함을 느끼게 하는 하늘색이 아니라, 건조한 검푸른 색이다. 지평선으로 가까이 가도 이 검푸른 색은 거의 옅어지지 않는다. 이런 하늘로 덮인 땅은 철저하게 건조하고, 습하다고 생각되는 것은 하나도 없다. 인공적으로 도시 안에 심어 놓은 작은 나무를 제외하면 이 세계는 **건조함 자체**이다. 이 건조함이 음침한 산을 형성하고, 두려운 모래 초원을 이루고, 거대한 로마인의 저수지가 되고, 물을 운반하는 낙타가 되며, 더 나아가 유목이 되고, 코란이 된다. 한 마디로 아라비아의 인간이 된다.

이렇게 우리는 '건조'를 dessert의 본질적 규정으로 파악할 수 있다. 살고 있는 것이 없는 곳, 생기 없는 곳, 황량한 곳, 이러한 요소들이 모두 건조에서 나온다. 아덴의 음침한 산은 여행자에게 사막의 본질을 '건조'로 드러내 보여준다. 이것은 사막에 대해 말할 때마다 늘 나오는 말이다. 그런데도 여행자들에게 새삼스럽게 느껴지는 것은 왜일까? 그것은 여행자가 처음으로 '건조'를 **생활한 것**이기 때문이다. 건조는 습도계나 온도계에 나타나는, 공기의 가습한 정도가 아니라, 인간의 존재방식이기 때문이다.

홍해 연안, 특히 역사적으로 유명한 시나이 산이나 아라비아 사막 근처에 이르면 여행자는 죽음 그 자체를 강하게 느낄 정도의 풍토를 경험함으로써 구약성서를 새롭게 읽고 싶은 충동을 느끼게 된다. 선택받은 백성들이 건넌 것은 이토록 무서운 모래 바다, 암석 조각의 바다였다. 그들이 바라본 것은 바위만이 존재할 뿐인 산맥, '죽음의 산'이었다. 이러한 사막의 공포는 성난 바다에 비할 바가 아니다. 바다는 끊임없이 일렁이는 파도와 생생한 물의 빛깔, 파도 사이에서 살아가는 생명들 때문에 언제나 살아 있다는 인상을 준다. 폭풍에 대한 두려움이 있기는 해도, 바다에 느끼는 친숙함은 상쇄할 정도는 아니다. 그러나 사막은 죽음의 정적, 죽음의 색과 형상, 모든 생명의 결핍으로 우리들의 삶을 근원적으로 위협한다. 지상의 모습을 감추는 사막의 밤의 어둠마저도 죽음과 같은 기분 나쁜 느낌을 준다. (그 어둠에 비해 하늘의 별만큼은 실로 찬란하여 생생한 인상을 주는 것은 사막의 밤이 주는 최고의 특징이기도 하다. 극도로 건조한 공기가 별빛을 선명하게 빛나게 할 뿐 아니라, 크고 작은 많은 별들의 쉼 없는 깜박임은 서로 음향이 합쳐지면서 시시각각 움직일 때와도 같이 마치 장대한 교향악을 듣는 것 같은 인상을 준다. 이렇게 생동감 있게 움직이는 창백한 하늘은 실제 사막의 죽음에서 우리의 삶을 구원하는 손길과도 같다.) 이와 같이 지상에는 죽음의 위협만이 가득한 땅, 8개월 동안 구름 한 점 없는 하늘에서 내리쬐는 태양이 모든 것을 태우고, 그늘에서도 온도가 45도가 넘도록 오르는 땅, 선택받은 백성은 이 땅을 유랑하였다. 시나이 반도가 그렇고, 시리아 메소포타미아 사막이 그렇다. 유프라테스와 티그리스 골짜기河谷이라고 해도 바빌론의 평야에 나오기까지는 지극히 좁은 강의 양쪽 기슭을 적실 정도일 뿐이다. 이 양 하구와 아르메니아 산에서 나오는 하천을 제외하면, 넓은 아라비아 땅에 하천은 없다. 때로 소나기가 내려도 빗물은 마른 강바닥을 떠나가 버려서 강바닥에 스며들어 몇 시간 후면 흔적도 남지 않는다. 만약 이 사막 곳곳에 봄비가 내려 녹색의 풀을 자라게 하는 일도 없었다면, 또는 바위에서 나오는 샘이나 인간이 판 우물 등이 없었다면 전체적으로 아라비아에는 어떤 인간도 존재할 수 없었을 것이다.

건조의 생활은 '갈증'이다. 즉 물을 구하는 생활이다. 밖의 자연은 죽음의 위협으로 압박할 뿐이고, 기다리면 물의 혜택을 주는 것도 아니다. (이 지역의) 사람들은 자연의 위협에 맞서 싸우면서 사막의 보배라

할 수 있는 풀이 있는 땅이나 샘을 찾아 걷지 않으면 안 된다. 풀이 있는 땅이나 샘은 인간 집단 간의 싸움의 이유가 된다. (창세기 13장 6절, 26장 20절 이하 참조) 살기 위해 다른 인간의 위협에 맞서 싸우지 않으면 안 된다. 여기에서 사막의 인간은 사막의 특수한 구조를 체득하게 된다. ①사람과 세계의 통일적인 관계가 사막에서는 어디까지나 대항적·투쟁적 관계로 존재한다. 사람이 자연에서 보는 자신은 죽음이다. 죽음을 봄으로써 인간은 삶을 자각한다. 모든 '생산'은 인간 측에서만 존재하며 따라서 밖에 있는 자연의 생산을 '혜택'으로 기대하거나 바랄 수 없다. 풀이 있는 땅과 샘과 우물을 자연에서 쟁취함으로써 사람들은 가축을 번식시킬 수 있다. ②인간은 사막에서 개인으로서는 살아갈 수 없다. 따라서 사막의 인간은 특히 공동체에서 (잘) 나타난다. 풀이 있는 땅이나 샘을 **자연으로부터** 쟁취하는 것은 공동체 안에서의 인간이다. 이 싸움에서 인간은 더욱이 **다른 인간**과 대립하지 않으면 안 된다. 우물 하나가 다른 부족의 손에 넘어가면 자기 부족의 삶이 위협받는다. 사람과 세계의 통일적인 관계가 인간과 '다른 인간관계'와의 관계를 형성한다. 그래서 사막의 인간관계 또한 저항적, 투쟁적이고, 여기에서 자식을 '낳아라, 번성하라'라는 표어가 나온다. 인구 증식에 대한 신의 계약에 '할례'가 부과된 것은 사막적 인간의 이러한 특성을 표현한 것이다.

사막적 인간의 구조는 위와 같이 이중의 의미에서 저항적이고 투쟁적이다. 그런데 사막적 인간은 단지 역사적으로만 존재한다. 따라서 저항적·전투적 특성이 드러나는 곳은 사막의 인간의 역사이고, 역사적으로 만들어진 여러 형상이다. 자연에 대한 저항은 자연에 대립하여 인간을 두드러지게 하는 일체의 문화적 노력에서 나타난다. 이것은 혜택을 주는 자연에 포용되는 태도도 아니고, 자연을 인간의 노예로 지배하고자 하는 태도도 아니다. 어디까지나 자연에 대립하여 인간 또는 인공을

'대치'시키는 태도이다.

사막에서 '인간의 것'은 본래 이미 자연에 대립된 타자이다. 밤에 사막에서 멀리 보이는 대지가 검은 사물과도 같이 죽음의 모습일 때, 아득한 지평선에 나타난 한두 개의 '등불'은 이상한 강렬함으로 인간의 세계를, 삶의 따뜻함을 그리워한다는 인상을 준다. 이것은 바다를 건널 때 지평선에서 보이는 섬의 등불을 볼 때보다도 훨씬 강한 감동을 줄 수도 있다. 예전에 사막을 걸어서 건너는 사람이, 예를 들어 유대에서 헬리오폴리스Heliopolis로 가는 긴 고통의 여정이 끝나가는, 도시까지 하룻길인 야영지에서 도시의 등불을 볼 때 느끼는 기쁨 같은 것도 오직 사막의 인간만이 알 수 있는 것이다.

이렇게 인간에게 속한 것은 단지 '인간에게 속한다'는 이유만으로 인간에게 감동을 줄 수 있다면, 자연에서는 **발견되지 않는 것, 인간만이 만들어낼 수 있는 것**이 사막에서 특히 선호되는 것은 당연하다. 여행자에게 아라비아의 도시에 대한 인상이 이미 이것을 열어 보여준다. 아덴만을 방문한 여행자는 만의 왼쪽 평원으로 바다 너머 보이는 아라비아의 도시가 어느 솟아오른 바위산에도 뒤지지 않을 만큼 높다는 것에 놀라고 만다. 낮은 평원은 거의 대륙이라고 생각될 정도로 옅은 검은 빛을 띠는 갈색 수평선 너머로 보인다. 바다의 수평선과 다른 점은 그 색채뿐이다. 검은 빛을 띠는 갈색의 지평선 사이에 이제 막 바다로 오르는 백조처럼, 자그마한 사각의 건물들 여러 채가 햇빛에 빛난다. 하얀 벽과 각진 형태는 3~4마일 안에서는 작게 보임에도 불구하고 인공적인 것이라는 인상을 강하게 준다. 생명 없는 자연에서 '인간의 것'이 부각된다. 거의 한낮의 **꿈**이라고 할 정도로 선명하게 인간의 도시가 주변 자연과 대립해 있다.

무엇 때문에 그럴까? 우리는 이것을 형태와 색깔만으로도 이해할 수 있다. 이 도시를 만든 형태와 색깔은 주변의 자연에서 전혀 발견할 수 없는 것들이다. 돌출한 산은 철두철미하게 우연적인 형태여서 여기서는 어떤 규칙이나 목적도 느끼지 못한다. 바다와 평평한 모래벌판을 가로 지르는 긴 직선을 드러내는데, 지극히 단조로울 뿐 아니라 정리된 느낌도 없다. 그런데 인간의 집만큼은 정사각형, 직사각형의 기하학적 규칙에 맞추어 완결된 형태로 그 가운데 떠 있다. 이것은 더욱이 **인간이 만들어낸 형태**이다. 그렇지만 자연 형태를 인간적으로 활용한 것도 아니고, 또 자연 형태를 극복하여 인간적으로 통일한 것도 아니다. 확실히 자연에 저항하는 타자를 창작하였다. 색깔도 마찬가지다. 땅은 검은 빛을 띠는 갈색이고, 여기에 사는 낙타와 같은 동물도 완연히 땅과 같은 색깔임에도 인간이 만들어낸 것만이 순수한 백색을 보여준다. 이렇듯이 인간은 자연에 대한 저항을 도시의 형태로 구현하였다. 이 특성은 아라비아 미술에도 그대로 응축되어 나타난다. 화려한 아라비아풍의 장식이 얼마나 현저하게 인공적인가 또는 강고함과 강렬함을 윤곽으로 하여 나타나는 모스크가 얼마나 현저하게 몽환적이고 자연을 떠나 있는가를 바로 알게 해주는 것은 사막적 인간의 자연에 대한 저항이다.

피라미드의 형태도 이러한 입장에서 이해할 수 있을 것이다. 고대 이집트의 인간은 결코 순수한 사막의 인간은 아니다. 그러나 피라미드의 위치 자체가 보여주듯이, 피라미드는 사막과의 관계에서 생겨난다. 외부에서 나일 강 계곡으로 엄습해오는 것 같은 사막은 모래 파도가 무한히 이어지는 기복이며, 어떤 규칙도 보여주지 않는 우연적인 굴곡에 지나지 않는다. 나일 강 계곡의 내부에서도 이 평야를 지배하는 것은 나일 강의 완만하고 큰 굴곡이다. 물과 밭의 수평면도 모두 불규칙적인 곡선으로 윤곽 지어져 어떠한 질서도 보이지 않는다. 이러한 불규칙한, 어디에도 통일성이 없는 자연 속에서 오직 피라미드만이 지극히 규칙적이고 완결적인 삼각의 형태로 입체적으로 크게 우뚝 솟아 있다. 따라서 이것은 주변의 자연과는 전혀 다른 형태로 강력한 인간의 힘을 느끼게 해준다. 고대 이집트인은 이것으로 사막에 저항하였다. 그래서 피라미드의 단순하고 추상적인 형태는 **단순**하고 **추상적**이기 때문에 인간이 가진 힘의 상징으로 작용했다고 봐야 한다. 원래 이러한 형태도 사막에 저항할 수 있으려면 **일정한 크기**를 필요로 한다. 막막한 모래 바다에 저항해서 인간의 위력을 드러낼 수 있는 것은 그 **거대함**이지, 형태만은 아니다. 그러나 만약 여기에 옛 고분과 같은 **거대한 무덤**이 만들어졌다면, 설령 그것이 피라미드보다 몇 배 더 큰 크기라 해도 사막에 대항하는 인간을 표현할 수는 없었을 것이다.

피라미드가 주는 불가사의한 인상도 놓쳐서는 안 된다. 피라미드가 인간의 예술작품으로는 지나치게 단순하다고 생각할지도 모른다. 그러나 피라미드가 있는 그대로의 위치에서는 탁월한 작품에 뒤지지 않는 은밀한 신비를 품은 인상을 준다. 우리에게 드러난 것은 언제나 부분이지, 전체가 아니다. 우리는 언제나 '그림자로 감추어진 것'에 끌린다. 이런 인상을 우리는 이 정도로 강하게 다른 어떤 것에서도 받지 못한다. 사물은 보통 우리에게 그 한 면만을 보여주기에, 우리는 거의 보이지 않는 다른 면에 이끌리지 않는다. 특히 예술작품에서, 예를 들어 미로의 비너스의 한 면만을 볼 때, 다른 면은 감추어진다는 것을 느끼지 못한다. 그런데 피라미드는 그 예술적인 내용 없음 때문에 오히려 '감추어진 것'에 대한 인상을 줄 수 있다.[5] 이러한 두 측면의 인상에서 우리는 피라미드가 사막 인간의 표현으로서 필연적임을 이해하게 된다. 사람들은 이 단순한 형태를 거대한 기념비 구조의 필연으로 이해할 수도 있

---

5 감추어진 것과 드러난 것의 대비는 하이데거도 《예술작품의 근원》에서 강조하는데, 저자가 피라미드를 감상하면서 하이데거의 은폐-탈은폐 개념을 도입하고 있는 듯한 인상을 준다. – 옮긴이 주.

다. 그러나 사막에 저항하는 이러한 거대한 기념비를 만들려는 의욕 그 자체가 이미 사막의 인간을 보여준다.

그런데 자연에 대한 저항이 가장 현저하게 드러나는 것은 그 생산 양식이다. 즉 사막의 유목이다. 인간은 자연의 혜택을 기다리지 않고, 능동적으로 자연 안으로 공격해 들어가 자연으로부터 약간의 획득물을 빼앗아 가진다. 이러한 자연에 대한 저항은 곧바로 다른 인간 세계에 대한 저항과 결부된다. 자연과의 싸움의 다른 절반은 인간과의 싸움이다. 이러한 전투적 생활양식은 멀리 고대에서 이슬람 시대에 이르기까지 언제나 사막 인간의 특성이었다. 아라비아 반도에 사는 여러 종족은 창세기의 명명에 따라 셈족으로 불리지만 이를 포괄하는 아라비아인, 헤브라이인, 페니키아인, 아르메니아인 등은 그 성격과 정신적 특성이 공통적이고 언어도 매우 유사하다. 그래서 "이 셈족의 모든 정신적 특징, 사고방식, 종교, 국가적 제도 등은 모두 **사막 민족의 생활 조건**에서 설명된다."(E. Geschichte des Alterums, I. 2, 388.) 이것은 전투적 생활양식이다.

우선 사회조직으로서의 부족Stamm이 그렇다. 부족은 기원전 천 년의 고대에서 현대 아라비아의 베두인에 이르기까지 사막에서 공동사회의 형식으로 존속해 왔다. 이것은 단지 '원시적인' 것만이 아니고, 아라비아의 토지와 밀접하게 관련된다. 그 형식을 보면, 부족의 공동사회는 동일한 조상에서 나온 **혈족**이라는 이념으로 결합되었다. 여기서 한 사람의 남자(즉 싸울 수 있는)는 풍습 도덕 법률 등의 고유한 규정과 밀접하게 결합되어 **공동생활**을 영위한다. 내용을 보면 이는 **방위단체**이다. 혈족의 일원이 위험에 빠지면 구하고 방어하거나 복수하는 것이 단체 각 구성원의 의무이다. 인간은 이 상호 의무에 의해서 결합되며, 이 결합에 의해서 단체의 이익 곧 개인의 이익이 방위된다. 단체의 소유에 해당하는 근본 조건이 되는 초원과 샘물은 다른 부족과의 전쟁에서 얻은 것이다.

이런 부족 생활은 자연과 인간에 대한 저항을 반영한다. 인간은 개별 자로서만 살아갈 수 없다. 부족의 전체성이 개별적인 삶을 가능하게 한다. 따라서 전체에 대한 충실, 전체 의지에 대한 **복종**은 사막의 인간에게 불가결하다. 이와 더불어 전체적인 행동은 개별자로서의 인간의 운명을 좌우한다. 부족의 패배는 개인의 죽음이다. 따라서 전체에 속한 각 구성원은 자신의 힘과 용기를 최대한 발휘하지 않으면 안 된다. 감정의 온화함을 배려할 틈이 없는 지속적인 **의지의 긴장** 곧 **전투적** 태도가 사막의 인간에게는 불가결하다. 사막의 인간은 복종적·전투적이라는 이중의 성격을 띤다. 이것은 인간의 구조에 있어 특수성이고 또 인간의 전체성이 가장 강하게 나타나는 하나의 양식이다. 사막의 인간은 이처럼 사회적·역사적으로 특수한 성격을 형성한다. 여기서 사막은 사회적 역사적 현실이지 단순한 땅이 아니다. 그래서 인간은 단순한 땅으로서의 사막을 공간적 의미에서 지나칠 수는 있어도 사회적 역사적 현실로서의 사막을 같은 의미에서 지나칠 수는 없다. 이것을 지나치려면 사회적 역사적으로 다른 것으로의 발전을 요구한다. 그러나 이런 발전에서도 인간은 과거를 버리고 지나치지 못하고 보존한다. 설사 사막의 인간이 물이 풍부한 토지에 정착해서 농업적 인간으로 바뀐다 해도 어디까지나 이것은 사막의 인간의 발전이지, 다른 것이 아니다.

우리는 이를 이스라엘 민족의 역사에서 발견할 수 있다. 사막에서 유목생활을 했던 이 민족에게 물이 풍부한 가나안 땅은 낙원과도 같았다. 그래서 지속되는 치열한 싸움으로 이 영토를 획득했고 정착해서 농업을 익혔다. 사막생활의 제한은 깨지고, 인구가 늘기 시작했다. 부족이 늘고, 연맹이 확고해지면서 마침내 왕국이 성립된다. 이것은 원래 사막의 부족사회와 같은 긴장된 통일성을 유지하는 사회가 아니다. 그렇지만 이스라엘 민족이 종교를 확정하고, 여러 종교문예를 만들기 시작한 것은 가나안 정착 이후이다. 이렇게 해서 이러한 문화 산물이 나타나게 된 것은 현저하게 사막 인간의 성격에 다름 아니다. 사람들은 본래의 부족사회를 하나의 민족으로서 실현하고자 했다. 부족의 전체성을 표현하는 신은 민족 전체성을 표현하는 신이 되었다. 이 신에 대한 절대 **복종**과 다른 민족(따라서 다른 신)에 대한 **전투**는 의연하게 이스라엘 부족의 특성이다. 가나안의 풍토는 사회 문화적으로 여러 가지 발전을 일으켰지만, 발전한 것은 어디까지나 사막의 인간이지 농업적 인간은 아니었다.

사람들은 **흩어진**diaspora 유대인이 어떻게 사막의 성격을 지속했는지 잊지 않고 있다. 흩어짐은 이미 기원전 수세기 전부터 시작되었다. 긴밀한 **교단조직**을 유럽인들에게 가르친 것은 유대인이다. 인간의 전체성을 가장 강하게 드러내는 사막 인간의 단체 양식은 지금은 종교의 이름으로 (바꾸어) 초민족적인 실현을 요구한다. 그러나 이러한 교단조직을 가르친 유대인 자신은 이러한 교단으로부터 배제되고 축출되었다. 그래도 그 민족적 특성을 유지하고 있는데, 이를 유지시킨 것은 유럽인의 박해이다. 그러나 이 박해를 불러일으킨 것은 유대인 자신이다. 그렇다면 사회적 역사적 현실로서의 사막은 유럽의 아름다운 목장 가운데서도 또 봉건적 부르주아적 발전을 통해서도 역시 자신을 보존할 필연성이 있었다고 말할 수 있다. 그뿐만 아니라 **복종적·전투적인** 생활양식은 고대 유럽인을 매료시킨 것처럼 지금도 역시 새롭게 현대인을 매료시킨다. 사막 밖으로 사막을 연장한 것은 위와 같은 경우만이 아니다. 예전에 이스라엘 부족이 농업적 인간으로 바뀔 무렵 이것을 사막 인간의 타락이라고 비웃는 다른 무리들이 있었다. 사막 인간의 긍지는 황야의 맹수처럼 분방한 자유이다. 그들은 생활의 편안함보다는 생활의 호방함을 사랑한다. '벽에 숨어 있는 한 명의 군주에게 종속된' 정착한 인간의 비겁함은 그들이 보기에 가장 천박했다. 이러한 기풍은 이스라엘 초기부터 충분히 살아 있다고 전해진다. 여기서 복종적·전투적인 특히 의지적인 사막의 인간이 다시 농업지로 내려와 개화된 여러 국민을 정복했다. 이스라엘은 이런 식으로 세계를 정복했다.

사막적 인간의 세계 지배는 현대에도 살아 있는 세계 종교를 살펴보면 분명해진다. 인도에서 생긴 것을 제외하고, 그리스도교, 유대교, 이슬람교 등은 모두 사막의 인간에게서 나왔다. 특히 현재 종교로서 현실적으로 활동한다는 점에서는 이슬람교가 가장 강력하다고 할 수 있다. 그러나 (이슬람교는) 역사적으로 보면, 거의 2천 년 동안 이스라엘 부족이라는 작은 민족 — 가장 전성기에도 국토가 길이 50리, 폭 30리 내지 15리에 불과했던 민족 — 의 역사를 마치 인류 전체의 역사인 것처럼 사유하도록 유럽인에게 유입된 힘만큼 눈부신 것은 아닐 것이다. 사막의 인간은 다른 많은 인간을 가르쳤다. 이것은 사막적 인간이 그 특성 때문에 다른 인간보다도 깊게 인간을 자각했기 때문이다. 사막적 인간의 공적은 인류에게 **인격신**을 주었다는 점에서 절정에 이른다. 이런 종류의 공적에서 사막적 인간에 견줄 수 있는 것은 인류에게 **인격적이지 않은** 절대자를 준 인도인뿐이다.

그러나 이 인격신도 처음에는 부족 신에 불과했다. 부족의 전체성 안에는 신적인 힘이 살아 있고, 이 힘에 의해서 부족의 존재와 생육이 가능해진다. 이 신앙이 출발점이었다. 그랬기 때문에 부족이 많은 만큼 신의 이름도 많다. 야훼는 그중 하나일 뿐이었다. 이런 신은 인간과 함께 살고 식사도 함께 하고, 싸움도 같이 하며, 사냥한 것과 전쟁에서 획득한 전리품도 받는다. 큰 제의에서 인간은 신에게 희생물을 올리고, 그

고기를 부족이 함께 먹는다. 이러한 희생 음식은 부족 생활에서 인간의 평화로운 공동체가 언제나 새롭게 구축되도록 하는 중대한 계기였다. 이것으로서는 부족으로 사는 인간의 전체성과 개별성의 관계가 자각되는 것은 아니었다. 그러나 희생 음식을 체험하고, 신과 인간의 혈연관계를 믿는다는 것에서 더욱 이 전체성으로의 귀속을 실천한다. 여기서는 일찍부터 도덕이 신의 명령으로 나타난다. 신은 인간에게 '풍부한 토지와 자손' 또는 '적을 멸망시키고 질병을 일으키는 것' 즉 물질적 생활의 안정과 번영을 약속한다. 그러나 그 대신에 인간에게 위생과 도덕적인 명령을 지킬 의무를 부과한다. 바꾸어 말하면 사막에서의 삶은 부족 **전체성의 자각**(이것은 신의 명령으로 나타난다)에서만 가능하다는 것을 보여준다고 말할 수 있다. 그렇다면 사막의 인간에게 이러한 자각은 '삶의 궁핍에서 벗어나 전환하는 것Not-wenden'에 다름 아니다. 즉 부족신은 사막의 인간에게 필연적Notwendig[6]이다.

부족의 전체성을 신으로 느끼는 것은 일반적으로 원시종교의 특징이어서 사막에만 한정되지 않는다. 그러나 부족생활이 원시적인 것에 머무르지 않고 특히 사막생활의 양식으로 의미를 갖는 것과 같이 부족신에 대한 신앙도 사막생활의 필연성에 의해 다른 어떤 경우보다도 강렬하다. 바로 이 특이성이 부족의 신을 **인격신**이 되도록 한다. 신은 '**자연에 저항하는 인간**' 전체성이 자각되도록 하는 존재이고, 따라서 자연의 힘을 신화로 만든 흔적은 없다. 자연은 신 **아래**에 있지 않으면 안 된다. 그리스의 신들은 이와 반대로 밖에 있는 자연을 신격화(예를 들면 제우스, 포세이돈)하거나 내적인 자연으로 신격화(예를 들면 아프로디테, 아

---

6 저자는 독일어의 '필연적'이라는 말의 의미를 살리며 언어유희를 하고 있다. Notwendig은 궁핍에서 벗어나 방향을 바꾼다는 의미의 'Not-wenden'에서 파생된 것으로, '필연적인'이라는 뜻이다. 하이데거도 이 단어를 이용해 언어유희를 한 적이 있다. – 옮긴이 주.

폴론)한 것에 지나지 않았다. 부족의 전체성을 표현하는 신들은 신격화될 무렵 이미 '영웅'의 지위로 전락된다. 밀의密意 종교의 신들, 예를 들면 미드라, 오시리스의 종교도 자연의 힘을 신격화한 것이지 인간의 전체성을 표현한 것은 아니다. 이러한 신들이 살아 있는 토지는 많든 적든 자연의 혜택이 뚜렷하다. 그러나 사막에서 자연은 죽음이다. 삶은 인간 쪽에만 존재한다. 따라서 신은 인격신이지 않으면 안 된다.

그러나 부족 신의 하나인 야훼가 어떻게 해서 통일적인 인격신이 되었을까? 전설은 모세의 기적을 말한다. 모세를 통해 야훼 신이 부족신이 되었고, 이스라엘 부족이 '부족' 가운데 가장 큰 세력을 형성하게 되었다. 만약 학자들이 말하는 것처럼 이스라엘이 하나의 부족 이름이 아니고, 부족 연맹의 이름이었다면 즉 이스라엘이 야훼를 전쟁의 신, 수호의 신으로 하는 전투 연맹, 종교 연맹이었다면(M. Weber, *Religionssoziologie*, III. S. 90ff.) 야훼는 전설 초기에 이미 모든 부족을 통일했을 것이다. 그런데 이와 관련해서는 어떤 사례도 없다. 가장 강력하게 자각된 인격신은 같은 경향의 다른 부족의 신을 자신 안에 받아들인다. 이렇게 해서 야훼는 한 부족의 신이 아니고 **사막적 인간의 신**이 되었다. 이것은 이 민족의 고난과 많은 예언자들의 열렬한 신앙을 통해 점점 분명하게 형태로 결정結晶된 것이다. 그러나 이렇게 결정된 형태는 새로운 그리스풍의 세계에서 한 사람의 중보자를 통해 사막을 넘어 널리 인간 안으로 들어오게 되었다. 여기서 야훼는 **인간 전체의 신**이 된다. 이것이 사막을 통해서 나타났는지 아닌지와 관계없이 — 인간의 어떠한 생산방식, 어떠한 생산관계가 그 기반에 있는가를 묻지 않고 — 유럽의 인간은 그들이 추구했던 신이 여기에서 주어졌다고 믿었다. 물론 여기에서 신은 그리스도를 통해 사랑의 신으로 바뀐다. 그럼에도 이 '인격신'은 오직 사막의 인간이 사막에서 살고 있기 때문에 발견될 수 있는 것이다.

인격신이 어떻게 사막의 특성을 가지고 있는가를 현저하게 보여주는 것은 마호메트이다. 그는 당시 아라비아의 우상숭배에 반대하여 '아브라함의 신'에 대한 신앙으로 돌아갈 것을 표방했다고 한다. 그러나 그의 혁명은 당시 부족생활과 상반되는 입장에 서 있지 않았다.(Goldzieher, *Die Religion des Islams*, Kultur d. Gegenwart, I, III, 1.) 사람들은 옛날과 똑같이 부족의 단결을 떠나서는 자연의 위협에 저항할 수 없었다. 부족의 전체성에 '복종'하는 것은 의연하게 사막에서 생존할 수 있는 요소였다. 마호메트는 이러한 전체성의 표현인 '인격신'에 새로운 활력을 불어넣었다. (그는) 부족의 복종을 **신에 대한 이슬람(복종)**으로 역설했다. 그는 부족 내부에서 옛날 모세처럼 '신의 이슬람'을 표현하고 그 힘으로 다른 부족과 전투를 시작했다. 그가 박해와 싸웠다는 것은 예전부터 있었던 부족 간의 전투이지, 개인 간 싸움이 아니다. 그는 싸움에서 승리하고 '신에 대한 복종(이슬람)에 따른 다른 부족의 정복 — 아랍족의 단결'을 실현했다. 아랍 전체가 하나의 부족으로 '복종(이슬람)의 통일에' 도달했다. 여기서 복종적·전투적인 아랍은 매우 신속하게 사막 밖으로 퍼져 나가서 당시 문화세계의 거의 대부분을 정복했다. '아브라함의 신'은 이슬람교에서 정복적·전투적인 사막의 성격을 드러냈다고 할 수 있다.

지금까지 사막적 인간의 구조를 명확하게 드러내고자 했다. 이것은 (한 마디로) '건조'로 압축할 수 있다. 건조란 인간과 세계와의 저항적 투쟁적 관계, 즉 인간의 전체성으로 (포섭되는) 개인의 절대적 복종 관계이다. 우리는 이 점을 고대 이집트인과의 대조를 통해 더욱 분명하게 살펴볼 수 있다.

이집트의 풍토는 **건조와 습윤**의 기이한 이중적 성격을 띤다. 이곳은 비가 매우 적다. 카이로의 강수량은 일본의 7분의 1 정도이다. 따라서 공기도 매우 건조하다. 사막으로 둘러싸인 가늘고 긴 골짜기(河谷, 하류의 넓은 평원에서도 폭이 8리를 넘지 않고, 상류에서는 최대 넓이 2리를 넘지 않는 좁은 계곡)로 망망한 사막의 건조에 따라가는 것은 당연하다. 그럼에도 나일 강의 골짜기는 아프리카 대륙의 머나먼 오지에서 흘러나오는 물 덕분에 풍요롭고 윤택하다. 밭에서는 여러 가지 곡물과 야채가 왕성하게 자라고, 밭 사이에는 남양적 수목이 무성히 자란다. 기름진 들판의 **초록색**은 습윤한 극동과 남양의 초록색과 성질을 같이 한다. 옛날부터 이 땅을 지상에서 가장 비옥한 토지로 간주한 것은 결코 과장이 아니다.

이렇게 이집트의 풍토는 비도 없고 습기도 없는 습윤이다. 건조한 습윤이다. 그래서 고대 이집트인은 사막에 대한 저항과 더불어 나일 강으로 돌아감을 그 구조적 특성으로 지니고 있다. 사막에 저항한다는 면에서 이집트인은 사막의 인간과 비슷할 수도 있다. 그러나 자연으로 돌아가는 지점에서 사막의 인간과는 전혀 다른 인간이 된다. 이집트인에게 나일 강은 사막에 사는 부족의 전체성을 대신한다. 나일 강의 수량을 상류 저수지로 하여 인공적으로 조절하는 현재조차도 증가한 물의 양의 보통 높이보다 5척 내려가면, 델타 지방에서는 끔찍한 황폐가 일어난다고 한다. 더구나 자연 그대로 방임했던 고대 이집트인의 삶은 단지 나일 강의 혜택에만 의존해 있다. 그래서 옛날부터 이집트 문화는 나일 강의 범람에 대한 **수동적 관심**을 핵심으로 한다. 즉 자연에 정복적으로 작용하는 것이 아니고 자연을 **수동적으로 관조하는 데서** 발달했다. 따라서 이집트인은 밖을 향해서는 의지적 전투적일 수 있어도, 그 일상의 생활에서는 **조용히 관조하는 특징**을 지니고 있으면서 **감정적인 특징**을 지니고 있다. 사막에서 볼 수 없는 지적 능력의 발달과 미적 감각의 정련은 이집트의 특징이다. 풍부하고 우아한 감정으로 물들인 불사의 신앙으로 사람들은 사랑의 삶이 지속되기를 원했고, 방부제에 대한 정확한 지식을 미이라로 표현했다. 왕자 라보티프과 왕자비 노프레트와의 아름다운 부부상에서도 이러한 사랑의 영원을 욕망하는 마음을 볼 수 있다. 여기서 우리는 아주 부드러운 표현과 생생한 인체 그리고 예리하고 사실적인 표정 묘사의 결합을 본다. 이처럼 심정의 부드러움과 직시의 명철함의 결합은 이집트를 대표하는 가장 큰 특징인데, 이는 오직 혜택이 깊은 나일 강으로 돌아가려는 마음을 알아야만 잘 이해할 수 있을 것이다. 이러한 것들은 사막의 인간이 가지고 있지 않은 것들이다.

슈펭글러는 '자연'이란 인격적인 실체를 가지고 있기에 밑바닥까지 꽉 채워진 체험이라고 말한 바 있다. 그래서 일반적인 자연은 존재하지 않는다. 단지 그리스적, 아라비아적, 게르만적인 특수 자연만이 있을 뿐이다. 이와 같이 그는 문화의 바탕에 **공간 문제**를 두고자 한다. 그렇지만 그는 이 '공간'을 인간의 존재방식인 살아 있는 생생한 풍토로 파악하지 못했다. 그렇기 때문에 '물상物象에서 떼어낸 **추상**으로서의 세계 공간'으로 서구의 파우스트적 정신과 아라비아의 주술적 정신을 **함께** 설명하고자 하였다. 이것은 아라비아적 자연과 게르만적 자연과의 근본적 차이를 본 것이다. 에드워드 마이어E. Meyer는 훨씬 구체적으로 사막의 민족을 특징지었다. ①**사유의 건조성**. 사막의 생활에서 실제적인 사물에 대한 관찰·판단은 예리하다. ②**의지의 강함**. 필요로 하는 것에는 어떠한 행위도 두려워하지 않고, 야수적 잔혹함을 가지고 배려 없이 돌진한다. 상인으로서의 성공도 이러한 기질에서 나온다. ③**도덕적 경향이 강함**. 전체성에 대한 귀속이 개인을 희생적으로 만들고, 부끄러움을 알게 한다. 그래서 사막의 인간은 자주 강력한 이상가로 나타나기도 한다. 많은 예언자, 마호메트, 이슬람의 여러 뛰어난 인물들 등. 그러나 이러한 이상가들에게도 위의 ①과 ②의 특성이 결여된 것이 아니다. ④**감정**

생활의 소원함空疎. 심정의 우아함이나 부드러움이 결여되어 있다. 그에 따라서 상상력이 수반된 창조적인 활동도 적은 편이다. 문학은 건조하다. 미술과 철학(여기서도 상상력은 필요하다)은 나오지 않는다.

이러한 특성은 한 마디로 **실제적이고 의지적**이다. 이것은 '관조적이고 감정적'인 것과 대조된다. 이것이 우리가 사막적 인간의 존재방식으로서 사막에서 이해할 수 있는 것이다. 이것을 다만 '사막에 거주하는 민족의 성질'로 파악하는 것은 아니다. 구체적으로는 사막을 떠나 이러한 민족이 존재하는 것이 아니고, 또 인간과 독립된 사막이 자연으로 존재하는 것도 아니다. 이러한 민족은 근원적으로 사막의 인간이고, 사막은 역사적·사회적 현실이다. 민족의 성질 또는 특성은 본질적으로 인간의 역사적 풍토에서의 특수한 존재방식에 지나지 않는다.

(1928년 원고, 1929년 고쳐 씀)

3. 목장

1.

이 책에서 목장이라는 말은 (독일어의) Wiese와 (영어의) meadow의 번역어이다. 그러나 이 번역어는 전혀 맞지 않다. '목장'은 '소나 말을 풀어서 사육하는 곳'이어서 우시코메[牛込, 일본 동부의 한 지구, 에도 시대부터 전해 내려온 명칭으로 원래 목우가 많았던 지역], 마코메馬籠 등과 같이 가축이 많은 곳이다. 그런데 Wiese는 가축의 사료인 풀을 자라게 하는 땅이고 더욱이 일반적으로는 초원이다. 또 초원이라는 일본어는 Wiese와 마찬가지로 가축을 사육하는 것과 밀접한 연관이 있는 뜻은 아니다. Wiese에 해당하는 말은 일본에는 없다. 메이지 시대의 번역자는 가축을 연상시키는 목장이란 단어를 초원이란 의미로 사용했다. 오늘날은 이 번역어의 사례에 따르고 있다.

Wiese에 해당하는 말이 일본에 없다는 것은 Wiese가 일본에 없다는 것을 뜻하기도 한다. 일본의 초원은 이용가치가 없어 버려진 땅이다. 그런데 Wiese는 똑같은 초원이면서도 밭과 같은 의미가 있다. 밭이 인간의 먹거리를 재배하는 땅이라면 Wiese는 가축의 사료를 재배하는 땅이다. 밭은 경작되지만, Wiese는 경작되지 않는다. 그러나 사람들이 그 땅을 돌보고, 그 땅에서 영양가가 있는 것을 얻는다는 점에서는 (밭과) 같다. Wiese에는 자연적인 것도 있고, 인공적인 것도 있지만 Wiese는 언제나 밭으로 바꿀 수 있다. 인공적인 Wiese는 보통 밭을 윤작하기 위한 1단계이다. 마치 일본의 보리밭이 어느 해에는 자운영밭이 되는 것과 같다. Wiese를 직관적으로 상상하려 한다면 매우 넓은 자운영밭에 꽃이 피기 전의 모습을 떠올리면 좋을 것이다. 원래 Wiese의 풀은 자운영밭과 같은 종류는 아니다. 일본에는 자운영 같은 개자리 계통의 풀 주변에 겨울풀 종류가 다수 섞여 있다. 아마 열 가지에서 스무 가지 정도의 종류가 있을 것이다. 이 풀들은 모두 겨울 풀과 같이 부드러워 그 위에서 알몸으로 가로누울 수도 있다. 녹색의 Wiese를 융단에 비유해 Wiesenteppich(초원 카페트)라고 부르는 것은 결코 과장이 아니다. 그래서 이것이 일본의 잔디밭과 다르다는 것도 분명하다.

나는 이와 같은 초록의 초원gruene Wiese을 임시로 목장이라고 부르고 이것으로 **유럽 풍토의 특징**을 보여주고자 한다. 근대 대공업의 발상지인 유럽을 '초록의 목장'으로 특징짓는 것은 언뜻 타당해 보이지 않고, 어떤 면에서는 다소 감상적인 생각으로 보일 수도 있다. 그러나 철과 석탄, 기계 등의 '냉철한 현실'로서의 공업도 사실은 녹색 목장의 연장이다. 즉 공장도 '목장적'인 것이다. 유럽의 인간과 문화가 어떻게 '목장적'인가 하는 것을 고찰해보자.

나에게 이와 같은 고찰의 단서를 준 사람은 교토대학 농학부의 오츠키大槻 교수이다. 우리가 몬순 지역에서 사막 지방을 지나 지중해로 들어가 옛 크레타의 남쪽 해상을 거쳐 비로소 이탈리아 남단의 육지에 도착한 날 아침에 우리의 눈을 사로잡은 것은 유럽의 '녹색'이었다. 그것은 인도나 이집트에서는 볼 수 없었던 특수한 색깔이었다. 이 무렵은 바로 '시칠리아의 봄'이 끝나가는 3월 말로 풍요롭게 성장한 보리와 목초가 참으로 아름다웠다. 나를 가장 놀라게 한 것은 옛 마그나 그라이키아[Magna Graecia, 대그리스, 남부 이탈리아와 시실리의 그리스 여러 도시를 지칭]로 계속되는 겹겹의 산들, 회백색 바위들이 돌출해 있는 곳에 평지와 똑같이 녹색의 풀이 자라고 있다는 것이었다. 양은 바위산 위에서도 바위 사이에서도 목초를 먹을 수가 있다. 이런 산의 느낌은 나에게 아주 새로웠다. 이때 오츠키 교수는 '유럽에는 잡초가 없다'는 놀라운 사실을 가르쳐주었다. 이것은 나에게 거의 계시와도 같은 것이었다. 나는 이때부터 유럽 풍토의 특성을 (새롭게) 파악하기 시작했다.

2.

일본에서 출발해서 태양과 같이 동쪽으로부터 서쪽으로 지구를 돌아가면 먼저 몬순 지역의 심한 '습윤'을 체험하고, 이어서 철저하게 습윤을 부정하는 사막 지역의 '건조'를 체험한다. 그런데 유럽에 이르면 습윤도 아니고 건조도 아니다. 아니, 습윤이면서 건조이다. 숫자로 말하면 아라비아의 강수량이 일본의 10분의 1 정도임에 비해 유럽의 강수량은 일본의 6분의 1이나 7분의 1 또는 4분의 1 정도이다. 체험적으로 말하면, 이것은 **습윤과 건조의 혼합**이다.

이와 같은 습도의 변증법은 물론 역사적 발전의 변증법은 아니다. 이것은 우선 여행자의 체험에서 나오는 변증법이다. 그러나 습윤은 몬순 지역에 사는 **인간**의 체험이며, 독자적인 문화 유형이다. 이와 마찬가지로 건조도 사막 지역의 **인간**의 체험이고, 사막의 문화 유형을 드러낸다. 이 문화 유형은 서로 역사적인 영향력을 주고받았음에도 풍토의 유형에 의한 문화의 대립으로 세계 문화의 구조 안에서 서로 연관된 계기를 형성한다. 그렇다면 습윤, 건조, 이 종합의 변증법은 세계 문화의 연관 구조에서의 변증법이라고 할 수 있다. 또한 이 시점에서 문화사 차원에서 사실을 해석할 수도 있을 것이다. 예를 들면 유대교를 안에 간직하고 있는 그리스도교가 유럽 세계에서 성장해나갈 때, 사막의 종교로서의 유대교의 건조성은 부정된다고 해도 예언자들의 도의적 정열은 점차 내적인 것으로 생성되어 갔다. 이와 함께 사막에서 볼 수 없는 '습기'가 유럽적 그리스도교의 특징이 되고, 사랑의 종교로 우아해 보이는 모습으로 강력하게 배양되어 간다. 마리아 숭배 같은 것은 사막적이라기보다 대체로 몬순적이라고 말해도 좋을 것이다. 이와 같은 건조함과 습기가 혼합된 특성은 단지 역사적 발전으로는 다 설명될 수 없을 것이다. 이것은 유럽인들의 성격에 기반하고 있다고 할 수 있을 것이다. 그 성격이 유럽적이라고 하는 것은 곧 이것이 풍토적이라는 것과 다름이 없다.

여기서 유럽의 풍토는 습윤과 건조의 혼합으로 규정된다. 이것은 몬순 지역과 같이 폭염이 가져오는 습윤이 아니다. 따라서 **여름은 건조기**이다. 그렇지만 사막 지역과 같은 건조함도 아니다. **겨울은 우기이다.** 이 특성은 남과 북 사이에 현저한 차이를 보이면서도 유럽 전체를 관통한다. 남과 북의 차이는 이 근본적 특성의 기반 위에서 태양의 힘이 미치는 강도, 맑은 하늘과 구름 낀 하늘의 많고 적음의 정도와 같은 형태로 나타난다. 강우량은 대체로 비슷하지만, 태양빛이 **풍부한** 남쪽은 여름에는 건조함의 정도가 강하고, 겨울에는 습윤의 정도가 높다. 그렇지만 남쪽의 겨울은 맑은 하늘일 경우가 많고, 북쪽의 겨울은 구름이 낄 때가 압도적으로 많다. 이런 점에서 유럽의 풍토는 두 번째 의미에서 남과 북으로 나뉜다. 문화사적으로 말하면 남쪽이 처음 유럽이라고 불리웠던 곳이다. 그러므로 우리도 유럽적 풍토를 남쪽에서부터 고찰하기로 한다.

3.

남유럽은 지중해의 국토이다. 그런데 '지중해地中海'는 그 이름이 보여주듯이 '세 개의 대륙에 둘러싸인 바다'로 지구상에서 유일하다. 여기서는 바다가 대지를 둘러싼 것도, 육지가 바다에 둘러싸인 것도 아니다. 지중해는 문화사에서 가장 눈부신 무대 가운데 하나이며, 대양과 현저하게 다른 새로움이 있는 바다이다. 우선 대양의 영향을 받지 않기 때문에 해수의 온도가 매우 따뜻하다. 가장 깊은 곳도 12~13도 정도라고 한다. 만조滿潮 량도 지극히 적어서, 새달과 만월 등의 고조 때조차 바닷물의 수위가 일반적으로 0.3미터, 가장 많은 베네치아에서도 대략 1미터라고 한다. 이러한 현상은 지브롤터 해협이 지극히 좁고, 해수의 흐름이 자유롭지 않아서 대양을 서쪽에서 저지한다는 사실 때문일 것이다. 또한 그 근처 지중해로 흘러들어가는 강물과 빗물의 양이 지극히 적어서 해수의 증발을 보충할 수 없을 정도라는 것도 이 바다의 특징을 만드는 한 계기인 것 같다.

내가 직접 만져보니 이 바다는 3월에도, 5월에도, 또 12월에도 일본인이 평생 바다라고 생각해온 것과는 달랐다. 막연한 인상에 지나지 않지만, 나에게는 매우 강렬했다. 내가 마르세유에서 니스, 모나코를 지나 제노바 근처에서 하루를 자고 걸어간 것이 12월 중반에서 정월까지였는데, 이 리베라 해안은 남국다운 온화함이 있고, 곳곳에 동양에서 이식된 것 같은 대나무도 보이고, 그밖에 여러 종류의 열대 식물도 자라고 있었다. 한낮에는 외투 없이 산책해도 땀이 날 정도였다. 이 남국 해안은 일본 남쪽의 해안과는 느낌이 매우 다르다. 니스와 모나코 주변 해안이 콘크리트로 훌륭하게 잘 정비되어 있어서 느낌이 달랐다고 생각하지는 않는다. 길에 인접한 해변의 희고 아름다운 모래가 이제 막 청소한 듯 깨끗하게 한 점의 티끌도 없이 길게 멀리까지 이어져 있었다. 이 모래가 우리에게는 묘한 느낌이었다. 일본의 남쪽 겨울 바다도 그렇게 될 때가 있지만, 훨씬 더 '조수'에 젖어 있다는 느낌이 든다. 바다에서 불어오는 바람도 그렇다. 여기서는 조수와 함께 불어오는 바람이 아닌 건조한 바람이 불어온다. 겨울 바다는 여름의 암석 해안의 정취는 없지만, 일본의 바다에는 조금 더 바다의 정취가 있다고 생각한다.

어쨌든 이 '바다 느낌 없는 바다'가 신기하게 느껴졌고, 나는 투명한 바닷물을 들여다보며 (주위를) 돌아다녔다. 바닷가 근처의 바다 속이나 바닷가 주변 바위 어디에도 해초 같은 것이 보이지 않았고, 또 조개류 같은 형체도 보이지 않았다. 이런 것이 이 바다에 전혀 자라지 않는다고 생각하지 않지만 내 눈에는 끝내 들어오지 않았다. 그 때문에 이 바닷물의 투명함이 화학적으로 착색시킨 것은 아닌가 하는 느낌이 특히 강하게 내 마음에 다가왔다. 일본 남쪽 바다의 복잡한 색깔을 띤 물 색깔과 비교해보면, 상당한 차이가 느껴진다. 그곳에서는 겨울 바다에 해녀들이 잠수해 바위에서 김을 따오고, 소라를 채취한다. 언 김이나 소라 구워 먹는 것을 즐기는 사람들은 도시의 한겨울 식탁에서도 강렬한 바다내음을 맡을 수 있다. 그런데 지중해에는 이러한 느낌이 전혀 없다. 지중해는 생물이 살 여지가 없고, 해초도 번성하지 않는 바다이다. 나는 이곳 남국의 바다에서 바다로 고기 잡으러 나가는 어선을 본 기억이 없다. 바다는 언제나 적적했고, 한 척의 배 그림자조차 없는 막막한 바다였다. 일본 남쪽 겨울 바다의 싱싱한 참치와 방어를 알고 있는 사람에게 이 바다는 완전히 죽은 바다이다. 며칠간 이탈리아의 해안을 둘러보며 산책할 때도 내가 받은 인상은 똑같았다.

아말피 해안을 따라 벼랑길 위를 차로 달리면서 본 바다에서도 해초나 조개류, 어선의 그림자는 보이지 않았다. 시칠리아 섬을 둘러보아도 마찬가지였다. 섬의 동쪽, 남쪽, 북쪽에서도 나는 어선을 한 척도 보지 못했다. 또 바닷가에서는 조개껍질이나 해초가 붙어 있는 바위를 보지 못했다. 육지에서 바닷가로 옮겨진 바위와 바닷물에 계속 침식된 바위는 일본의 바다에서는 한 눈에 구별될 수 있지만, 시칠리아 해안에서 파도에 씻기면서 드문드문 보이는 바위는 방금 육지에서 옮겨진 바위와 마찬가지로 어떠한 것도 붙어 있지 않은 건조한 바위였다. 일본에서 이런 바위는 호수에도 없다.

나는 이것을 보고 바로 지중해 특성이 무엇인지를 알아차리기 시작했다. 지중해는 바다일지 모르지만, 검은 조수의 흐름인 바다와 같은 것은 아니다. 검은 조수의 바다에는 미생물에서 고래에 이르기까지 다양한 종류의 생물이 산다. 그런데 지중해는 죽음의 바다라 해도 좋을 만큼 생물이 적다. 검은 조수의 바다는 무한히 **풍부한** 바다이지만, 지중해는 **메마른** 바다이다. 지중해가 황량한 인상을 주는 것은 결코 우연이 아니었다. 지중해는 이른바 바다의 사막이다. 거기에는 본래 '바다에서 나오는 자연의 산물'이 결핍되어 있다. 따라서 지중해 연안 지방에서 어업이나 해산물 요리, 해초가 있는 음식이 발달하지 않는 것은 지극히 당연하다. 여행자에게는 마르세유나 베네치아의 생선 요리가 인상이 강할 테지만, **이 두 지역은** 지중해에서 예외적인 곳이라는 사실을 잊어서는 안 될 것이다. 그렇다면 유럽에서 지중해로 흘러들어가는 강다운 강은 마르세유 옆에 있는 로네 강과 베네치아 부근의 포 강뿐이다. 그래서 이 두 강 입구 가까이에 있는 바다는 어류로 먹을 것이 풍부하다. 바다와 어느 정도 친숙한 그리스인이 주로 육류를 먹었던 것은 이런 현상을 보면 이해하기 쉽다. 이에 비하면 일본의 바다는 검은 조수에 의해 파도가 철썩거릴 뿐만 아니라, 여러 하구에서 끊임없이 영양물을 공급받는다. 그래서 일본이라는 섬나라가 커다란 물고기의 보고로 세계에 견줄 데 없는 어장이 될 수 있었다. 일본 어선의 수는 일본 이외의 세계 모든 나라들의 어선 총수와 맞먹고, 마찬가지로 일본 어부의 수는 일본 이외의 세계 모든 어부들의 총계보다 많다고 한다. 이와 같이 물고기와 바다 식물이 있는 어업국에서 육류가 필수 먹거리가 아니었던 것은 당연하다.

여기서 (우리는) 다음과 같이 말할 수 있다. 지중해는 옛날부터 '교통로'였고, 그래서 그 이상의 바다는 없었다. 산은 막혀 있지만, 바다는 연결되어 있다는 것은 지중해에서는 맞는 말이다. 이에 비하면 일본의 바다는 무엇보다도 먹거리를 얻는 밭이었지 교통로는 아니었다. 그런 바다를 최근 교통로로 사용하게 된 이유는 오히려 이 섬나라가 대륙에서 멀리 떨어져 있다는 '장벽' 때문이었다. 이렇게 볼 때 일본인의 바다 관념은 지중해와 맞지 않는다. 역사의 무대로서의 지중해는 일본인이 생각하는 바다가 아니다. 지중해의 항해에 관해서는 이미 《오디세이아》가 **지극히 정확한** 지식을 피력하고 있다. 그 정도로 지중해는 항해가 편리한 곳이다. 섬이 많고 항구가 많으며 안개가 없어서 망원경을 요긴하게 잘 사용할 수 있다. 7개월 정도는 좋은 날씨가 계속되어 천체를 보고 방위를 결정하기가 쉽다. 바람은 지극히 규칙적으로 분다. 육지에서 부는 바람과 바다에서 부는 바람의 교대도 지극히 규칙적이다. 그러므로 지중해는 바다 민족에게 아이를 낳는 산실이라고도 한다. 이탈리아에서 남프랑스, 스페인에 이르기까지 그리스적인 풍토를 지닌 연안 지방에 식민지를 개척했던 그리스인들에게 지중해는 실제로 교통로였다. 로마와 카르타고의 야단스러운 흥정도 이 바다가 교통로가 아니었다면 일어날 수 없었을 것이다.

이러한 지중해의 성격은 '건조한 바다'와 연관된다. 만약 지중해가 태평양처럼 습윤한 바다이고, 수많은 생물을 번성시킬 수 있었다면 연안 지방 사람들은 움직이며 돌아다니지 않았을 것이다. 지중해가 '건조한 바다'였기 때문에 바다의 생물을 먹거리로 삼을 수 없었고, 그뿐 아니라 섬들과 연안의 토지도 메말랐다. 마르세유 바다의 조그만 섬들은 아라비아 남단의 아덴의 산처럼 한 그루의 나무도 없는, 적나라하게 드러난 바윗덩어리이다. 해안의 산들도 이에 가깝다. 리비에라 해안에서는 평지에 식물이 자라지만, 그 뒤에 잘린 산들은 역시 일본에서는 볼 수 없을 정도로 건조한 바위산이다. 이탈리아 반도에 바다를 따라 이어져 있는 산맥은 내륙의 산맥보다 훨씬 민둥산이고 또 일정한 높이(300~400미터나 될까?)까지 올라가면 반드시 바위산이 되어버린다. 그래서 일반적으로 해안은 무역을 위한 도시에서만 열리는 편이다. 다시 말해 해안은 교통로에 접해 있다는 것 이외에 특별히 바다로부터 혜택 받을 것이 없다. 그 원인은 바다가 **건조하다**는 데서 찾을 수 있다. 남쪽으로 황막한 사하라 사막, 동쪽으로 아라비아 사막에 인접해 있는 이 바다는 바닷물이 증발하는 정도만으로는 공기를 촉촉하게 할 수가 없다. 대서양으로부터 오는 습기는 피레네, 알프스, 아틀라스 등의 여러 산맥에 막힌다. 그래서 **폭염의 계절**, 즉 해수의 증발이 가장 왕성한 계절이 사막의 건조한 공기에 의해 습기가 가장 잘 중화되는 계절이다. 따라서 이때가 이 지방의 **건조기**가 된다. 지중해는 여름의 태양이 내리쬐는 땅에 비를 내릴 수 없는 바다이다.

4.

여름의 건조함에서 우리는 목장적인 것과 마주하게 된다. 유럽에는 잡초가 없다. 이 말은 여름이 건조기라는 것 이외에 다름 아니라는 사실을 드러낸다. 잡초란 가축에게 영양가치가 없지만 번식력은 매우 왕성해서 목초를 몰아내는 힘이 있는 여러 가지 풀의 총칭이다. 우리가 '여름풀'로 알고 있는 것이 바로 이 잡초다. 그런데 우리에게 '여름풀'로 불리는 데서도 분명하게 알 수 있듯이, 잡초는 폭염과 습기를 조건으로 번성한다. 길가, 제방, 공터, 강가의 평지 등에 5월 무렵 싹이 트기 시작해서 장마를 맞으며 자라고, 7월에 이르면 순식간에 몇 미터에 이르도록 큰다. 이것은 실제로 뿌리가 강하고 억센 연병장에서도 번성할 수 있는 풀이다. 경작지나 주택가를 한두 해만 방치해두면 순식간에 이런 잡초로 가득 차 황무지가 되어버린다. 그러나 잡초에 이렇게 왕성한 생명력을 주는 것은 **폭염과 습기의 종합**이다. 즉 장마와 그 이후의 햇빛이다. 그런데 **여름의 건조**는 적절한 때에 습기를 제공하지 않는다. 따라서 잡초가 싹을 틔울 수 없다.

이탈리아처럼 태양 빛이 풍부한 곳에서 여름풀이 자라지 않는 것은 매우 이상한 일인데, 사실이 그렇다. 그와 같은 예로 마렘멘Maremmen을 들 수 있을 것이다. 마렘멘은 좁게는 피사와 로마 사이에 있는 해안 지방을 말하지만, 넓게는 피사의 북쪽에서 나폴리 가까이까지의 해안 전체를 일컫는다. 그 중에서도 로마 교외의 평야 캄파니아와 로마 동남의 바다를 따라 이어지는 평야, 폰티네 습지le paludi pontine 등의 유명한 황무지를 포함한다. 이곳은 이미 로마 시대부터 여름 말라리아로 유명하였다. 그래서 사람들은 산 위로 가버렸고, 평야에서는 사람이 살지 않게 되었다. 이처럼 버려진 토지는 일본에서라면 도저히 손 쓸 수 없는 황량한 땅이 되어버렸을 것이다. 그런데 이 넓은 평야, 습지 및 구릉지는 잡초로 가득 차 있지 않다. 물론 잡초가 전혀 없는 것은 아니고 가늘고 약한 잡초가 듬성듬성 자라고 있다. 그러나 이것들은 약한 겨울풀을 자라지 못하게 할 정도로 왕성하지 않고, 또 이 땅에서 목장 같은 면모를 말살할 정도로 번성하지도 않는다. 10월에서 4월까지 이 토지는 양 방목지로 탁월한 역할을 한다. 달리 말해, 인공을 가하지 않는 버려진 토지조차도 여기서는 '목장'이다.

이처럼 여름의 건조는 여름풀을 자라게 하지 않는다. 풀은 주로 겨울풀이고 목초이다. 유럽 대륙의 **여름 들판**을 덮고 있는 것은 이러한 부드러운 겨울풀이다. 지중해 지방에서만은 **겨울풀**을 **여름 들판**에서 볼 수 없다. 5월 말이 되면 남프랑스에서도 이탈리아에서도 들풀이 노랗게 자라난다. 보리밭이 노랗게 될 때면 목장 또한 노란색을 띤다. 이탈리아의 산과 들판은 녹색이라기보다는 황갈색이다. 물론 산에는 올리브의 은록색이 있고, 또 크지 않은 낙엽수도 있다. 그러나 나무가 적은 이탈리아에서 산과 들판 색의 기조를 이루는 것은 바로 풀색이다. 산과 들판은 말 그대로 여름에 시들어 노란빛을 띠고, 비오는 시기가 도래하는 10월 무렵이면 녹색이 되기 시작한다. 목장은 겨울로 접어들면서 다시 아름다운 초록색을 회복한다. 이것은 일본 보리밭의 초록색과 똑같다.

여기서 여름의 건조에 **겨울의 습윤**이 가지는 의미를 발견할 수 있다. 10월의 비는 우리에게는 장마이지만, 여기는 그 정도로 습윤해지지 않고, 일본의 봄비 비슷한 비가 때때로 내리는 정도에 지나지 않는다. 이러한 조용한 가을비 덕분에 폭염을 필요로 하지 않는 겨울풀 종류가 은밀하게 싹튼다. 놀라운 것은 들판뿐만 아니라 바위산 틈에도 이러한 부드러운 겨울풀이 자란다는 점이다. 여행자에게 친숙한 마르세유의 노트르담 언덕과 로마의 티볼리 산을 가까운 예로 들어보자. 여기에는 풍화 없이 단단한 표면의 흰 석회암이 지면의 60~70퍼센트를 점하며 점점이 드러나 있고, 그 사이를 위에서 언급한 바와 같은 유약하고 작은 풀들이 아름답게 메우고 있다. 일본의 바위산에는 이 정도로 **황량하지**

않은 산 표면이 없다. 또 바위틈에 자라나는 것이 있다 해도 억센 다년초 또는 조그만 소나무, 철쭉 등이지 결코 겨울풀이 아니다. 그래서 처음으로 배에서 내릴 때 내게 놀랍게 다가왔던 유럽의 녹색도 이러한 흰 돌 표면과 대조되는 겨울풀의 색이었다. 이처럼 겨울풀은 바위산에서도 자란다. 더욱이 흙으로 된 산에서는 풍부하게 번성한다. 그다지 높지 않는 조그마한 산에 가면 보리와 겨울풀이 무성한 것이 드문 현상이 아니다. 시칠리아 남부의 가파르지 않은 산들은 정상에 이르기까지 이런 초록 풀로 덮여 있고, 그곳의 수목이라곤 계곡 사이의 낮은 곳에 있는 과일나무뿐이다.

이처럼 여름의 건조와 겨울의 습윤은 잡초를 자라지 못하게 해서 전 국토를 목장들로 채운다. 이러한 사실은 농업노동의 성격을 규정시키지 않는다. 일본의 농업노동의 핵심은 '김매기'이다. 잡초가 못 자라게 하는 것이다. 이것을 게을리 하면 경작지는 점차 황무지가 된다. 그뿐만 아니라 풀 뽑기는 특히 '밭 김매기'의 형태로 나타난다. 이것은 일본에서 가장 힘든 시기, 곧 일본의 주택 양식을 결정하는 시기인 폭염이 절정에 달할 무렵 번성하기 시작하는, 뿌리가 강한 **잡초와의 싸움**을 의미한다. 이 싸움을 게을리 한다는 것은 거의 농업노동을 포기하는 것과 같다. 그런데 유럽에서는 잡초와의 싸움을 할 필요가 없다. 토지는 한번 개간되기만 하면 언제든 **순종적인 땅**으로 인간을 따른다. 잠깐 사이에 저절로 황무지로 바뀌는 일은 결코 없다. 그래서 유럽의 농업노동에서는 **자연과의 싸움이라고 하는 계기가 결여되어 있다.** 농부는 밭을 갈고 밀과 목초 종류의 씨를 뿌리고 성장하길 기다리기만 하면 된다. 일본처럼 토지가 습윤하지 않기 때문에 밀밭에 밭이랑을 만들 필요가 없고, 초원에서처럼 밀을 자라게 한다. 밀 사이에 다른 잡초가 섞여 있어도 그것은 밀보다 약하다. 이 잡초는 밀에 밀려날 겨울풀이다. 이처럼 밀밭은 목장과 마찬가지로 손 쓸 필요가 없다. 또한 조금 떨어져서 보면 목장과 밀밭은 구별되지 않는다. 목장과 밀밭이 분명하게 구별되는 것은 4월 말에서 5월 무렵이라고나 할까? 밀이 붉어지기 시작하면, 목초는 베여 건초가 된다. 이윽고 밀 수확이 다가온다. 농업노동에서는 방어할 일이 없고, 단지 공세적인 경작, 파종, 수확만이 있을 뿐이라고 말해도 좋다.

누군가는 이것을 여름 노동과 겨울 노동을 비교하는 것으로 생각할지도 모르겠다. 확실히 그렇다. 주식을 얻기 위한 노동은 이처럼 다르다. 그런데 지중해 지방의 여름 노동은 포도나 올리브 재배이지 주식의 경작은 아니다. 과수 재배는 오랜 시간이 걸리는 것이어서 밭의 재배처럼 빠르게 이루어지지 않는다. 여름 건조기에 들어갈 무렵 포도가 싹을 내고 덩굴을 늘리기 시작한다. 농부는 꽃이 피고 열매가 성숙해지기를 기다리기만 하면 된다. 이탈리아에서 포도 수확량은 밀에 필적한다고 하지만, 노동(강도)가 그렇게 센 편은 아닐 것이다. 원래 이 경우에는 잡초와의 싸움 대신 **해충과의 싸움**을 해야 한다. 그러나 여름의 건조함은 해충류에 유리한 조건이 아니다. 일본처럼 곤충이 많은 나라의 입장에서 보면, 지중해 연안이라고 해도 거의 없다고 할 정도로 (곤충이) 적다. 그래서 과수원에서 **해충과의 싸움**은 평야에서의 말라리아모기와의 싸움보다도 훨씬 쉽다. 수 킬로미터에 걸친 평야가 초지로 내버려져 있는 지방에서도 산기슭에서 산 중턱에 이르기까지는 비옥한 땅이다. 예를 들면 로마 근처의 알바노 산이나 티볼리 산이 그렇다. 산의 경사면은 겨울 우기에는 조용하게 내리는 가는 비로 윤택해지고, 녹색의 아름다운 농지가 되며, 여름 건조기에는 올리브와 포도가 잘 자라는 과수원이 된다. 이렇게 해서 알바노나 티볼리의 농부들은 토지가 가져다주는 감미로운 포도주에 취해 잡담하면서 시간을 보내는 것을 즐기는 등 아주 유별난 생활에 잠긴다. 이탈리아인이 게으르다고 말하는 이유 중 하나는 농업노동(강도)의 편안함에 있다. 농업노동이 편안하다는 것은 **자연이 인간에게 순종한다**는 것이라 할 만하다.

5.

우리는 여름의 건조, 겨울의 습윤, 즉 폭염이 습기와 결합되지 않는 데서 오는 자연의 순종을 발견하였다. 그런데 이 자연의 순종을 한층 노골적으로 보여주는 것은 토지의 풀보다는 오히려 **기상**이다. 폭염과 결합된 습기는 큰 비, 홍수, 폭풍과 같은 이른바 '자연의 폭위'로서 자신을 드러내지만, 습기가 폭염과 동떨어진 곳에서는 이러한 현상은 지극히 드물다. 지중해 지방의 강우량은 일본의 4분의 1 내지 3분의 1이지만, 그 비도 겨울 우기에 조용히 대지를 적셔주는 정도이지, 토지를 쓸고 갈 정도의 강한 비는 아니다. 만약 일본에서처럼 폭염의 대양에서 만들어진 다량의 습기가 호우가 되어 육지에 엄습한다면 이탈리아의 어느 경사면의 경지는 결코 안정적일 수 없을 것이다. 정상까지 경작된 시칠리아의 조그만 산은 여러 번의 호우로 풀뿌리가 쓸리고, 거기다가 계속되는 폭염으로 뿌리까지 고사해버릴 것이다. 포도와 올리브밭도 땅을 쓸고 가는 흐름으로 인해 밭이라고 할 수 없는 곳이 되어버릴 것이다. 결국 이러한 경작지가 비옥한 토지인 이유는 한마디로 큰 비나 호우가 지극히 드물기 때문인 것이다.

큰 비가 적게 내린다는 사실을 보여주는 직접적인 증거는 강의 제방이다. 큰 비로 급격하게 물이 늘어날 것으로 예상되는 곳에는 보통 높고 튼튼한 제방이 세워져 있다. 그러나 나는 이런 제방을 거의 보지 못했다. 이탈리아에서 제일 큰 강인 포 강은 그 하류에 제방이 있을 것이라고 생각했지만, 알프스의 호수에서 흘러나오는 풍부한 수량으로 유명한 큰 강치고는 상당히 빈약한 제방이었다. 알프스의 해빙으로 물이 자주 크게 불지만, 제방은 이것으로 충분한 것이다. 내가 이 지방을 여행했던 3월은 하늘이 맑은 날이 드물 정도로 특이하게 비가 계속 내려서, 포 강 유역의 홍수가 신문에 크게 보도되기도 했다. 그런데 그 홍수의 현장에 가보면 제방 가득 찰랑찰랑 채워져 있는 강물은 지극히 완만해서 흐른다고 볼 수 없을 정도의 속도로 흐른다. 제방의 높이가 조금 낮은 곳으로 오면, 지극히 조용하게 흘러나오는 물이 바위의 가장자리를 넘어서 소리 없이 흘러나오는 듯이 조용히 흘러나오고, 제방을 넘어 밭 가운데로 흐른다. 밭과 목장의 낮은 지대는 이 물에 침수되어 바로 큰 빗물이 고여 있는 듯한 느낌이 든다. 정말 누가 보아도 홍수임에는 틀림없다. 침수된 밭이나 목장은 배수가 어려워 모두 황폐해질 것이다. 그러나 나는 느닷없이 우스운 느낌이 들어 웃지 않을 수 없었다. 우리에게 홍수는 격렬하게 흐르는 탁류가 제방을 뚫고 농경지로 엄습해서 농경지를 황폐화시키는 것인데, 여기는 그런 무시무시한 느낌이 전혀 들지 않는다. 수십 년 만에 비가 조금 길게 내릴 때의 홍수가 그 정도이다. (이곳에서의 홍수는) 평년의 평온함을 미루어 짐작해서 알 수 있다.

바람은 대체로 아주 약하다. 때로, 특히 겨울에 사하라 사막에서 시로코sirocco가 불어온다고 하는데, 내가 머물던 100여 일 동안에는 한 번도 만나지 못했다. 바람이 약하다는 것을 분명하게 보여주는 것은 **수목의 형태**이다. 이곳의 수목은 식물학의 표본처럼 단정하고, 규칙을 따르듯이 반듯하다. 특히 뚜렷하게 눈에 들어오는 것은 삿갓 모양의 소나무와 연필 모양의 측백나무였다. 동그랗게 원뿔 형태로 만들어진 만두피 모양으로 정리된 소나무는 공원뿐 아니라 들판이나 산에서도 많이 볼 수 있다. 밑가지를 잘라냈을 뿐 그밖에 인공을 가하지 않는 나무인데도 가지를 사방으로 고루 뻗고 있고, 잔가지는 똑같은 크기로 번성해 그

바른 삿갓 모양을 수직의 줄기로 떠받치고 있다. 소나무라고 하면 언제나 줄기에 굴곡이 있고 가지가 기울어져 있는 것을 익숙하게 보아온 우리에게 이 좌우대칭의 형태는 아무래도 인공적으로 보인다. 수직으로 좁고 길게 늘어진 측백나무의 형태도 마찬가지다. 식물원에서 정성스럽게 손질을 해놓기라도 한 것처럼 작은 가지는 망처럼 섬세하게 골고루 뻗어 있어서 엄밀하면서도 질서정연하게 그 외면을 만들고 있다. 이렇게 눈에 띄는 나무 이외에도 일본의 정원에서 볼 수 있는 편백나무와 식물원에서 손질해놓은 듯한 규칙적인 형태를 지닌 여러 나무가 자생적으로 잘 자라고 있다. 여기에는 식물학에서 말하는 대로 규칙성이 있는 가지의 팽팽한 모양이 인정된다.

이것은 우리에게 **인공적**이라는 느낌을 줄 뿐만 아니라, 규칙적으로 바르고 이치에 맞는 듯한 형태 때문에 더욱 현저하게 **합리적**이라는 느낌마저 준다. 그러나 잘 생각해보면 이와 같은 형태가 인공적이라고 느껴지는 것은 일본에서는 불규칙적인 나무 형태를 익숙하게 보아왔기 때문이다. 규칙성이 있는 형태는 일본에서는 그야말로 인공적으로만 만들어질 수 있는 것이다. 그러나 여기서 규칙성은 식물에게 자연적인 형태이고, 불규칙적인 형태야말로 부자연스러운 것이다. 여기서 (우리는) 일본에서는 **인공적**인 것과 **합리적**인 것이 결합되어 있고, 유럽에서는 **자연적**인 것과 **합리적**인 것이 결합되어 있다고 말할 수 있을 것이다. 르네상스 시기 이탈리아의 그림에 배경으로 묘사되어 있는 좌우대칭의 나무 모습은 자연적이면서도 합리적인 인상을 주는데, 일본의 모모야마桃山 시대 창호지 그림에 묘사된 넘실거리는 나무의 모습은 자연적이면서도 비합리적인 통일성을 표현한다. 이처럼 자연에 대한 삶의 체험으로부터 창작되는 과정에서 풍토는 각각 다르게 드러난다. 그리고 이러한 구별이 귀착되는 곳은 바람의 강약이다. 폭풍이 적은 곳에서는 나무의 형태가 합리적이 된다. 즉 **자연이 폭위를 떨치지 않는 곳에서 자연**은 합리적인 모습으로 자신을 드러내온다.

자연이 순종적이라는 것은 이렇게 자연이 합리적이라는 것과 연결된다. 사람은 자연 한복판에서 쉽게 규칙을 발견할 수 있다. 그래서 이 규칙에 따라 자연을 대하면, 자연은 점점 더 순종적이 된다. 이것이 인간으로 하여금 더욱더 자연 가운데 있는 규칙을 탐구하게 한다. 이렇게 보면 유럽의 자연과학이 확실히 목장의 풍토에서 나온 산물인 것도 쉽게 이해할 수 있을 것이다.

6.

우리는 목장적인 풍토의 특성을 **여름의 건조**에서 이해하였다. 폭염과 단절된 습윤은 **밝고 순종적**이어서 **합리적인** 자연의 모습으로 나타난다. 이탈리아의 자연은 그 대표적인 사례에 해당한다. 이런 특성은 특히 본래 이탈리아, 즉 아펜니노Appennino 산맥 남부에서 뚜렷하게 나타난다. 본래 이탈리아야말로 현대 유럽의 '발상지'이고, 따라서 '유럽적인 것'의 요람지였다. 이곳에서 자연이 정복되고, 아름다운 목장이 출현한 것은 더 나아가 북유럽 들판의 삼림이 잘려나가고 개척되어 비슷한 목장이 출현하는 계기가 되기도 하였다. 다른 말로 하면 이 땅의 발전된 라틴어가 유럽의 구석구석으로 퍼지고, 이 땅에서 만들어진 로마법이 유럽 나라들의 법률이 되었다.

그런데 이 유럽의 '발상지'는 그 자체로 그리스의 교육에 의해서 비로소 이런 발상의 땅이 될 수 있었다. 이것은 이탈리아 반도의 지역 중 본래 이탈리아만이 그리스의 식민지로 만들어진 지방이라는 사실을 보아도 명확해진다. 그리스인들은 놀라운 직관을 가지고, 특히 그리스적인 특성을 가진 토지에만 자신들의 도시를 만들고 정착하였다. 그들이 도시를 만든 것은 더 나아가 로마인들을 유인하여 성장시키는 계기가 되었다. 바꾸어 말하면 그리스인이 지중해 연안에 그리스적 풍토를 풍부하게 한 바탕에는 이러한 풍토가 특히 중요한 역할을 했다는 것이다. 여기서 우리는 목장적인 풍토의 근원을 더 거슬러 올라가 그리스로 탐구해 들어가지 않으면 안 된다. 원래 그리스적 풍토란 무엇일까?

그리스 반도, 특히 옛 문화의 무대인 에게 해 연안은 산맥이 병풍처럼 펼쳐져 서쪽을 막고, 가늘고 긴 크레타 섬에 의해 남쪽의 바다로부터 차단된 특수한 구역이다. 그래서 건조한 정도가 이탈리아보다 훨씬 심하다. 강우량은 이탈리아의 절반 정도로 알려져 있으며, 공기는 이탈리아보다 맑고 투명하다. 우기인 겨울에도 '맑게 지나가는 푸른 하늘, 휘황하고 투명하게 비추는 태양빛'이 그리스적 자연의 특징이다. 그리스가 자주 '대낮'이라는 말로 특징지어지고, 또 '그리스에는 그림자가 없다'고 하는 것은 공기가 **습기를 포함하지 않는** 데서 오는 청명함 때문이다. 따라서 그리스에는 구름의 색, 땅의 색, 바위 색과 같은 것이 참으로 선명하게 (주변) 상태를 둔화시키는 것이 아니라, 선명하게 드러나게 한다. 바닷물의 색깔은 참으로 '맑고 투명'하고, 들판의 초록색도 전혀 혼탁한 느낌이 없다. 청명함을 특징으로 하는 이탈리아도 이런 면에서는 그리스에 훨씬 못 미친다.

아티카[그리스 중부에 있는 반도]의 사례를 들어 말하자면, 공기의 **청명과 건조함**은 다음과 같은 숫자로 이해될 수 있을 것이다. 1년 중 179일은 매우 맑고, 157일은 조금 덜 맑은 날이며, 음침한 날은 겨우 29일 정도다. 만약 보통의 의미에서 맑은 날이라는 말을 사용한다면, 1년에 300일은 맑은 날이고, 하루 종일 구름이 낀 날은 1년에 10일 정도로 알려져 있다. 이것은 겨울 반년 동안 거의 음침한 날뿐인 북유럽과는 참으로 천양지차이다. 《오디세이아》에서 묘사되는 저승(冥界, hades)이 겨울의 영국과 유사하다는 것은 결코 우연이 아니다. 그리스인이 지브롤터 해협을 나와 영국으로 표착漂着하지 않았던 것도, 실제로 그 음침함을 죽음의 특징으로 생각했기 때문일 것이다. 그리스인들에게 음침한 날은 겨울의 우기에 집중된다. 그러나 이 우기에 그리스를 여행했던 아베 요시시게安倍能成의 기록에 의하면, 2주간의 체류 중에 날씨가 아주 좋았던 날이 7일, 조금 맑았던 날이 3일, 구름 낀 날이 3일, 비오는 날이 하루였다. 그리고 구름 낀 3일 중 하루는 아침 바다를 내다보았을 때 "바닷물의 색이 참으로 맑았다." 또 하루는 "저녁 식사 후에 달이 떠올랐다." 남은 하루는 오후 동안 카페에 비가 잠시 고일 정도였고, 저녁이 되면서 맑은 날씨로 바뀌었다. 그날 밤부터 다음날에 걸쳐 약간의 비가 내렸다. 구름 낀 이틀간은 꽤 더운 바람이 활활 불었다고 한다. 어쩌면 시로코가 왔을 것이다. 이것이 그리스에서 가장 음침한 시기이다. 따라서 그리스의 가장 음침한 시기도 일본의 가장 청명한 시기보다 청명하다고 할 수 있을 것이다.

이처럼 맑은 하늘이 계속된다고 해서 이것이 곧 단조로움을 의미하지는 않는다. 사계절의 변화가 상당히 뚜렷하다. 3월에는 아름다운 봄이 시작되어 6월까지 계속되고, 6월 중반부터 9월 중반에 걸쳐서는 통상적으로 비가 전혀 내리지 않는 더운 여름이 된다. 시로코가 사하라 사막에서 먼지를 날려 보내는 날을 제외하면 하늘은 매일 똑같이 푸르고, 더운 날은 햇빛이 잘 비추며, 땅은 건조해진다. 따라서 풀은 시들고, 샘도 바짝 마른다. 그러나 9월에는 상쾌한 소나기가 내려 아름다운 가을이 시작되고, 풀은 다시 초록색이 되기 시작한다. 11월 말부터 3월까지는 남풍이 습기를 가져오는 우기이다. 목장의 풀이나 밭의 보리가 싱싱하게 자란다. 겨울이라고 해도 일본의 겨울보다 훨씬 따뜻하고, 오히려 일본의 봄에 가깝다. 음력 10월의 맑고 따뜻한 날씨가 얼마쯤 있다가 질척질척한 차가운 날과 섞이는 느낌이다. 시로코가 부는 날에는 겨울이 어디론가 날아가버린다.

이것이 그리스의 기후이다. 이런 기후는 여름의 더운 건조함 때문에 수목의 성장에는 적합하지 않다. 풀은 시들어도 또 싹이 나오지만, 산의 수목은 그렇지 않다. 그래서 산은 대개 바위산이고, '험준함', '울퉁불퉁한 산'과 같은 말로 묘사할 수 있는 모습이다. 수목이라고 해봐야 밭으로 경작된 올리브 외에 때로 소나무, 버드나무, 측백나무 등이 있는 정도이다. 여기에서 가장 눈에 띄는 것은 겨울풀이다. 현재도 땅의 거의 3분의 1은 목장이라고 전해지는데, 고대에는 4분의 3까지 목장으로 사용되었거나, 목장으로밖에 사용될 수 없었다. 밭은 목장보다 훨씬 작고, 밀, 포도, 올리브, 무화과 등의 밭을 포함해서 목장의 절반 정도이다. 여기에서 밀은 (생산량이) 아주 적어서 국내의 수요를 충족시키지 못한다. 주요 농업은 **목축과 과수원 재배**이다. 따라서 농업은 기상의 불안정으로 위협받지 않고, 규칙적인 계절의 순환 가운데서 오는 우기에 도달하면 그리 풍부하지는 않지만 그렇다고 해서 썩 부족하지는 않는 농업생산물을 비교적 확실하게 생산할 수가 있다.

이것은 풍토가 생활필수품의 생산을 **목장적**으로 규정한다는 것을 의미한다. 여기서는 자연의 혜택이 풍부하지 않기 때문에, **자연에 따르고 참으며 (인종적) 혜택을 기다리거나 구하지 않는다.** 동시에 자연에 대항해서 끊임없이 전투적인 태도를 취하지 않으면 안 될 정도로 **자연이 사람을 위협하지도 않는다.** 자연은 한번 사람의 힘으로 인위적인 힘을 받게 되면 적당한 정도의 보살핌에 의해서 언제라도 **순종적으로 인간에게 복종한다.** 이 자연의 순종이 먼저 생산을 목장적이게 하는 것이다. 그런데 자연의 순종은 다시 수용도 목장적이게 한다. 사람은 목장의 온화한 풀 위에서 벗은 채로 즐길 수 있다. 이것은 자연의 자극을 전적으로 개방적으로 수용해도 거의 위험다운 위험이 없고, 오히려 기쁨만을 느끼게 한다는 것을 뜻한다. 그래서 그리스풍의 의복은 자연에 대항하여 몸을 보호하는 경향이 적다. 더 나아가 그리스인이 나체로 경기하고, 나체상을 조각의 양식으로 만들어낸 것도 이와 관련하여 이해해야 할 것이다. 그렇다면 수용이 목장적이라는 것은 더 나아가 창작이 목장적이라는 것이고, 결국 생활필수품만이 아니라 문화의 산물도 목장적으로 규정된다는 것을 의미한다.

여기서 (우리는) 목장적인 문화의 근원이 그리스에 있다는 것을 알수 있다. 더구나 그것은 특히 그리스적 풍토에 의해 규정되어 왔다. 그리스적 풍토의 특성은 앞에서도 말했듯이 어디까지나 명랑하고 음침함이 없는 '환한 대낮'이다. 여기서는 모든 것이 드러나 보인다. 습기가 많은 공기 중에는 청명한 날에도 진한 음영이 있어서 뭔가 '숨긴다'는 느낌에서 벗어날 수 없지만, 그리스적 명랑함은 숨기는 것이 없는 명랑함이다. 따라서 자연 안에서 '보이지 않는 것', '신비한 것'을 추구하는 경향이 강하지 않다. 물론 그리스에도 '밤'은 있다. 그래서 데메테르 [Demeter, 그리스 신화에 나오는 대지의 여신으로 곡물, 특히 밀의 성장과 땅의 생산력을 관장함]를 숭배하는 것처럼 보이는 어두운 측면도 무시할수는 없다. 그렇지만 그리스적인 것으로서 특히 세계사적인 의의를 가지는 것은 명랑한 한낮의 정신이다. 그리스인은 그리스적 풍토와 동화하는 데 있어 여기까지 자신을 고양시켰다. 그들도 자연 속에서 '보이지 않는 것', '신비한 것', '비합리적인 것'에 위협당하기도 하고, 자연에게 은혜만을 바라기도 했다. 그런데 명랑한 그리스적 자연이 그들의 육체가 되었을 때, 그들은 이 은폐되지 않은 자연에게서 '보는 것'을 배웠다. 자연은 모든 것을 보게 한다. 감추는 일을 하지 않는다. 어떤 것도 감추지 않는 사이가 가장 친한 사이이다. 인간과 자연은 서로 사이좋게 지낸다. 자연과의 조화라고 하는 것이 여기에서 성립한다. 이렇게 자연 안에서 합리적인 규칙을 보면서 자연과 융합하는 그리스적 특성이 생긴 것이다. 그래서 그리스적 풍토가 그리스 정신의 특성으로 자신을 드러낼 때, 그리스 문화도 비로소 싹텄다고 말할 수 있을 것이다.

물론 우리는 인간 존재에서 유리된 대상적 풍토가, 풍토적 성격을 가지지 않는 정신에 대해 위에서와 같은 영향을 부여했다고 말하려는 것이 아니다. 풍토는 주체적으로는 인간 존재의 계기로 작동하고 있다. 그래서 인간 존재의 여러 계기가 어느 시기에는 비약적으로 발전하고 어느 시기에는 저조했던 것처럼, 풍토적 계기 또한 때로는 강하게 작용하고 때로는 그 힘이 약화된다. 하나의 문화가 그 독특한 형성에 도달할 때는 풍토적 계기가 특히 눈부시게 활약한다. 그래서 현재의 청명한 그리스에 옛날과 같은 그리스적 한낮이 없는 것은, 현대 그리스에 옛날과 같은 그리스 문화가 없다는 것과 같다. 이것은 그리스 문화가 현저하게 풍토적 성격을 갖는다는 점을 반박하는 게 아니다. 문제는 오히려 어떠한 시기에 어떠한 방식으로 풍토적 계기가 활약했는가 하는 점이다. 여기서 우리는 그리스인들이 비로소 그리스인이 되었던 시기로 눈을 돌려야 할 것이다.

7.

그리스적 자연은 순종적이면서 명랑하고 합리적이다. 그러나 이것이 처음부터 그리스적인 '한낮', 그리스적인 합리성으로서 나타난 것은 아니었다. 인간이 순종적인 자연에 대한 **지배를 자각**하고, 자연의 지배자로서 **자기 자신의 생활**을 형성하기 시작할 때, 위와 같은 풍토적 성격이 그리스 정신의 성격이 되었다. 사람들은 이 자각을 자주 자연의 구속으로부터의 인간해방이라고 말한다. 자연이 폭위를 떨치는 곳에서는 인간의 해방이 이런 방식으로 일어나지 않았다. 반면 자연이 순종적인 곳에서는 원시 시대에 이미 기술적으로 자연을 지배하고 있었다는 사실 자체에서, 자연을 인간에게 예속시키는 방식으로 이 자각이 일어난 것이다. 그렇기 때문에 그리스에서 자연과의 조화는 자연의 인간화이고 인간 중심적인 입장의 창설이었다. 여기서 자연으로부터의 해방은 **자연과의 싸움으로부터의 해방**, 따라서 인간 활동의 철저한 성취였다. 인간의 경쟁, 그에 따른 권력욕과 유희충동에 의한 인간과 인간 사이의 마찰, 또는 인간의 창조적 능력과 그에 따른 지식욕에 의한 이성의 발전, 창작욕에 의한 예술의 탄생, 이러한 것들이야말로 이 새로운 입장이 야기한 새로운 모습形勢인 것이다. 그렇다면 이와 같은 자각은 어떻게 일어났을까?

그리스어를 하는 민족이 북방에서 그리스 땅으로 들어온 시기가 기원전 2천 년까지 거슬러 올라간다고 말하지만, 기원전 1200~1300년 무렵까지 에게 해를 지배했던 문화는 이 민족의 문화가 아니었다. 그들의 이주는 장기간에 걸친 부족적인 이행이었지, 민족적인 대집단의 이동은 아니었다. 유목을 하면서 서서히 반도로 침투해 어떤 토지에 정착하게 되면 농업과 과수 재배를 배운다. 그러한 농목민으로서의 부족 생활이 반도로 이동한 뒤에도 수세기 동안 지속되었다. 마레와 하리슨에 따르면 이러한 부족의 종교는 역시 토템 숭배의 단계에 있었다고 한다. 그러나 우리가 고찰하는 그리스 민족의 유형은 폴리스를 형성하고 예술에 몰두하는 민족이지 위와 같은 부족민이 아니다. 따라서 그리스어를 하는 민족이 그리스 반도로 들어왔다는 것만으로는 아직 본래적 의미에서의 그리스 민족이 성립된 것은 아니다. 이것이 성립되는 시기는 기원전 14세기에 시작되어 수 세기 동안 지속된 대이동의 시대였다고 말할 수 있다.

순종적인 자연 가운데서 평화로운 농목의 생활을 보냈을 것 같은 이 민족이 왜 바다로 나가 소아시아 해안으로까지 이주하게 되었을까? 베롯호는 **인구의 증가**와 그리스 토지가 비옥하지 않은 것을 원인으로 들고 있다. 이 시대의 인구 증가는 증명할 수 없는 문제이긴 하지만 가능한 일이다. 만약 그렇다면 인구 증가는 우선 부족 간의 전쟁을 야기했을 것이다. 토지는 비옥하지는 않아도 자연과의 싸움에 전심전력하지 않으면 안 되는 황량한 토지는 아니었다. 그러나 인구 증가에 따른 식량 부족은 다른 부족의 목축을 빼앗는 쪽으로 나아가지 않으면 해결될 수 없었을 것이다. 이렇게 시작된 인간의 투쟁이 점차 격렬해질 때 결국 농목민을 바다로 내모는 상황이 된다. 이렇게 해서 바다가 생활의 무대가 되고 원시적인 농목민은 자신을 새롭게 바꾸게 되었을 것이다. 그리스의 중심은 에게 해라고 하는데, 그런 경향은 이 시기에 시작된 것이다.

마레와 비라모비치의 추정에 따르면, 바다로의 이주는 뭔가 절박한 사정 때문에 남자들이 여자들과 가축을 버리고 작은 배를 저어 떠난 사건에서 비롯된 것 같다. 또는 앞뒤 가리지 않는 모험적인 청년들이 바다로 이동했을지도 모른다. 어느 쪽이든 집단적인 이동이 아니라, 이른바 부족 공동체의 '일부'가 떠돌아다니며 바다로 나간 것이다. 이렇게 해서 이 일부는 절박한 필요에 따라 자연스럽게 '해적'이 되었다. 그들은 어떤 섬이나 연안을 습격해서 식량을 얻어야만 했을 것이다. 육지에서의 투쟁은 식량 부족에 기인하는 것이라 해도 약탈에 의해서만 생존할 수 있는 사람들의 싸움은 아니다. 그러나 한번 바다로 나오면 빼앗는 것만이 생활의 기초가 되고, 따라서 생활 전체가 투쟁이 된다. 바다로의 진출과 **전사로 바뀌는** 것은 동일한 사건이라 할 수 있다. 그러나 이런 '일부'는 자신의 종족만으로는 유리한 전투를 실행할 수가 없다. 그래서 이들은 다른 민족 때로는 다른 종족의 일부와 연합하여, 풍부한 섬과 연안을 습격할 수 있을 정도의 규모로 세를 키운다. 싸워서 이기면 그 토지를 점령하고, 가축과 여자들을 자신들의 것으로 취했다. 그런 과정에서 혼혈이 생기고, 서로 다른 민족들 간의 제의가 섞여 옛 전통이 남아 있지 않고 파괴된다. 여기서 옛 농목의 생활과 현저하게 다른 새로운 생활이 시작된다. 예전에 그들의 가족생활은 '형제와도 같은 황소'가 희생될 때 황소의 죽음 때문에 하염없이 울었던 여자들에 의해서 지켜졌다. 이제 '힘'으로 새로운 토지에 들어온 그들은 다른 언어, 다른 제의의 여자, 심지어 자신들이 그들의 남편이나 부모를 죽인 여자를 아내로 삼는다. 그 아내가 남편과 아버지의 원수인 새로운 남편에게 복수할 수도 있는 위험이 밤낮으로 그들의 생활에 도사리고 있다. 또한 예전에 그들은 스스로 가축을 돌보면서 살아왔다. 이제 그들은 '힘'으로 굴복시킨 토착민에게 노동을 시키고 자신들은 그 결과만을 맛본다. 이제 그들의 새로운 일은 그 '힘'을 연마하여 자신을 지키는 데 있다. 그래서 무기 제작, 무술 연습이 그들의 주요한 일이 된다. 즉 무사의 생활이 시작된 것이다.

이처럼 농목 민족이 무사 집단으로 바뀌면서 그리스의 '폴리스'가 비로소 형성되었다. 부족도 다르고 제의도 다른 청년들이 전투와 약탈을 목적으로 집단을 이룰 때, 집단에게는 부족과 제의의 차이보다도 공동 방위가 중요한 일이었다. 그들은 어떤 토지를 점령하자마자 중요한 장소를 골라 돌담을 둘러쌓고 공동의 적에 대비한다. 이렇게 하는 동안에 사람들이 지켜온 전통이 흔들리게 되고, (때로는 전통을) 포기하면서 새로운 생활의 공통점을 구체화한다. 여기에서 폴리스의 생활, 폴리스의 제의가 새롭게 시작되는 것이다. 그렇기 때문에 폴리스는 바다를 건너온 이주민을 수용했던 소아시아 해안에서 처음으로 만들어졌고 또 거기에서 먼저 발달하였다. '폴리스'가 만들어질 때 '그리스'도 시작되었다고 할 수 있을 것이다. 그렇다면 농목생활에서 전사생활로의 전환이 그리스의 시작인 것이다. 이것을 매개한 것은 **바다로의 진출**이었다. 바다로 나간다는 것은 토지를 떠난다는 것, 즉 농목생활로부터의 이탈이다. 사람들은 이 이탈로 자연의 구속에서 **자신을 해방시켰다.** 이것은 이중의 의미를 가진다. 즉 사람들은 자연을 돌보고 거기에서 물자를 얻는 생활을 버리고 자유로운 바다의 교통로로 나갔을 뿐만 아니라, 의식주를 위한 필수품만을 만드는 생활을 넘어 **생활 자체를 보다 높게 형성**해나간 것이다. 처음 농목 민족을 바다로 밀어낸 원인이 식량 부족이었을지도 모른다는 추측은 단지 이와 같은 운동의 계기를 보여줄 뿐, 이 운동의 의미를 파악하기에는 충분하지 않다. 사람들이 식량을 얻기 위해 모험, 정복, 권력 등을 추구했다고 하더라도, (그들은) 점차 식량보다 모험, 정복, 권력 등에 훨씬 중대한 의미를 부여하기 시작하였다. 가축 떼를 얻기 위해 싸울 때는 가축 떼가 목숨을 걸 만한 가치가 있는 고귀한 것은 아니다. 고귀한 것은 목숨을 건다는 활동 그 자체, 그것에 의한 정복, 피정복자에 대한 권력, 바로 그러한 것들이어야 한다. 이러한 생활 태도는 실용적·타산적 태도와는 전혀 다른 것이다. 이것은 목숨이 걸린 일임에도 불구하고, 여전히 유희의 성격을 잃지 않는다. 《일리아스》에 묘사된 싸움이 가장 좋은 증거일 것이다. 《일리아스》에는 그리스인이 지닌 성격의 두드러진 특징이 잘 나타나는데, 바로 **경쟁과 투쟁의 정신**이다.

경쟁과 투쟁의 정신은 니체도 말했듯이 싸움을 인정하는 정신이다. 헤시오도스의 노래에 따르면 지상에는 두 싸움의 여신이 있다. 하나는 나쁜 싸움과 투쟁을 부추기는 '잔혹한 신'이다. 사람들은 모두 이 여신을 좋아하지 않지만, 필요에 따라 어쩔 수 없는 상태가 되면 이 여신에게 굴복할 수밖에 없다. 다른 하나는 인간 입장에서는 훨씬 착한 신이다. 제우스는 이 여신을 대지의 근원에서 살게 하였다. 이 여신 때문에 솜씨 없는 사람도 자기 일에 정진한다. 재산이 없는 사람은 부자를 보고 자신도 똑같은 종자를 심어서 집을 잘 건사하려고 노력하고, 이웃은 서로 행복해지기 위해서 경쟁한다. 도자기 만드는 사람은 다른 도자기 만드는 사람을, 목수는 다른 목수를, 노래하는 사람은 다른 노래하는 사람을 때로는 원망하거나 질투한다. 이러한 경쟁과 질투를 일으키는 여신을 헤시오도스는 착한 신이라고 예찬한다. 잔혹한 싸움은 단지 파괴를 가져올 뿐이기 때문에 배척되어야 마땅하지만, 경쟁은 사람을 더욱 높은 단계의 창조로 이끈다. 싸움에 의한 창조, 이것이 경쟁과 투쟁의 정신이다. 그래서 그리스인들에게 질투는 스스로 나아지려는 노력을 자극하는 한 악덕이 아니었다.

명예심도 마찬가지다. 그들은 다른 사람과 똑같이 되는 것을 싫어하고, 언제나 그것을 넘어서려고 노력한다. 그래서 사람은 위대해질수록 또 자신만만하면 할수록 그만큼 명예심도 강해지고 노력도 커진다. 이것이 그리스에서 많은 천재가 나온 이유이기도 하다. 이는 또한 일반적으로 한 사람에 의한 지배를 꺼리는 이유가 되기도 한다. 헤르모도로스를 추방할 때 에페소 사람은 이렇게 말했다. "우리들 가운데 어떤 사람도 최고 우위에 있는 사람이 아니었다. 만약 어떤 사람이 최상의 위치에 올라갔다면 그는 어딘가 다른 곳으로 가지 않으면 안 되었을 것이다." 즉 최상의 위치에 고정된다는 것은 경쟁과 투쟁의 부정이고, 따라서 폴리스 생활을 지속시키는 근원을 고갈시키는 것이다. 어떠한 천재도 한 사람으로 지배되지 않는다. 한 사람의 천재가 나타나면 곧바로

제2의 천재를 바라게 된다. 만약 이 경쟁과 투쟁의 정신이 상실되면, 그 후에는 증오의 잔혹함과 파괴의 기쁨만 남게 될 것이다.

이와 같이 그리스인의 창조는 경쟁과 투쟁의 정신에 기초해 있다. 경쟁과 투쟁의 정신은 농목생활로부터의 해방, 즉 물질을 생산하기 위해 노예를 사용하는 것을 전제로 한다. 자연이 순종적일 뿐만 아니라, 자연을 돌보는 노예의 순종이 있었기 때문에 경쟁과 투쟁에서 살아남은 소수 무사의, 다시 말해 그리스 시민의 생활이 가능했던 것이다. 자연이 준엄한 곳에 사는 유목민은 결코 다른 민족을 지배할 엄두를 내지 못한다. 이스라엘 민족은 오랜 시간 동안 노예적인 처지에 놓여 있었음에도 불구하고 끝내 노예화되지 않았다. 그런데 그리스의 노예는 가축과 마찬가지로 '살아 있는 도구'로 취급되었다. 그들은 '황소는 사람이 없을 경우 대신하는 노예'라고 말하기도 하였다. 노예의 생활을 형성하는 것은 노동과 벌과 먹을 것이다. 이렇게 보면 원리적으로는 밭을 가는 황소와 다를 바가 없다. 그리스의 폴리스는 한편으로는 이토록 철저하게 노예를 만들어내며 형성되었다. 이는 폴리스를 형성한 소수의 사람들 —즉 그리스 시민— 이 농목생활에서 자신을 해방시켰다는 것이다.

여기서 우리는 다음과 같이 말할 수 있다. 목장은 그 부정을 통해서 특히 인간적인 창조 활동을 진전시켰다고 말이다. 초록의 아름다운 목장, 즉 순종적인 자연은 한편으로는 인간의 삶에 몰두하는 경쟁과 투쟁의 입장을 만들어냈고, 다른 한편으로는 인간을 자연 가운데로 흡수시켜버렸다. 인간은 신들과 같이 살아가는 시민과 가축처럼 살아가는 노예로 분리된다. 이와 같은 철저한 분리는 지중해 고대 세계를 제외하면, 아마도 세계 어디에서도 일어나지 않았을 것이다. 근대 북아메리카에서의 흑인 노예 현상이 이와 유사하다고 할지 모르겠지만, 흑인 노예는 고대 노예의 관념에 따라 유럽인이 만들어낸 것이므로 그리스 노예의

복사판에 지나지 않는다. 자연의 위력과 은총이 인간 위에 작용하고 있는 곳에서 인간은 이렇게까지 철저하게 분리될 수 없다. 그리고 이러한 철저한 분리 위에서만 그리스의 화려한 문화가 창조될 수 있었다. 그리스에서 자연과의 조화, 인간 중심적인 입장의 창설과 같은 것도 노예를 둔 소수 그리스 시민에 해당하는 말임을 잊어서는 안 될 것이다. 베크에 의하면 아테네 전성기의 인구가 50만 명인데, 이중 시민은 2만 1,000명이었다. 이렇게 다수의 노예를 가축처럼 종속시킨 것에 그리스 폴리스의 특수한 의미가 있다.

8.

그리스인은 위와 같이 자신을 그리스인으로 만들어갔다. 그래서 그리스인의 출현은 그리스적 풍토와 분리될 수 없다. 무엇보다도 그리스인이 되면서 그리스적 풍토 또한 그리스적 풍토로서 자신을 드러냈다고 말해야 할 것이다. 그리스의 폴리스는 노예가 생겨나면서 시민이 의식주를 위한 노동에서 해방되었다는 데 기초해 만들어졌다. 여기서 시민은 노동에 일정 정도 거리를 두면서 '멀리 바라봄'의 입장, '관조'의 입장에 설 수 있었다. 그런데 그리스 시민은 시민이 될 때 이미 경쟁과 투쟁의 정신에 차 있었다. 따라서 '관조'의 입장은 활동 없는 정지가 아니라, 관조를 경쟁하는 입장이다. (이러한 조건에서는) 예술적·지적 창조가 번성하지 않을 수 없다.

나는 예전에 쓰다 세이후津田青楓 화백이 초심자에게 소묘를 가르치며 하는 말을 들은 적이 있다. 화백은 석고상의 머리를 가리키면서 말

---

7 이 단어는 그리스어로 theoria인데, 오늘날 theory(이론)라는 단어의 어원에 해당된다. 이는 먹고 사는 일에서 벗어나 사물을 보다 객관적으로 바라보게 되는 입장이다. – 옮긴이 주.

했다. "여러분이 이것을 창작했다고 생각한다면 그건 큰 착각임을 명심해야 한다. (여러분은) 눈으로 보았을 뿐이다. 물끄러미 바라보았을 뿐이다. 바라보는 가운데 여러 가지 사물이 눈에 다가온다. 이러한 미소한 그림자가 있었는가 하고 스스로 놀랄 정도로 어느 순간엔가 새로운 것이 눈에 다가올 때가 있다. 어디까지나 대상을 주의 깊게 보면서 들어가는 가운데 손이 저절로 움직이면서 드러나는 것일 뿐이다." 이 말은 어쩌면 화백 자신이 이해하고 있는 것보다 더 큰 의미를 함축하고 있을지도 모른다. '본다'는 것은 이미 정해진 것을 반영하지 않는다. (본다는 것은) 무한히 새로운 것을 보는 과정인 것이다. 그러므로 본다는 것은 곧바로 창조와 연관된다. 그러나 창조하기 위해서는 우선 **순수하게 보는 입장**에 설 수 있어야 한다. 단지 수단으로서 본다면 목적에 한정된 범위 이상을 보는 것으로 진전되지 않는다. 본다는 것의 무한 발전은 수단적 성격으로부터의 해방, 즉 봄의 자기목적성을 전제로 한다. 그리스 시민은 바로 이러한 입장에서 관조를 경쟁하였다. 여기서 그리스적 풍토가 그 무한한 의미를 발휘하는 좋은 기회가 드러난다. 그리스인은 명랑하기에 음산하지 않은 자연을 보았다. 거기서는 모든 사물의 '형태'가 비루함 없이 선명하게 응시된다. 이 봄은 서로 경쟁하면서 무한히 발전한다. 이것은 대상인 자연이 무한히 정교하게 관찰된다는 뜻이 아니라, 그것을 보는 주체가 스스로 발전한다는 것을 뜻한다. 그래서 명랑한 자연을 바라보는 입장은 곧 **명랑한 주체적 존재**를 발전시키는 것이다. 그래서 이것이 명랑한 '형태'로 때로는 조각이나 건축에서, 때로는 이데아 사상에서 발전되었다.

이런 관점에서 우리는 어떤 의미에서 유럽의 운명을 결정하는 그리스 문화의 특성을 이해할 수 있다고 생각한다. 그리스인이 봄의 입장에 섰다고 해서 그들이 모든 노동을 그만두었다는 것은 아니다. 오히려 그들은 이 입장에서 새로운 작업을, 즉 순수하게 인공적인 물질의 생산을 시작했다. 자연을 돌보는 농목의 일은 자연을 인공적으로 다루는 일이기도 하지만 그보다는 오히려 자연의 생산을 순수하게 따르는 것이다. 그런데 '형태'를 보는 그리스인은 자연의 소재에 이 '형태'를 새기는 일을 시작한다. 즉 인공적인 예술품 제작이 그리스인에게 노동이 된다. 무기나 그 밖의 금속제 도구, 직물, 도자기 등의 제작은 기원전 7세기 무렵 이오니아의 여러 도시에서 왕성하게 나타나고, 아티카나 아르고리스로 확장된다. 여기에는 지중해 연안이 그리스인의 세력 범위가 되고, 새로운 식민지에 대한 수요가 높았다는 이유도 있을 것이다. 그러나 더 중요한 이유는 인공적으로 형태를 새기기 위한 재료, 즉 무생물에 대한 지배가 발전했다는 것이다. 점토나 금광이나 철광은 한번 눈에 들어온 사람에게는 풍부하게 다가온다. 바다에는 귀중한 염료인 자색 개조개가 있다. 목장에서는 양모가 계속 생산된다. 이러한 소재에 지적으로 또는 예술적으로 '형태'를 부여하는 것, 이것이 바야흐로 그리스인의 관심을 지배하기 시작한 것이다. '형태'를 보는 그리스인이 그 형태를 소재로 새기는 활동은 가장 단순하게는 **그리스의 도자기** 제작에서 나타난다. 이것이 얼마나 성대한 사업이었는지는 이탈리아에서 발굴된, 놀랄 만큼 많은 그리스 도자기의 수를 봐도 알 수 있다. 이어서 번성한 것은 금속에 형태를 부여하는 것이다. 야금술은 처음에 이오니아에 섬에서 번성했고, 기원전 6세기에는 철을 용접하고 구리를 주조하는 기술을 그리스 본토로 전하기에 이르렀다. 염색공업도 밀레토스를 중심으로 번성했고, 여기서 염색된 직물은 기원전 6세기에 이미 이탈리아 시장까지 지배했다고 한다. 이러한 제조공업은 경쟁과 투쟁의 정신과 맞물려 모든 도시에 번성하기 시작했다. 시민은 수공업자로 바뀌었고, 기술을 자식들에게 전수하였다. 고전 시대의 상당한 기간까지 거의 모든 **조각가**

는 이런 수공업자의 집안에서 배출되었다. 소크라테스도 그렇다. 그러나 일손이 부족할 정도로 수요가 많았고, 이러한 공예는 노예나 수입된 외국 노동력을 사용하면서 발전되기에 이른다. 물론 여기에는 해외무역의 융성이 수반된 것이다. 이렇게 해서 폴리스의 생활은 점차 **인공적이고 기술적인 일**을 중심으로 지중해를 지배하기에 이른다. 이 생활양식이 특히 '서양적'인 것으로서의 유럽의 운명을 규정하는 유력한 계기가 된 것이다.

봄의 입장은 이상과 같이 그리스인의 생산의 방법까지 결정했다. 이런 입장이 특히 관조적인 학문의 특징이 되는 것은 당연한 일일 것이다. 아리스토텔레스는 사람이 본래 앎을 추구하는 동물이라고 말한다. 이에 대한 근거로 **감각을 즐기는 것**을 들 수 있다. 무언가를 위해 감각을 사용할 뿐만 아니라 감각 그 자체를 즐기며, 그중에서도 특히 **시각을 즐기는 것**이다. 즉 행위를 할 때뿐만 아니라, 행위를 전혀 고려하지 않을 때에도 '본다는 것' 자체가 무엇보다도 더할 나위 없이 소중한 것이다. 이것은 '본다는 것'이 다른 어떤 감각보다 우월해서 사물을 알게 하고 사물의 구별을 명확하게 하기 때문이다. 아리스토텔레스의 말은 한마디로 '본다는 것'과 '안다는 것'의 실천에 대한 우위를 표현한 것이다. 그는 감각을 즐긴다는 그리스인의 특성을 감각적 욕망의 충족이 아니라 진실로 '본다는 것'으로 파악했을 뿐만 아니라, 본다는 것에서부터 학문의 발전을 설명하면서 앞서 말한 바와 같은 '기술'에 중대한 역할을 부여하였다.

기술은 이미 참된 것에 대한 지식이다. 이것은 경험을 통해 얻어진 보편적 판단이어서 이미 원인을 알고 있다. 학문은 단지 기술의 순화에 불과하다. 개인의 생각에서 출발해 학문에 이르는 과정에서 기술은 으레 학문적 고찰의 외부로 밀려나지만, 그리스인들에게 기술은 본질적인 것이었다. 이것은 또한 기술이 **보는 입장의 발전**에 있는 것이지 실용적인 기반 위에 있지 않다는 것을 의미한다. 그렇기 때문에 아리스토텔레스는 보통의 지각을 넘어선 기술을 처음 발명한 사람은 칭송을 받았다고 말한다. 이는 발명이 유용하기 때문만이 아니라, 그 사람이 다른 사람들보다 더 현명하고 탁월하다고 생각되기 때문이다. 그 후 많은 기술이 발명되었다. 어떤 발명가는 생활의 필요를, 다른 발명가는 생의 기쁨을 목적으로 발명을 했는데, 후자는 그 지식이 유용성을 목적으로 하지 않는다는 이유로 언제나 전자보다 현명하다고 간주되었다. 그래서 최후에는 인간이 한가함을 가지고 시작하는 곳에서 (즉) **생의 필요나 생의 기쁨을 목적으로 하지 않는** 학문이 발견된 것이다. 이 견해는 기술에 있어 보는 입장을 더욱 발전시켜 순수한 봄의 입장, 즉 테오리아theoria의 입장에 도달했다는 것을 설명한다고 할 수 있다. 이런 테오리아의 입장은 사막 지역이나 몬순 지역에서는 결코 나오지 않았다.

그런데 보는 입장의 발전은 보이는 입장에서 그 중심점을 획득한다. 어디까지나 밝고 보이지 않는 것이 없으며, 그렇기 때문에 규칙에 맞는 그리스의 자연이 여기서는 보는 입장의 중심점이 된다. 자연은 이미 노출되어 있고, 거기에는 일정의 질서가 있다. 이러한 생각은 자연철학자를 지배하고 예술가를 움직이는 힘이기도 했다. 그리스 조각의 가장 현저한 특징은 그 표면이 안에 **무언가를 포함하고 있는 면으로서가 아니라, 내적인 것을 사물처럼 드러나게 하는 것으로** 제작된다는 점이다. 따라서 면은 **가로로** 넓어지지 않고 보는 자의 방향인 **세로로** 요철을 이룬다고 말할 수 있을 것이다. 면의 어떤 부분, 어떤 점도 내적인 생명이 노출되는 첨단으로서 활발하게 보는 자를 향해 있다. 그래서 우리는 표면을 보면서 단지 표면만을 본다고 느끼지 않는다. 우리는 외면에서 **내면**을 보는 것이다. 조각가는 그것을 미묘한 끝의 접촉으로 성취하고 있다. 예를 들면 파르테논의 프리즈 조각 frieze reliefs에는 옷 문양을 조각한 끌의 자취가 아직도 뚜렷하게 남아 있다. 이것은 조각을 해서 들어간 흔적이지 결코 매끄러운 면을 만든 흔적이 아니다. 그렇지만 이를 통해 부드러운 모직물의 감촉이 실로 선명하게 드러난다. 육체의 피부에는 그 정도로 거친 끌의 흔적이 남아 있지 않지만, 피부 각각의 지점은 끌이 거기까지 파고 들어갔다는 느낌을 선명하게 간직하고 있다. 이것은 결코 가로로 미끌미끌한 면이 아니다. 이렇게 함으로써 모직물의 감촉과는 전혀 다른 생생한 피부의 느낌을 정말 예리하게 드러낸다. 이러한 미묘한 면의 느낌은 로마 시대의 모작에서는 거의 발견할 수 없다. 로마 시대의 작품에는 가로로 미끌미끌한 면이 만들어져 있다. 따라서 외면과 내면을 분리시켜버린다. 더욱이 양식 자체도 외면에 의해 그 다른 면인 내적 정신을 표현하려고 하는 입장에 도달하지 않고 있다. 이러한 모작이 주는 인상은 공허하다.

그러나 이러한 공허한 모작을 통해서도 전달되는 하나의 두드러진 특징이 있다. 그것은 **인체의 규칙적인 '비례'**이다. 그리스 조각은 이미 페이디아스Pheidias 이전부터 피타고라스 학파의 수數이론과 밀접한 관계를 가지고 있었다. 비례는 조각가의 중대한 관심사 가운데 하나였다. 즉 질서 있는 자연의 모습은 예술가의 봄의 태도에서 발전했다. 여기에 그리스 예술의 **합리성**이 있다. 이렇게 **기술에서 파악된** 합리성으로부터 수학적 학문이 발전되어 나온다. 그리스에서는 기하학 지식이 예술을 기하학적 규칙성으로 이끈 것이 아니라, 기하학이 성립되기 이전에 이미 예술가가 기하학적 비례를 발견했던 것이다. 이와 같은 합리성은 자연이 예측하기 어려운 것을 안에 감추고 불규칙적으로 나타나는 지역에서는 쉽게 발견될 수 없는 것이다. 이런 지방에서는 식물이나 야산의 형태가 불규칙할 뿐만 아니라, 인체 또한 균제와 비례를 보이지 않는다.

그래서 예술가는 그리스에서처럼 작품의 통일을 규칙성이 바른 형태나 비례에서 찾을 수 없다. 이를 대신하는 것이 말하자면 '(예술적) 통찰'[8]의 통일이다. 이것은 예측을 허락하지 않는다. 비합리적인, '운運'에 지배되는 통일이다. 따라서 여기서는 법칙을 발견하는 것이 곤란하다. (예술적) **통찰에 의한 기술이 학문으로 발전하지** 않았던 이유는 여기에 있다.

　우리는 예술과 학문에서 그리스의 합리성이 유럽의 운명을 지배한 두 번째로 중요한 계기를 생각해볼 수 있다. 그것은 그리스의 **인공적이고 기술적인** 경향에서 생긴 것이다. 그러나 인공적이고 기술적인 경향이 어디서나 합리성을 낳은 것은 아니다. 그것은 그리스 풍토에서 가능한 것이었다. 우리는 **그리스의 학문이나 예술이 지닌 탁월함이 특별히 합리성에 있다고 생각하지 않는다.** 오히려 그것은 밖外이 (곧) 안內인 명랑한 표현성에서 발견될 수 있을 것이다. 탁월한 학문과 예술이 특히 합리적 특성을 지니고 형성됨으로써 합리성은 스스로 발전하기 시작한 것이다. 앞에서 로마의 모작이 원작의 예술적 우수성을 전달하지 않고 그 합리성만을 전달했다고 말했다. 이는 예술뿐만 아니라 문화 일반에도 해당하는 말이다. 로마인의 가장 탁월한 업적은 법률에 의한 생활의 합리화에 있다. 그리스의 합리성은 로마인을 통해 유럽의 운명을 지배한 것이다.

---

8 이에 해당하는 일본어는 氣合い인데, 이 말은 한국어로 기합, 마음, 성질, 의기, 호흡 등의 뜻으로 설명된다. 말 그대로 집중을 요하는 상황에서 힘을 불어넣는 것과 연관된다. 저자에 따르면, 고대 그리스 예술에서 좌우대칭의 비례가 중요했다고 한다면, 일본 예술에서는 이러한 비례보다 예술가의 '직관'에 더 의존함을 강조한다. 이때 직관이란 예술가의 '정신'이라고 할 수도 있고, 예술가 자신이 느끼는 조화와 질서의 '느낌', '호흡' 혹은 '통찰'이라고 할 수도 있다. 여기서는 육체와 대비된 '정신'의 의미보다는 몸의 느낌이 강조된 '(예술적) 통찰'이라는 단어를 선택했다. 이것은 객관적·수학적으로는 증명할 수 없는 예술가 고유의 감각(sense)이다. 이 말은 음악에서는 (박자) 감각에 해당하고, 대화할 때는 재치 혹은 센스나 처세술 등의 의미와도 연관된다. '상황적 공감'이라는 말도 말의 의미에 부합하다. ― 옮긴이 주.

9.

그리스인이 처음으로 자신을 그리스인으로 완성해갈 때는 많은 폴리스가 서로 나란히 만들어졌다. 그런데 로마인이 처음으로 자신을 완성해갈 때는 단 하나, 로마라고 하는 폴리스가 만들어졌을 뿐이다. 이 차이는 무엇을 의미할까? 한니발 원정으로 버티고 있던 카르타고를 정복했을 때, 로마는 세계 지배의 길을 열었다. 그래서 한니발 전쟁은 고대사에서 결정적인 분기점이라고 할 수 있다. 이 분기점은 세계가 페니키아적으로 될 것인가 라틴적으로 될 것인가 하는 의미에서의 위기는 아니었다. 예를 들어 한니발이 승리를 얻었다고 해도 셈족의 카르타고가 세계 지배를 시작하게 되지는 않았을 것이다. 왜냐하면 카르타고는 **이방인으로 구성된 용병**을 싸움터에 보냈기 때문이다.

반세기에 가까운 충돌의 초기에 로마인은 사실 참혹한 전쟁을 하지 않으면 안 되었다. 그것은 로마의 병사가 우월하지 않아서가 아니라 용병술을 모르는 정치가가 대신해서 지휘했기 때문이었다. 한니발이 공격해 승리했던 중요한 이유는 로마군 사령관이 무능했기 때문이다. 예를 들면 플라미니우스나 바로와 같은, 말솜씨 좋은 데마고그Demagogue에 지나지 않는 사람들이 사령관이 되었기 때문이다. 그에 비해 카르타고 쪽은 군령이 정치가에 의해서 수행되지 않았다. 사령관은 오랜 기간 용병의 수련을 받은 전문가였다. 그래서 이탈리아를 공격했던 한니발도 용병 조직의 방법과 기병의 훈련 방법, 더불어 전략 등으로 손쉽게 로마군에 대항할 수 있었다.

그런데 싸움의 기술이 좋다고 해도 용병은 결국 용병이다. 한니발의 군대는 한길로 로마로 돌진해갈 기백이 없었다. 그렇기 때문에 카르타고의 패배 원인은 결국 용병으로 귀착된다. 그렇다면 왜 용병을 써야만 했을까? 그 이유 중 하나는 인구가 적었기 때문이고, 다른 하나는 페니키아인이 본질적으로 **상인**이었기 때문이다. 한니발이 스페인에서 우세한 군대를 이끌고 나올 수 있었던 것은 스페인의 토착민이 호전적이었고, 그 토지의 풍부한 은광銀鑛을 카르타고인이 이용할 수 있었기 때문이다. 이런 상황에서는 한니발이 승리하고 카르타고가 지중해를 통제할 수 있었다고 해도 로마인처럼 **정치적으로 지배하는 것**에는 손을 쓸 수 없었을 것이다. 만약 그렇게 됐다면 그리스인은 의연하게 그리스 국가를 계속해서 운영했을 것이고, 이탈리아의 에투르스키도 독립된 국가로 발전했을 것이다. **지중해 연안은 여러 민족의 여러 문화가 경쟁해서 발전하는 무대가 되었을 것이다.** 로마의 세계 정복이 가져온 문화의 쇠퇴는 어쩌면 일어나지 않았을 것이다. 설사 일어났다고 해도 그 속도가 상당히 늦춰졌을 것이다. 로마의 승리는 로마인을 지중해의 독재자로 만들었다. 이후 그들은 손에 닿는 영토를 모두 로마의 폴리스로 취했다. 문화의 특수한 발전이 저지되고, 이때부터 공허한 보편성이 번영하기 시작했다.

이것은 유럽의 운명에서 그야말로 대사건이었다. 그 때문에 한니발 전쟁은 실제로 세계사적인 위기이자 분기점인 것이다. 사람들은 알렉산드로스 대왕의 세계제국 이념이 이미 그것을 보여주는 것이 아닐까 하고 생각할지도 모르겠다. 그러나 알렉산드로스 대왕의 세계 지배는 그리스 정신에 기초한 것으로, 예를 들면 데모스테네스Demosthenes와 같은 사람에 의해서 강력한 반대에 부딪쳤다. 또 사실상 그리스인은 이것을 지속해서 실행할 수 없었다. 알렉산드로스 대왕이 죽고 난 뒤에 동쪽에는 박트리아Bactria, 서쪽에는 이집트와 시리아가 각각 독립국가를 형성했다. 그리스 문화의 지방적인 특수한 발전은 겨우 명맥을 유지해갔다. 만약 로마인이 카르타고에 패했더라면 지중해 연안이 하나의 폴리스로 통일되는 일은 어쩌면 일어나지 않았을 것이다.

그렇지만 알렉산드로스 대왕의 일과 로마의 발흥 사이에 어떤 의미의 연관도 없는 것은 아니다. 특이하게도 이 두 현상은 동시대에 일어난다. 즉 로마인이 좁은 **국토의 한계**를 넘어 비로소 삼니움Samnite족과 충돌한 것은 마케도니아의 발흥과 같은 시기에 일어났다. 물론 이때까지 로마는 원시적인 부족에서 8,000제곱킬로미터의 영토를 가진 국가로까지 발전했다. 그 사이에 3세기 이상의 기간에 걸쳐 폴리스 조직에도 변천이 있었다. 그러나 이것은 로마 부근의 평야나 산지에서 작은 부족들이 서로 결합해간 역사에 지나지 않는 것이었다. 그런데 이때 로마는 국외로 발전했다고 할 만한 진일보를 내딛었다. 이렇게 해서 '통일국가'로서의 우월한 힘으로 거침없이 나폴리 만까지 영토를 확장했다. 그리하여 50만 인구와 1만 2,000제곱킬로미터의 국토를 가진 신흥국가로서 비로소 그리스 식민지와 투쟁 관계에 들어가게 되는데, 이때가 바로 알렉산드로스 대왕의 동방원정 무렵이었다.

로마 역사에서 우리가 특별히 주의를 기울일 점은 처음에도 말했듯이 그리스의 폴리스가 원래 **다원적**으로 발전한 데 비해 로마의 폴리스는 처음부터 **통일적인** 경향을 가지고 있다는 것이다. 로마의 폴리스는 티베르Tiber 강변의 조그만 부락을 중심으로 서서히 증대되어 발전했다. 그리하여 로마의 가장 오래된 도시 팔라틴Palatin 언덕은 이미 기원적 6세기에는 비좁아졌다. 근처의 언덕이나 티베르 강 사이의 평지가 집으로 덮이고 성벽으로 둘러싸였다. 그렇게 7개의 언덕 마을이 형성되었다. 머지않아 도시는 국가의 확장에 따라 이 한계를 넘어 확대되었다. 이렇게 해서 로마가 **국외로 진출한** 바로 그 시기에 아피우스 크라우디우스는 **최초의 수도**水道를 로마와 연결한 것이다. (Aqua Appia, 312 B. C.)

여기서 우리는 풍토적인 것에 연결된다. 로마를 방문한 사람들이 고분 안에서 가장 인상 깊은 것 가운데 하나로 '수도'를 들고 있듯이, 로마인과 수도는 뗄 수 없다. 그런데 왜 이렇게까지 수도가 유명해진 것일까? 그 이유 중 하나는 로마의 수도가 거대한 인공 건축물이라는 데 있다. 수도가 이렇게 대규모로 만들어진 것은 **인공으로 자연의 구속을 타파**했다는 것이다. 로마는 수도 덕분에 그리스에는 없었던 대도시로 발전할 수 있었다. 이것은 동시에 로마인이 토지의 한계를 넘어 그리스에서 보이지 않던 거대한 폴리스를 만들어내기에 이르렀다는 것을 그 사업을 시작할 때부터 이미 상징적으로 나타내고 있는 것이다.

카메이 다카요시龜井高孝는 그리스 여행 후, 그리스 폴리스의 크기는 **물의 제한** 때문이 아닐까라고 말했다. 나는 이 통찰이 매우 흥미로웠다. 확실히 수도는 이미 크레타 궁전에도 있었다. 아테네도 히메토스나 펜테리콘의 물을 끌어왔다. 테베나 메가라에도 그 흔적이 있다. 그러나 그리스인은 물의 제한을 극복할 정도로 큰 수도를 만든 것은 아니었다. 오히려 반대로 폴리스의 크기를 **제한된 것으로** 생각했다. 아리스토텔레스는 폴리스를 인륜적 조직으로 만들기 위한 한계를 정하고 있다. 시민이 서로를 알 수 있을 정도의 인구가 가장 좋은 것이다. 그렇다면 폴리스는 본질적으로 대도시가 되어야 할 필요가 없고, 따라서 물의 제한을 깰 필요도 없는 것이다. 이와 같은 폴리스의 사고방식은 필연적으로 폴리스의 병립을 긍정하는 것이 된다. 그런데 로마인은 로마를 하나의 국가로 완성하자 곧바로 물의 제한을 타파하기 시작했다. 이것은 로마인이 그리스인에게 배운 것이 아니라 **고유의 천재성**을 발휘한 것으로 보아야 할 것이다. 또한 그리스인은 물의 제한성을 극복하는 일에 대해 쉽게 생각할 수 없었지만, 티베르 강 쪽에서는 쉽게 생각할 수 있었다는 사정도 고려해야 할 것이다. 이탈리아는 그리스만큼 건조하지 않다. 티베르 강은 케피소스 강보다 훨씬 수량이 많은 강이다. 그래서 그리스인에게 **인공적인 자연정복**을 배웠던 로마인이 인공적인 수도라는, **그리**

스인이 할 수 없었던 **자연정복**에 착수한 것은 로마인이 케피소스 강이 아닌 티베르 강에 접해 있다는 사실에 기인한다고 할 수 있다.

이처럼 로마의 수도는 폴리스의 제한성을 부정하고, 폴리스의 병립을 부인하는 **절대적인 통일의 요구**를 상징한다. 여기서 우리는 그리스의 '다양성을 향한 노력'에 대립하여 로마의 '통일성을 향한 노력'을 구별해낼 수 있다. 그런데 그리스의 다양성 지향은 그리스의 자연 때문이라고 말한다. 왜냐하면 그리스의 자연에서는 모든 것이 다양한 형태로 분리되어 있기 때문이다. 그렇다면 로마의 통일성 지향 또한 이탈리아의 자연에 기초해 있다고 말할 수 있을까? 로마의 자연에서는 모든 것이 하나의 원리로 돌아간다고 볼 수 있을까?

무언가 이와 유사한 특성이 있었을 것이라고 추측한다. 동일한 그리스인이 만든 문화 가운데 이탈리아에서 형성된 문화에는 **지역적 특성**이 있다고 말할 수 있지 않을까? 철학에서는 엘레아 철학이 이탈리아의 소산이었다. 크세노파네스는 엘레아와 시칠리아를 오갔던 사람이지만, 강력한 다신교에 반대하여 일신교적 경향을 보였다. 파르메니데스의 '존재' 역시 확실히 절대적 통일을 요구한다. 제논이 다양성의 모순을 예리하게 지적한 것은 유명하다. 문학에서는 서사시와 연극 사이에 있다고 할 수 있는 '목가'의 양식이 시칠리아의 소산이었다. '목가'는 서사시처럼 인물을 조각하지도 않고, 연극처럼 성격을 뚜렷하게 하지도 않는다. 말하자면 이야기를 서정시적인 분위기 가운데로 섞어 넣는 것이다. 이러한 철학과 문학의 특성은 이탈리아의 자연에 기초한 것이라고 말할 수 있지 않을까? 시칠리아는 그리스에서는 도저히 발견할 수 없을 정도로 윤택한 초록의 아름다운 국토이다. 이런 땅에서 '목가'가 나온 것은 매우 자연스러워 보인다. 엘레아는 지금도 그리스의 전당이 남아 있는 파이스툼 근처의 연안으로, 동으로는 약 1.5킬로미터의 체르바

티를 뒤로 하고 남으로는 2킬로미터의 바다를 사이에 두고 시칠리아와 마주하고 있다. 이탈리아 해안의 식민지 중에서도 가장 북쪽에 가깝고 풍경도 수려하지만 그 외에도 특유의 고요함이 있는 곳이라 할 수 있다. 여기서 존재의 철학이 생겼다는 것은 적어도 나에게는 지극히 당연한 것으로 생각된다. 특히 이러한 이탈리아의 자연이 적당히 습윤해서 그리스보다 훨씬 풍요롭고 비옥하다. 따라서 식량을 자연에서 찾는 인간에게 그리스의 자연보다 한층 더 순종적이라는 점, 이것이 문예와 철학에 독특한 정취의 고요함을 준다고 볼 수도 있다.

이것은 이탈리아의 풍토가 그리스보다 더 합리적이라는 것을 뜻한다. 이탈리아는 그리스와 달리 삼림으로 덮여 있다. 그 삼림은 개척하여 밭이나 과수원, 목장으로 사용하기 적합해서 인공의 지배가 더욱 유효하게 실행될 수 있다. 그렇기 때문에 인공적이고 합리적인 자연의 지배라는 점에서 이탈리아는 그리스보다 우월하다고 할 수 있을 것이다. 여기서 로마인들이 인공의 지배를 무제한적으로 추구하는 경향이 생겼을 것이다. 그리스의 문화가 이미 기원전 8세기 무렵 이탈리아에 이식되고, 이탈리아의 생활 깊숙이 영향을 끼친 오랜 기간 동안 로마인은 그리스인의 **표현성**이 아니라 **합리성과 인공의 즐거움**을 받아들였다. 종교, 예술, 철학, 언어, 문자 등 대체로 **생의 표현**에 관한 한 로마인은 그리스의 산물을 수용했을 뿐 자기 자신의 표현을 할 수 없었다. 그러나 합리성에 기초한 자연과 인간의 정복에 관해서는 로마인은 그리스인이 할 수 없었던 것까지 할 수 있게 되었다. 로마의 위대한 건축물은 그 표현성에 대해서는 말할 것이 별로 없다. 그러나 인공의 힘을 보이는 점에서는 그리스를 훨씬 능가한다. 기와와 같이 얇은 벽돌을 풍부한 천연 몰타르로 붙여 만든 두께 2~3미터의 벽 등은 돌로 형태를 만드는 것만 생각했던 그리스인은 생각도 못 한 바였을 것이다. 로마인이 그리스인을 정복해서 그 풍부한 조각을 자신의 것으로 삼을 때도 그들은 조각에서 합리적인 인공의 즐거움을 발견했을 뿐, 그 풍부한 표현성을 느낄수 없었다. 이러한 합리적인 인공의 즐거움이 인간의 일과 관련해서 나타난 것이 로마인이 세계사적으로 공헌한 결정체인 만민법이다. 이렇게 본다면 로마인의 **통일성을 향한 경향**도 이탈리아의 풍토에서 이해될수 있다. 치비타스 로마나[Civitas Romana, 로마시민 혹은 로마시]는 이탈리아의 산물이지 그리스적인 폴리스는 아니었다. 그래서 로마의 '통일'이나중에 가톨릭 교회로서, 즉 통일적인 또는 보편적인 교회로서 수천 년에 걸쳐 유럽을 지배했던 것이다.

10.

로마의 교육 아래 중서 유럽이 점차 개방됨에 따라 유럽 문화의 중심도 점차 중서 유럽으로 이동한다. 근대 특히 문예 부흥기 이후에 이르면, 지중해 연안은 옛 분지가 되어버린다. 이처럼 문화의 전개에 있어서도 **토지가 바뀐**다고 하는 계기가 현저하게 존재한다. 여기서 고대 대근대와 같은 **문화의 차이**를 동시에 남구와 서구의 **풍토의 차이**라고 하는 시점에서도 볼 수 있다. 이러한 풍토의 차이는 어떤 것일까? 베크는 고대와 근대 문화의 특성을 다음과 같이 7가지 범주로 대조하고 있다.

■ 고대와 근대의 문화 특성 차이

고대	근대
자연의 지배	정신의 지배
피구속성	자유
개성	보편성

다양성을 향한 노력	통일성을 향한 노력
실재론	관념론
외면성	내면성
객관성	주관성

이 대조는 세세한 부분까지 들어가면 여러 가지 이론이 있을 수 있다. 특히 예술에서 고전 양식과 바로크 양식이 대조적이지만 양자 사이의 친근성이 드러나고 있으며, 따라서 한 시대의 문화의 내부에 두 가지 유형이 얼마든지 존재한다. 예를 들면 고대의 그리스 문화와 로마 문화의 대조는 어느 정도 위와 같은 범주에 따라 이해될 수 있을 것이다. 그렇지만 만약 로마의 정신이 그 법률과 함께 서유럽을 물들였다고 한다면, 이 유사성은 당연한 것이다. 또 이탈리아의 문예 부흥기에 고전 양식이 그리스 정신의 부활이라는 의미를 갖는 한 위에서 말한 친근성도 이유가 없는 것이 아니다. 일반적으로 이탈리아의 문예 부흥기는 로마보다 그리스의 부활을 추구했다. 로마제국의 이념은 이미 오랜 시간에 걸쳐 알프스 북쪽으로 이전되었다. 중세 말 새로운 이탈리아에서 일어났던 여러 도시는 치비타스 로마나와 어떤 유사점도 없는, 그리스의 폴리스와 같은 도시국가였다. 여러 도시 사이에는 그리스에서와 마찬가지의 열렬한 경쟁이 있었고, 여러 도시의 정치가나 예술가는 그리스인과 마찬가지로 열렬한 명예심에 따라 움직였으며, 이렇게 만들어진 예술은 그리스의 예술과 마찬가지로 현저하게 **표현성과 합리적 경향**을 보이고 있다. 근대의 범주에 딱 맞는 것은 바로크 양식이 시작된 이후이고, 이 무렵 이탈리아 여러 도시는 대서양 연안의 여러 도시를 약탈하며 번영했다. 그렇기 때문에 베크의 범주는 **고대 그리스와 서유럽의 근대**를 대조하는 의미에서 정곡을 찌른 것이라고 할 수 있다.

그런데 이 범주는 일본인의 입장에서 보면 또한 유럽의 지중해 연안 지방과 대서양 연안 지방과의 대조를 보여주고 있다. 이것을 총괄해서 **그리스적 명랑함**에 대조되는 **서유럽의 음침함**이라고 부를 수 있을 것이다. 그러나 이 차이는 목장적 풍토 안에 있는 지방적 차이라는 사실을 기억해야 한다. 서유럽의 음침함은 목장적 풍토의 음침함이지 스텝 steppe 지역의 음침함은 아니다. 따라서 이 음침함을 살펴보기 전에 서유럽의 풍토가 지닌 목장적 성격을 살펴볼 필요가 있다.

11.

서유럽의 풍토가 목장적이라는 것은 습윤과 건조의 총합, 여름의 건조 등이 지중해 연안과 공통적이라는 데서 이미 나타난다. 그러나 서유럽은 지중해 연안처럼 태양빛이 풍부하지 않고, 따라서 온도가 훨씬 낮다. 특히 겨울의 추위는 남유럽에서는 보이지 않는 혹독한 면도 있다. 이러한 서유럽의 풍토가 남유럽과 똑같이 '자연의 순종'을 특징으로 한다고 말할 수 있을까? 나는 그렇다고 답하겠다. 서유럽의 자연은 남유럽의 자연보다 훨씬 순종적이다.

서유럽의 겨울 온도는 일본보다 훨씬 낮다. 한낮의 기온이 영하 6~7도일 때가 보통이다. 독일에서는 추울 때가 영하 17~18도 정도이다. 그러나 온도에 비례해서 추위가 **참기 힘든** 정도는 아니다. (그 이유는) 첫째로 공기가 포함하고 있는 습기가 적기 때문이다. 그래서 공기는 순수하게 차가울 뿐이지, 낮은 온도의 추위를 느끼게 하지 않는다. 두 번째로 아침저녁의 (일교차의) 변화가 작아 몸이 추위에 끌려 들어간다는 느낌이 없다. 세 번째로 차가운 바람이 부는 경우가 적다. 그래서 추위가 유달리 공격적으로 인간을 압박해오는 느낌이 없다. 추위와 차가움을 구별해서 생각해보면, 서유럽의 겨울에서 느끼는 맹렬함은 차가움이지 추위는 아니다. 서유럽의 겨울에는 탁하고 차가운 공기는 있지만, 공기를 매개로 인간을 압박하고, 위축시키는 폭압적인 추위는 없다고 할 수 있다. 그렇기 때문에 인간은 내적인 긴장을 통해 비교적 쉽게 추위를 견딜 수 있다. 그뿐 아니라 이 긴장감은 무언가 바람직한 것이기도 하다. 독일인은 공기의 차가움을 Frisch('신선하다'라고 번역할 수 있을까?)라고 부르기도 하고, 그 긴장되는 느낌을 좋아한다. 영하 6~7도 정도의 기온은 오히려 신선함에 속할 것이다. 혹독하게 추울 때도 침실을 덥히지 않고 자는 사람이 종종 있을 정도이다. 물론 이것은 한편으로는 보온 설비가 잘된 방이 있기 때문이다. 보온 설비는 습기와 바람이 없는 차가움을 막는 데는 비교적 편리한 것이다. 사람들은 참기 힘든 폭염이나 습기와 상관없이 차가운 공기만을 염두에 두고 집을 지을 수가 있다. 습기가 차는 걸 막기 위한 지속적인 통풍을 염려할 필요가 없는 것이다. 보온 설비를 통해 따뜻해진 공기는 건조하고 두꺼운 벽에 막혀 외부로 방출되지 않고, 인위적으로 실외로 내보내기 전까지는 실내에 남아 있다. 그 때문에 공기의 차가움은 습기를 띤 폭염보다 훨씬 더 정복하기 쉽다. 프랑스나 영국에서는 이러한 보온 설비로 간단한 것을 많이 사용하는데, 땔감은 일본보다 적게 사용하는 것 같다. 한마디로 서유럽의 추위는 인간을 위축시키기보다 오히려 발랄하게 한다. 인간의 자발적인 힘을 안에서 끌어내 추위에 나타난 자연의 정복을 향하게 하고, 그렇게 해서 그것을 순종적인 자연이 되게 한다. 집안에 있는 방의 구조와 보온 설비는 추위에 대한 두려움을 완전히 말끔하게 없애준다.

  이러한 자연의 순종은 동시에 자연의 단조로움을 의미한다. 여기에는 일본인이 보통 겨울의 표정으로 느끼는 것이 없다. 예를 들어 차가운 바람이 몸에 스미는 것 같이 추우면서도 양지를 찾아다니는 즐거움이 있고, 함박눈이 소복하게 쌓이겠구나 생각하면 다음날은 쾌청해서 눈이 녹아 어디선가 물방울 소리가 들린다. 이런 것은 습기와 햇빛과 추위의 합주合奏로, 차가움만으로는 생기지 않는다. 습기가 적은 곳에서는 기온이 영하 십 몇 도로 떨어져도 좀처럼 눈이 내리지 않는다. 또 햇빛이 약한 곳에서는 아무리 날씨가 좋아도 달빛처럼 온화한 광선이 내리쬐일 뿐이라 어제의 눈이 녹는다는 것은 생각할 수도 없다. 이처럼 변화가 적은 것이 그대로 자연의 순종을 보여주는 것이다. 그래서 서유럽의 겨울 정취는 실내에서, 난로 근처에서, 극장에서, 음악당에서, 무도실에서 (느낄 수 있는) 인공적인 것뿐이라고 말할 수 있다. 이것은 겨울이 인간의 자발성을 끌어낸다는 것을 뜻한다. (카메이龜井 교수에 의하면, 서유럽에서 '기계'의 발명 또한 (이러한) 실내에서 살아가는 인간의 자발성에서 나온 듯하다. 그는 더 나아가 이 자발성을 겨울의 음침함에 대한 대항과 연관해서 생각하고 있다.)

작열하는 폭염은 이렇게 쉽게 정복되지 않는다. 사람들은 폭염을 추위처럼 인위적으로 막을 수 없다. 또한 폭염을 무시하고 인위적인 것에 몰두할 수 없다. 그렇지만 서유럽의 풍토는 이러한 참을 수 없는 폭염을 견딜 만한 추위로 바꾸어놓은 것이라고 할 수 있다. 이는 남유럽에 없는 추운 겨울이 있지만 남유럽과 같은 뜨거운 여름은 없다는 것이다. 이탈리아의 2월은 독일이나 북부 프랑스의 5월 무렵에 해당하고, 이탈리아의 5월이 독일이나 북부 프랑스의 한여름에 해당한다고 할 수 있다. 이탈리아에서는 5월에 노랗게 익어 수확하는 보리가 독일에서는 7월 말에서 8월 말에 걸쳐서 수확된다. 이탈리아에서는 밀과 함께 자취를 감추는 목초가 독일에서는 여름을 지나면서 푸르게 성장한다. 그래서 서유럽의 여름은 남유럽의 늦봄 초여름에 지나지 않는다. 주관적으로는 무척 더위를 느끼는 날에도 기온은 26~27도에 지나지 않는다. 한여름에도 겨울옷으로 지낼 수 있고 실제로 그런 사람들이 드물지 않다.

노인들이 겨울 외투를 입고 있는 것도 볼 수 있다. 여자들은 얇은 비단 옷 어깨 위에 목까지 연결된 모피를 걸치고 다닌다. 여름옷이라고 하는 것도 일본인이라면 11월에 입고 다닐 수 있는 것이다. 이런 여름이 참기 힘들다고 할 수는 없을 것이다.

그러나 여름의 자연의 순종은 습기와 폭염에 의한 변화가 아니다. 이것은 유럽에서 잡초를 몰아내 전 국토를 목장적으로 만드는 근본 조건이지만, 동시에 서유럽의 여름에서 일본인이 여름의 정취로 생각하는 것을 몰아내는 이유가 되기도 한다. 예를 들면 여름 아침저녁의 상쾌함, 더위를 몰아내고 불어오는 시원한 바람, 찌는 듯 더운 날씨 이후의 기분 좋은 소나기, 매미 소리, 벌레 소리, 잡초 길 등은 여기에 존재하지 않는다. 이것은 기상의 변화에 익숙한 동양의 여행자가 단지 서유럽 여름의 자연을 제대로 느끼지 못한다고 말하는 차원이 아니다. 공기에 습기가 없어 낮과 밤의 기온 차이가 작기 때문에 이른 아침 목장을 걸어도 풀잎에 발이 젖지 않는다는 사실은, 농부가 날이 저물 무렵 농기구를 밭에 두고 돌아와도 된다는 의미를 함축한다. 농부가 가래와 괭이를 밭에서 들고 돌아와 흙을 씻어내고 창고에 넣어두는 것을 늘 보아온 일본인에게 이것은 상당히 큰 사건이다. 밤에 농기구를 밭에 방치해도 녹슬지 않는다는 것은 어쩌면 일본의 농부는 상상도 못하는 일일 것이다. 독일에서처럼 집에서 밭까지의 거리가 먼 곳에서 농기구를 운반하는 일이 덜어진다는 것은 적지 않는 노동의 감소를 의미한다. 마찬가지로 벌레 소리가 들리지 않는다는 것은 여름밤이 조용하다는 것만을 뜻하지 않는다. 이것은 일반적으로 곤충이 적어 농작물의 해충이 적다는 것을 의미한다. 예전에 베를린 근교의 그뤼네 발트와 바이마르 근처 투링어 발트에서 곤충을 찾으며 걸어간 적이 있는데, 여름풀이 거의 없는 이 숲에서는 개미 한 마리조차 발견할 수 없었다. 다만 나비 몇 마리가 같은 방향으로 날아가는 것을 본적이 있다. 일본의 여름 산에서 무수히 많은 곤충을 늘 보아온 나로서는 처음에는 거의 믿을 수 없을 정도였다. 곤충의 번식이 태풍, 홍수, 한발 다음으로 농작물에 대한 위협인 일본의 입장에서 보면 그곳은 비할 데 없는 이상적인 도시라고 할 수 있을 것이다.

위에서 태풍과 홍수를 언급했는데, 서유럽에서 이에 해당하는 것은 바람과 비이다. 일본인에게 여름날 자연의 폭염은 태풍과 홍수에서 정점에 이른다. 서유럽 여름의 자연의 온순함은 바람과 비의 온순함과 연결된다. 우리는 앞에서 공기의 정체를 말했다. 이것은 겨울에 차가운 바람이 적고 여름에 따뜻한 바람이 적다는 것을 의미하기도 하지만, 또한 그 위에 '(공기의) 정체'가 지니는 적극적인 의미도 있다. 이것은 응집되어 움직이지 않는 공기여서 일본에서는 드물게 경험될 수밖에 없다고 생각한다. 이것이 특별하게 느껴질 때는 공기가 차갑거나 더울 때이다. 차갑거나 미지근한 공기가 도시를 감싸고 전혀 흐르지 않을 때, 우리는 마치 공기가 응결되어 있는 것처럼 혹은 달라붙어 있는 것처럼 느낀다. 이럴 때에는 굴뚝의 연기가 흐트러짐 없이 똑바로 올라가 구름 가운데로 사라지고, 비행기가 하늘에 그리는 연기 문자는 오랫동안 엷어지지 않고 형태를 보존한다. 이러한 공기의 정체 방식이 오히려 서유럽의 풍토가 가지고 있는 맛이다.

바람이 적은 현상을 객관적으로 보자면, 북부 독일의 토지를 예로 들수 있을 것이다. 북부 독일의 토지는 이상하게 미세한 좁쌀보다 작아점착성이 없는 모래로 이루어져 있다. 그런데 이 미세한 모래는 바람에 날리지 않는다. 이는 일본의 해안에서 수십 배 큰 모래 입자가 끊임없이 움직이는 것을 보아온 사람에게는 거의 불가사의하게 느껴진다. 이러한 모래땅에 무성한 소나무도 그에 어울리게 곧게 서 있다. 넓은 목장 사이에 있는 낙엽수도 마찬가지로 곧게 서 있다. 일반적으로 독일의 수목은 곧게 서 있다고 말할 수 있을 것이다. 이는 투링어 발트 같은 산림에서 더욱 두드러진다. 숲은 곧게 가지런히 선 나무들이고, 가지와 가지는 평행선을 이루고 있다. 이런 느낌은 일본의 삼나무 숲이나 편백나무 숲에서는 드물다. 나는 이와 어느 정도 유사한 숲을 요시노吉野의 삼나무 숲에서 본 적이 있는데, 요시노는 일본에서 바람이 적은 곳이라고 할 수 있다. 이것은 수목이 바람의 압력을 받으면서 자라지 않는 곳임을 보여준다. 그래서 북부 독일에서 일본인이 느끼기에 조금 강하다 싶은 정도의 바람이 종종 불면, 일본에서는 마치 집을 쓰러트릴 정도의 큰 폭풍이 불 때처럼 이들 수목이 완전히 뽑힐 정도가 되는 것이다. 루트비히Ludwig는 그의 《세습 산림 감독관》이란 책에서 산림의 나무 간격을 넓게 할 것인가 좁게 할 것인가에 대한 논의를 펼치고 있다. 나무 사이의 간격이 넓으면 안 되는 이유는 한 번 폭풍이 몰아치면 수목이 모두 뽑혀버리기 때문이다. 그 정도로 폭풍이 드물다는 것이고, 또 수목이 바람에 익숙하지 않다는 것이다. 이와 같이 수목이 곧게 서 있다는 사실은 독일의 풍경이 질서정연한 느낌을 주는 이유 가운데 하나일 것이다. 프랑스에서는 (수목이) 이 정도로 곧게 서 있지 않다. 그렇지만 북부 프랑스 등에서는 목장과 밭 사이에 나란히 서 있는 버드나무가 **똑같이** 고르게 한쪽으로 굽어 있는 것을 볼 수 있다. 곡선이면서도 평행하다. 이것은 바람이 일정하게 분다는 것을 보여준다.

바람이 적은 것과 마찬가지로 **비가 내리는 형태** 또한 편안한 느낌을 준다. 여름에 내리는 비조차 일본의 봄비처럼 내리는 듯 마는 듯 하는 정도이다. 그래서 보통 우산이 필요 없다. 아주 드물지만 우산이 필요한, 바지의 아랫단으로 빗물이 튈 정도의 비가 내린다고 해도 잠시 집에 들어가 비를 피하면 그것으로 그만이다. 그렇지만 이 정도의 비가 30

분 이상 내리면 도시에서는 도로에 물이 넘치고 지하실이 침수되어 소방차가 출동하여 배수하는 소동이 일어난다. 그 정도로 빗물을 대비한 배수 설비가 적은 편이다. 또 이 정도의 비가 두 번 세 번 반복해서 내리면 농촌의 낮은 지역의 목장은 물에 잠겨버린다. 왜냐하면 빗물을 강까지 흘러가게 할 작은 물고랑 등이 목장이나 밭 사이에 전혀 없기 때문이다. 일본에서는 넓은 경사면이 양쪽 방향으로 흘러 내려 골짜기를 이루는 경우에는 보통 이어지는 아래쪽에서 조그만 하천을 발견할 수가 있다. 그러나 독일 근처에서는 이런 것을 거의 볼 수 없다. 실개천이 흐르는 곳은 매우 큰 골짜기에서이다. 따라서 유명하다는 하천이 일본인이 보기에는 조그만 하천에 지나지 않는 경우도 있다. 예를 들어 바이마르를 흐르고 있는 유명한 일름Ilm 강은 요요기 나무[代々木, 메이지 신궁 가는 길에 있는 오토리이大鳥居 부근의 유명한 나무]에서 센다가야千駄谷의 계곡을 흐르는 조그만 하천과 같은 정도이다. 하천이 국토의 배수 설비라고 한다면 이 역시 매우 적다. 라인 강이 큰 까닭은 '유럽의 지붕' 알프스에서부터 물이 흐르기 때문이다. 하지만 그럼에도 놀랄 정도로 큰 강은 아니다. 작센에서 보헤미아에 이르기까지 광활한 산들의 물이 모인 엘베 강조차 베를린의 남쪽 데사우 근처에서는 제방도 없이 목장 한복판을 가로질러 흐르는 아름다운 하천에 불과하다. 이처럼 도시에서나 국토 전체에서나 배수 설비가 적다는 것은 비가 내리는 형태가 부드럽다는 것이다.

　실제로 서유럽 대륙처럼 토지의 경사가 완만한 곳에서 일본에서처럼 맹렬한 비가 내린다면 배수가 쉽지 않을 것이다. 베를린은 바다에서 20킬로미터 떨어져 있는데, 겨우 해발 30미터이다. 북부 독일에서 엘베나 오데르가 운하로 연결되어 있듯이, 프랑스도 론, 루아르, 센, 라인 등이 모두 운하로 연결되어 있다. 어디서나 운하의 둑으로 수위를 조절하면서, 지중해에서 북해에 이르기까지 물 흐르는 길이 연결되어 있다. 이렇게 사각이 완만한 평원이 조그만 연못으로도 되지 않고 아름다운 목장과 밭으로 적당하게 건조하게 말라 있는 것을 보면 본래 배수의 필요가 적음을 알 수 있다. 아주 드물게 예외적인 비가 내려도 풍토의 성격을 깨트릴 정도는 아니다. 바람과 비가 부드럽게 불고 내린다는 것은 일반적으로 기상의 변화가 완만하다는 것을 뜻한다. 이것은 계절 변화의 완만함, 특히 식물 생활의 놀라운 느긋함으로 나타난다. 낙엽수는 4월 초에 이미 싹이 트기 시작하지만, 싹을 내는 것은 시계의 침처럼 움직임을 느끼게 하지 않는다. 매일 볼 때마다 싹이 올라와 성장하고 있다는 느낌이 전혀 없다. 새싹의 모습에 싫증이 날 무렵, 즉 5월 초에서 중순에 걸쳐서 그리 크지 않은 신록의 풍부함을 보여준다. 이것은 일본인이 경험하는 신록과는 아주 다른 느낌의 신록이다. 일본인이 경험하는 새싹은 날마다 모습을 바꾸어 하룻밤 사이에 놀라울 정도로 자라며, 새싹이 뭔가에 내몰리는 듯한 느낌을 준다. 서유럽의 신록에서는 이런 인상을 받을 수 없다. 여름이 되면 점차 밀이 노랗게 되는데, 7월 말에 이미 짙은 노란색이 된 밀은 말없이 꼿꼿이 선 채로 8월 말까지 그 모습 그대로 있다. 일본에서는 이 시기에 벼가 빠르게 성장하여 꽃이 피어난다.

이와 같은 식물의 생활은 그대로 농부의 생활에 반영된다. 밀의 수확 시기는 아마도 한 해 중 가장 바쁜 시기일 텐데, 이 기간이 7월 말에서 8월 말까지 여유롭게 지속된다. 그래서 수확기에 넓은 들판을 내다보아도 밀을 베는 농부들의 모습은 드물게 보일 뿐이다. 이것은 수확에서 파종까지 눈코 뜰 새 없이 일하는 일본 농부의 생활과는 매우 대조된다. (유럽에서) 인간은 자연의 압박을 받지 않고 여유롭게 자연(의 흐름)에 따라 행동할 수 있는 것이다.

이처럼 온순한 자연은 그 온순함에서만 보자면, 인간에게 가장 좋은 조건이라 할 수 있을 것이다. 온순함의 또 다른 측면은 땅이 건조하고 척박하다는 점인데, 그렇기 때문에 한 사람이 지배하는 땅의 면적이 넓지 않으면 안 된다. 한 사람의 노동으로 넓은 땅을 마음대로 다룰 수 있는 것은 자연이 온순하기 때문이다. 옛날 게르만족이 반半유목민적인 원시 공산주의 사회를 만들었던 무렵, 당시 그곳은 어쩌면 어두운 숲으로 뒤덮인 걱정스러운 땅이었을지도 모른다. 그러나 (이러한 땅도) 일단 일구어 놓으면 인간의 지배 아래 들어와 거역하는 법 없이 인간이 마음대로 다룰 수 있는 자연이 된다. 실제로 서유럽의 땅은 인간에게 철저하게 정복되었다고 할 수 있다. 이곳은 넓은 대륙임에도 불구하고 구석구석 사람의 힘이 미치지 않은 곳이 없다. 깊다고 하는 산조차 구석구석 나무들이 심겨 있고, 도로는 산꼭대기까지 통한다. 이것은 산의 경사면이 완만하기 때문이기도 하고, 산 어느 곳의 나무도 운반할 수가 있기 때문이기도 하다. 따라서 서유럽에서는 이용될 수 없는 땅이 거의 없다고 해도 지나친 말은 아닐 것이다.

이러한 사실은 인간의 힘으로 쉽게 지배할 수 없는 산지로 채워진 일본과는 매우 다르다. (물론) 이러한 산지도 전혀 이용될 수 없다고는 할 수 없다. 그러나 아메리카 목재가 일본의 산속에서도 사용된다는 것은, 일본의 산이 목재 생산지로서 자격이 충분하지 않다는 걸 보여준다. 산이 험준해서 운반이 어려울 뿐만 아니라, 나무심기가 쉽지 않아 겨우 땔감을 얻을 수 있는 정도이다. 게다가 일본 국토의 대부분이 이와 같은 산지이다. 그래서 일본의 국토 대부분이 지금도 인간의 지배를 받지 않는다고 할 수 있다. 일본인은 국토의 적은 부분만을 최대한 활용하여 살고 있다. 이 적은 부분도 결코 온순한 자연이라고 할 수 없다. (일본의) 자연은 틈만 있으면 인간의 지배를 벗어나려 한다. 그렇지만 (일본의) 자연은 풍부해서 지배의 강도를 어느 정도 높일 수 있는 땅이다. 이것이 일본의 농부가 세계에서 가장 탁월한 '기술'을 갖게 된 계기가 되었다. 헤르더가 150년 전 세계에서 가장 황폐한 땅으로 꼽았던 캘리포니아를 지금 세계에서 가장 풍부한 농작지로 만든 것도 일본 농부의 힘이다. 다만 일본인은 이 '기술'에서 자연에 대한 인식을 얻을 수는 없었다. 이로부터 따라온 것은 '이론'이 아니고 파초 그림으로 대표되는 '예술'이었다.

이 점을 생각해보면, 서유럽 자연의 온순함은 자연에 대한 인간의 '작업지作業知9'의 개발과 분리할 수 없다. 순종적인 자연에서 비교적 쉽게 법칙을 발견할 수 있다. 법칙의 발견은 자연을 더욱 순종적으로 만든다. 돌발적으로 인간을 엄습하는 자연에서는 법칙을 발견하기 쉽지 않다. 그래서 한편으로는 법칙을 찾으려 노력하는 경향이 생기고, 다른 한편으로는 운명을 하늘에 맡기는 체념적인 경향이 지배한다. 이 점이 합리화의 정신을 두드러지게 할 수도, 그렇지 않을 수도 있는 분기점이다. 그런데 바로 이 점에서 서유럽은 일반적으로 유럽적이기는 하지만, 특별히 서유럽적이지는 않다. 서유럽적인 것, 즉 근대의 정신을 파악하기 위해 우리는 서유럽의 음침함陰鬱에 눈을 돌리지 않으면 안 된다.

12.

서유럽의 음침함은 직접적으로는 햇빛이 부족하기 때문이다. 이 음침함은 특히 겨울의 반년 동안 잘 드러난다. 높은 위도에 있기 때문에

---

9 이 단어는 다소 애매하다. 이후 맥락을 보면 어떤 구체적인 경험에서 벗어나 법칙에 따라 체계화하는 이론적인 지식의 발전을 가능하게 하는 지식의 의미로 사용하는 듯하다. 전통적으로 서양에서는 이론적인 지식과 실천적인 지식을 분리하는 경향이 있는데, 저자는 전자의 맥락에서 작업지라는 단어를 쓰는 듯하다. - 옮긴이 주.

낮이 매우 짧은 것이 가장 큰 이유이다. 12월 무렵에는 맑은 날이라고 해도 3시쯤이면 거의 저녁이 된다. 그런데 맑은 날은 매우 적고, 어둡고 구름 낀 날이 계속된다. 예전에 5월에 런던을 간 적이 있는데, 그 해 겨울을 거기서 보낸 미야지마 귀요시宮島淸 군을 만나 런던도 꽤 좋은 날씨 아닌가 하고 말을 건넸다가 (그를) 화나게 한 적이 있다. 이렇게 맑은 날을 맞이하기 위해 얼마나 오래 음침한 겨울날을 견디어왔는지도 모르고, 우연히 5월의 어느 쾌청한 날 런던으로 날아와서 태평스럽게 말했던 것이다. 그 정도로 겨울의 음침함은 일본인에게는 괴로운 일이다. 구름이 많은 날에는 하루 내내 전등 없이는 책을 읽을 수 없다. 미술관에서는 희미한 가운데 캔버스에 담긴 인물을 희미하게 겨우 볼 수 있을 정도다. 전등이 달려 있지 않는 도서관에서는 큰 창가에 앉아도 글자를 보기가 불편하다. 그래서 밤이 지나고 날이 밝았다는 느낌이 없다.

이곳에서 여름의 반년을 지낸다면 어떨까? 유명한 5월의 따뜻한 기운은 정말 좋다. 그렇지만 이 5월조차도 청명한 날은 겨우 2~3일 정도이고, 그 외에는 약간 춥고 음침한 날이 이어진다. 이런 날은 일본의 겨울에 흐린 날과 비슷할 정도로 음침하다. 태양의 위력이 가장 센 7~8월에도 햇빛의 힘은 충분히 강하지 않다. 독일에서는 봄에 난 수목의 싹이 녹색이 되지 않고 흰색으로 있을 때가 많다. 땅은 여름날에도 바짝 말라 있지 않다. 대도시의 아스팔트에서는 어느 정도 더운 느낌이 들지만, 들판이나 산에 가면 여름이지만 (일본의) 5월에 산책하는 느낌이 든다. 서유럽의 땅은 이때 가장 풍부한 햇빛의 혜택을 누린다. 음침한 겨울을 견디어 온 서유럽인에게는 가장 즐거운 때이다. 일본인에게 봄이 오고 여름이 온다는 것은 나무가 싹을 틔우고 꽃이 피고 신록이 무성하게 자라는 것이지 햇빛을 받아들이고 즐기는 것은 아니다. 그런데 (이때) 서유럽인에게는 다른 무엇보다 우선해서 다시 햇빛을 맞이한다는 의미를 가진다. 그렇기 때문에 일본인들은 겨울에 하는 일로 생각하는 '햇볕 쬐기', 즉 일광욕을 여름에 열심히 해두려고 한다. 여름에 공원과 광장은 일광욕을 하는 사람들로 가득 찬다. 우리가 조금 더워서 그늘진 곳을 찾아 걸어 갈 때에도 사람들은 햇빛이 드는 벤치에 앉아서 햇빛으로 목욕한다. 때로는 아기를 유모차에 태워 햇빛 드는 곳에 두는 경우도 있다. 특별히 인상 깊었던 것은 베를린의 트렙토베어 공원에서의 여름이었다. 가로 길이 23킬로미터 정도로 생각되는 넓은 잔디에 윗옷과 속옷을 벗어던지고 상반신을 드러낸 남자들이 북적거리며 흩어져 햇빛으로 목욕하고 있는 광경은 정말 신기했다. 한여름의 뙤약볕에서 그렇게 엎드려 일광욕을 하는 것은 햇빛의 힘이 약하기 때문이기도 하지만, 나는 이 광경에서 독일인이 얼마나 햇빛을 좋아하고 햇빛을 칭송하며 즐기고 있는가를 확실히 볼 수 있었다. 이러한 사실은 곧 서유럽에서 햇빛의 결핍을 그대로 보여주는 것일 뿐이다.

그러나 햇빛의 결핍은 이것만으로 그치지 않는다. 유럽을 북에서 남으로, 즉 햇빛이 강해지는 방향으로 여행하는 사람은 누구라도 느낄 수 있을 것이라 생각하는데, 햇빛의 힘이 강해질수록 인간의 기질은 점차 흥분을 잘하고 감정이 격렬해진다. 독일인의 침울함은 남부 독일에 가면 어느 정도 사라진다. 프랑스인은 조용한 편이지만 이미 침울하지는 않다. 이탈리아인이 있는 곳으로 가면 앞에서와는 반대로 소란스럽다는 말이 딱 맞을 것이다. 풍토의 음침함은 곧 인간의 음침함이다. 여기서 서유럽의 문물을 고대 그리스의 문물과 구별할 수 있는 가장 두드러진 특징이 발견된다. 슈펭글러가 말한 아폴론적 마음과 파우스트적 마음의 구별은 확실히 딱 맞는 말이라고 할 수 있다. 그리스의 언제나 밝은 햇빛 아래서는 모든 사물의 형태가 조각처럼 눈에 두드러지고 수없이 많은 하나하나의 사물들이 그 자신을 드러내 보인다. 이런 '현상'의 세계에서 그 하나하나의 사물을 제거한, 한 가지 모양의 무한한 공간과 같은 것은 쉽게 파악될 수 있는 것이 아니다. 그런데 서유럽의 음침한 날에서는 모든 사물이 몽롱하고 윤곽이 분명하지 않다. 오히려 이런 불분명한 사물을 포함한 무한의 공간이 강력하게 자신을 드러낸다. 이것은 동시에 또한 무한의 **깊이**에 대한 지표가 된다. 여기에서 내면을 향하는 강력한 침잠이 일어난다. 주관성의 강조나 정신의 역설은 여기에서 나온다.

그리스의 고대가 정적인 유클리드의 기하학적, 조각적, 의례적인 데 비해 서유럽의 근대는 동적이며 미적분학적, 음악적, 의지적이라고 말할 수 있다. 서유럽 예술의 가장 대표적인 것이 베토벤의 음악, 렘브란트의 회화, 괴테의 시 등인데, 이들은 어떤 것이든 무한의 깊이를 표현하는 동적, 파우스트적 성격을 뚜렷하게 보여준다. 음악은 그리스 교육에서 중심적인 지위를 차지하고 있는데, 그리스인은 시의 내용을 중시한 것이어서 시각적 형상과 결합되지 않는 순수한 음의 세계를 발견한 것은 아니었다. 보이는 현상을 제거하고, 언어가 담당하고 있는 표상까지도 없애면서, 단지 시율에 의해서만 영혼을 직접적으로 말하는 것은 명랑한 그리스의 세계에서는 불가능한 것이다. 오로지 독일의 음침함 속에서만 순수음악의 창조라고 하는 위대한 업적이 성취될 수 있었다. 또 그리스 미술을 대표하는 것은 첫째로 그리스의 명랑함을 응축시킨 조각이지만, 이에 비해 근대를 대표하는 렘브란트의 회화는 곧 **서유럽의 음침함을 응고시킨** 것이라고 할 수 있다. 문예 부흥기 이탈리아의 거장 가운데 어느 누구도 묘사할 수 없었던 희미한 분위기와 그윽한 빛의 절묘한 뒤섞임은 정신의 무한한 깊이를 표현한 것으로 세계 미술의 최고봉에 있는 것인데, 이것은 이 천재가 서구의 음침함을 통해서만 할 수 있었던 것이다. 벨라스케스는 기교의 탁월함에 있어 결코 렘브란트에 뒤진다고 할 수 없다. 그렇지만 그가 묘사한 것은 스페인의 빛이었다. 화가는 보는 데서 창조한다. 렘브란트라고 해도 스페인의 빛 아래서는 그와 같은 그림을 그릴 수 없었을 것이다. 이와 마찬가지로 괴테의 《파우스트》는 주인공이 독배를 손에 들고 희미한 고딕 양식의 방에서 부활제가 열리는 들판으로 나오는 것과 같이 서유럽의 음침함에서 무한히 깊이 있는 것이 흘러나온다. '빛을 찾아서 무한히 활동한다'는 성격을 이 정도로 예리하게 드러낸 사례는 고대 문예 어디서도 찾아볼 수가 없다. 그리스의 서사시가 가장 전형적인 자연의 총아를 묘사하고 있다고 한다면, 파우스트는 가장 전형적인 정신의 총아를 묘사하고 있는 것이다. 그래서 이 정신의 총아가 가지는 특성은 한 마디로 '음침함에서 나온 고민'이라고 할 수 있을 것이다. 눈을 돌려서 학문을 바라보아도 보아도 마찬가지다. 서유럽 학문의 대표적인 것은 문예 부흥기가 아니고 바로크 시대에 시작된 힘과 양의 물리학, 또는 칸트로 귀결되는 당위의 철학이다. 이러한 것들은 어느 것이나 동적이고 무한을 추구하는 경향이 있어서 고대의 정적인 물리학이나 존재의 철학과 대비된다. 특히 이것은 칸트의 공간과 형식의 개념이 보여주고 있듯이, 개별적인 내용을 버린 '추상'의 경향에서 잘 드러난다. 추상할 수 있는 것도 하나의 위대한 능력이다. 서유럽의 음침함은 이 점에서 고대의 철학자가 할 수 없었던 것을 독일 철학자들이 할 수 있게 해준다.

위와 같은 위대한 문화적 창조에서 자신을 발전시키고 있는 서유럽의 특성은 신비로운 것에 공명하는 토대로서, 일찍부터 그리스도교가 자랄 수 있는 좋은 배양지 역할을 했다. 그리스도교가 흘러들어간 지역은 서유럽만이 아니다. 그렇지만 서유럽에서처럼 그리스도교가 깊이 뿌리내린 지역은 다른 곳에서는 발견되지 않는다. 서유럽에서는 음침함에서 나온 깊이와 추상의 경향이 일차적으로 그리스도교 신앙을 통해서 자신을 드러내기 시작한 것이다. 사막의 자연이 주는 공포에 대항한 민족의 종교였던 유대교는 본래 토지에 정착하지 않고 토지로부터 추상을 특성으로 했다. 이것이 그리스도교의 부활을 통해 새롭게 고쳐질 때는 곧바로 세계국가가 실현되던 시기였다. 따라서 그리스도교는 땅으로부터의 추상에 더해 (개별) 국민으로부터의 추상을 특성으로 하였다. 즉 이 종교는 사막에서 나온 것이고 유대 민족의 종교였음에도 불구하고 처음부터 민족종교, 국민종교가 **아닌 것**으로 형성되었다. 서유럽인은 특정한 국민을 넘어서고 특정한 땅을 넘어선 종교로서 그리스도교를 받아들이고 수용하면서 더욱더 사막의 사고방식, 유대 민족적 사고방식을 따르게 됐다. 구약성서는 유대 민족의 기록임에도 불구하고 지금은 인류 전체의 역사를 말하는 것으로 여겨지고 있다. 구약성서에서 전하는 풍속은 사막의 풍속임에도 불구하고, 이제 서유럽인의 풍속이 되지 않은 것이 없다. 그들이 원시시대 이후 전승해온 제의와 세계관이 이제는 유대 민족의 것으로 대체되어버렸다. 이처럼 완전한 정신적 정복이 어떻게 가능했을까? 이것은 **음침함에서 나온 고민**이 바로 **사막의 공포**와 공명했기 때문이라고 할 수 있을 것이다. 의지적이고 인격적인 유일신을 서유럽인만큼 잘 수용한 경우도 없고, 또 구약의 예언자들의 의지적·윤리적 정열을 서유럽인보다 잘 이해한 경우도 없을 것이다.

그러나 이것은 앞에서 이야기한 위대한 문화적 창조가 오로지 그리스도교적 정신으로부터 성취되었다는 의미는 아니다. 그리스도교에서는 위대한 학문이나 예술이 생길 수 없었다. 중세 철학이 그리스 철학에 편승해서 신과 인간을 사색했듯이, 고딕 건축과 조각이라고 해도 그것은 예술적인 면에서는 오직 로마네스크를 통해서만 발전될 수 있었다. 서유럽의 음침함은 학문과 예술에 그 서구적 특성을 주었다고 해도 본질적으로 그것은 목장적이며, 따라서 고대와 공통의 기반 위에 서 있는 것이다. 서구의 근대가 고대 정신의 '부흥'을 토대로 시작되었다는 것은 결코 우연이 아니다. 합리성을 숭상하고 인공을 좋아하는 고대인의 유산을 통해 서유럽인은 그 음침함의 바닥에 있는 목장의 성격을 자각했다. 그리고 오직 이 자각을 통해 특히 서유럽 문화가 성취될 수 있었다. 그 때문에 위대한 창작에서 서유럽의 음침함은 합리주의와 분리된 것이 아니다. 이성적 질서의 확립, 이성에 의한 자연의 정복이 무한의 깊이를 추구하는 음침함의 정신을 이끄는 근본 방향인 것이다.

이 점을 돌아보지 않고 서구의 음침함에만 주목한다면 끔찍한 음침함과 참혹함, 잔인함을 발견하게 될 것이다. 중세 도시에서 형벌이 얼마나 잔인했는지는 지금도 남아 있는 처형 기구를 통해 알 수 있다. 중세의 종교미술이 표현하고 있는 비참함은 너무 생생해서 눈을 감게 할 정도이다. 실제로 복음서는 그리스도의 십자가를 뚜렷하게 묘사하고 있다. 그러나 고대인은 피 흘리는 그리스도 상을 만들지 않았다. 고대가 몰락하는 시기에도 라벤나의 아름다운 모자이크가 묘사하고 있는 것은 젊고 건강한 양치기의 모습의 그리스도다. 그런데 중세인은 십자가의 그리스도를 가능한 한 생생하고 음침하게, 보는 사람이 **현실적인** 고통과 아픔을 느낄 수 있도록 표현하고 있다. 따라서 이것은 신의 아들에 대한 표현도 아니고, 신의 사랑의 표현도 아니며, 단지 잔혹과 고통의 재현으로 끝난다. 더욱이 살벌한 지옥에 대한 그림에 이르러서는 **잔혹함의 즐김**을 표현하고 있다고까지 말할 수 있을 것이다. 여기서 서구인의 야만성을 뚜렷하게 볼 수 있다. 이러한 인상은 중세 무기武器의 음침한 느낌과도 통한다. 칼과 창은 본래 살인 도구지만, 그 형태가 반드시 음침한 인상을 주었던 것은 아니다. 일본 칼의 구부러짐과 같은 것은 신선한 아름다움마저 느끼게 할 정도이다. 그런데 서양 중세의 무기

형태는 잔인함 그 자체를 구체화하는 듯한 동작을 연상시킨다. 호메로스의 영웅들은 결코 이런 음침한 무기를 가지고 싸우지 않았다.

　중세만 그랬던 것이 아니다. 이미 문예 부흥이 근대 문화의 서막을 열고 독일에서 종교개혁이 달성되며, 프랑스에서 근대 철학이 싹을 틔우고 있던 17세기 때조차 30년 전쟁과 같은, 참으로 이해하기 어려울 정도의 잔인한 현상이 일어났다. 이것은 종교의 이름으로, 즉 종교개혁에 대한 반종교개혁 운동·Gegenreformation으로 일어난 것이었다. 원래 종교개혁은 **서유럽의 음침함의 르네상스**였다. 알프스 남쪽에서는 아름다운 예술의 꽃이 피고 있는 데 비하여 알프스 북쪽에서는 **내면적으로 심화된** 고대 정신, 즉 인문주의가 대두했다. 그런데 곧바로 인문주의자의 땅에서 그것도 인문주의에 대한 반동으로 세계사에서 유례없는 음침한 내란이 일어났다. 내란에 의해 독일 영토 곳곳이 황폐해지고, 독일 인구는 4분의 1로 감소되었다고 한다. 이와 같은 비참한 살육을 그 어떤 인문주의자가 예측할 수 있었을까? 그것도 독일인이 자신의 신념에 충실했기 때문이라고 할 수는 있을 것이다. 그러나 신교와 구교의 대립이 이 정도의 살육을 정당화할 수 있을 만큼 의미 깊은 것이었을까?

　어느 고적지에서 이 전쟁 중 일어난 작은 이야기를 듣고 비참함에 마음이 동요해 나도 모르게 눈물을 흘린 적이 있다. 남부 독일의 옛 자유 도시 로텐부르크에서 있었던 일이다. 이 도시는 근대의 새로운 교통로를 벗어나 있어 근대 문명의 영향을 덜 받은 탓인지, 중세적 모습이 파괴되지 않고 조용한 농촌 마을 전체가 하나의 골동품과 같은 모습으로 남아 있었다. 그리하여 30년 전쟁 당시 가톨릭의 튀리 대군에 포위되어 오랫동안 힘겹게 싸웠던 유적도 거의 그대로 남아 있었다. 이 싸움은 당시 시장의 교묘한 외교술로 결국 참혹한 피해가 적은 항복으로 마무리되었는데, 그동안 시민은 남녀노소 할 것 없이 한 몸이 되어 마을을 방어했다. 총과 대포가 아직 충분히 발달하지 않는 시대였기 때문에 시민은 성벽 안에서 찾을 수 있는 돌과 벽돌로 싸웠다. 남자는 모두 성벽 위에서 부상을 입어도 물러서지 않고 다가오는 적에게 돌을 던졌다. 여자들은 자신의 남편 뒤로 힘을 다해 돌을 운반해 날랐다. 이 가운데 서너 명의 아이들도 돌을 들어서 엉거주춤 걸어서 피를 흘리며 싸우고 있는 아버지의 뒤로 운반하였다. 결국 여자와 아이들까지 모두 참여하여 이 성벽에서 싸운 것이다. 나는 로텐부르크에 가기 전까지는 이러한 전쟁을 미처 생각해보지도 못했다. 전쟁은 전투원 자격(그것이 스스로 선택한 것이든, 또 단체에 의해서 규정된 것이든 간에)을 가진 사람들 사이에서만 수행되어야 마땅한 것이다. 일본의 전국시대조차도 그랬다. 한 마을과 촌락의 주민이 하는 전쟁, 즉 아내와 아이들까지 가세해 방어하는 전쟁은 아마 일본에서는 한 번도 없었을 것이다. 이것으로 나는 독일에서의 전쟁이 얼마나 파괴적이었는가를 당시에 비로소 이해하게 되었다. 그리고 30년 전쟁이 인구를 4분의 1로 감소시켰던 이유도 대략 추측할 수 있었다. 서유럽의 음침함은 전쟁에서도 그 특성을 드러낸다. 그것은 중세의 무기가 주는 어떤 음침한 인상과도 통한다.

그러나 이러한 음침함과 잔인함이 있다고 해서 때문에 서유럽인이 세계 문화에 기여한 공적이 경감되는 것은 아니다. 서유럽의 음침함은 위와 같이 퇴폐적으로 빠질 수 있었음에도 무한의 깊이를 추구하는 내면적인 경향으로 작용하였다. 그래서 더욱 그 힘으로 명랑한 이성의 빛을 다시 드러내 비추기 시작했다. 근대 유럽이 세계 문명을 주도할 수 있었던 것은 주로 이 이성의 빛에 의해서이지, 표면 아래 감추어진 잔인성에 의한 것이 아니다. 일본이 최근 1세기 동안 유럽에서 배우고 있는 것도 이러한 명랑한 이성의 빛이었다. 이렇게 본다면 서유럽의 문화적 공적은 음침한 특수성을 통해 발휘된 목장적 성격으로 귀착된다고 할 수 있다. 서유럽 스스로 그리스의 정통 계승자로 자처하는 것은 그리 부당한 일은 아닐 것이다.

13.

우리는 유럽의 목장적 풍토에서부터 그 문화를 이해하고자 했다. 그러나 이 풍토가 이 문화의 원인이라는 것은 아니다. 문화에서 역사성과 풍토성은 방패의 양면과 같아서 한 측면만을 떼어 분리할 수 없다. 풍토적 성격을 갖지 않는 역사적 형성물이 없다면, 또한 역사적 성격을 갖지 않는 풍토적 형성물도 없다. 그렇기 때문에 역사적 형성물 안에서 풍토를 발견할 수 있다면, 풍토적 형성물 안에서 역사를 읽을 수도 있다. (지금까지) 우리는 **풍토의 관점에서** 이 양방향의 고찰을 복잡하게 시도한 것이다.

이 고찰을 통해 다음과 같은 결론을 내릴 수 있을 것이다. 인간이 자신의 존재의 깊은 뿌리를 자각하고 이를 객관적으로 표현할 때, 그 방식은 역사적으로뿐만 아니라 풍토적으로 한정된다는 것이다. 예전에는 이러한 규정 없이 정신의 자각이 이루어지지 않았다. 풍토적 한정은 바로 이 점에서 정신이 가장 예리하게 자각될 수 있는 탁월한 지점을 제공한다. 비유를 들어 말하자면 청각이 탁월한 사람에게 음악적 재능이 가장 잘 자각되고, 근육이 탁월한 사람에게 운동의 재능이 가장 잘 자각된다. 물론 우리는 이 자각이 실현된 후에 각 기관의 우월함을 발견하지만, 자각이 기관을 우월하게 하는 것은 아니다. 이처럼 목장적 풍토에서 이성의 빛이 가장 잘 발휘되고, 몬순적 풍토에서 세련된 감성이 가장 잘 자각된다. 그렇다면 우리는 음악가를 통해 음악을 자기 것으로 하고 운동가를 통해 경기를 체험할 수 있듯이, 이성의 빛이 가장 잘 발휘되는 곳에서 이성을 개발하는 법을 배우고, 세련된 감성이 가장 잘 실현되는 곳에서 그것을 배워야 하지 않을까. 풍토의 한정이 여러 국민들에게 각각 다른 방면에 장점을 갖도록 한다면, 바로 이 점에서 우리는 또한 자기의 단점을 자각하게 되고 서로 배울 수 있게 된다. 또 이렇게 함으로써 **풍토적 한정을 넘어** 자신을 성장시킬 수도 있을 것이다.

　풍토를 무시하는 것은 풍토를 넘어섰기 때문이 아니다. 이것은 단지 풍토적 한정 안에서 자각하지 못하고 머물러 있는 것에 불과하다. 그러나 한정을 자각함으로써 그 한정을 넘어섰다고 해서 풍토의 특성이 없어지는 것은 아니다. 아니 오히려 자각함으로써 그 특성이 더욱 잘 살아나는 것이다. 목장적 국토는 어떤 의미에서 좋은 땅樂土이지만, 그렇다고 일본의 국토를 목장으로 만들 수는 없다. 그러나 목장적 성격을 **획득할 수는 있다.** 이렇게 할 때 (비로소) 일본의 태풍적 성격이 지닌 새로운 측면이 열릴 것이다. 왜냐하면 일본인이 지닌 그리스적인 청명함을 발견하고, 합리적인 것을 충분하게 발전시켜 나갈 때 일본인의 '인내'나 '정신'이 가진 의의가 더 잘 살아날 것이기 때문이다. 그리하여 초합리적 합리성이 마치 태풍처럼 일본인에게 휘몰아치는 것도 자각하는 데 이르게 될 것이다.

　이렇게 생각하며 과거를 돌아볼 때, (일본의) 선조들이 매우 민감하게 핵심을 직감적으로 알았다는 사실을 발견하게 된다. 첫째로 그리스도교인에 대한 이상한 경도와 공포를 들 수 있다. 그리스도교인의 침입은 어떤 의미에서 사막적인 것의 침입인데, 그에 대한 지나친 경도와 공포는 둘 다 사막적인 것이 일본인에게 결여되었다는 것을 깨닫게 해준다. 두 번째로는 엄격한 쇄국을 지나면서 천천히 침입해온 유럽의 과학에 대한 열렬한 관심이다. 이것은 자신이 결핍한 목장적인 것에 대한 갈망이다. 동양의 여러 나라 가운데 이 정도로 갈망을 보여준 사례는 어디에도 없다. 그러나 이러한 직관에는 일본의 풍토가 목장으로도 사막으로도 될 수 없다는 통찰이 결여되어 있다. 이것이야말로 현재의 일본이 직면한 문제이다.

(1928년 원고, 1935년에 다시 고쳐 씀)

3 몬순적 풍토의 특수 형태

1. 중국

    몬순 지역을 넓게 이해하면 중국 대륙을 포함할 수 있을 것이다. 그러나 열대의 대양에서 습기를 육지로 운반한다는 점에서 몬순의 특질을 이해한다면 태평양의 영향을 받는 한에서의 중국 대륙만을 몬순 지역이라고 말할 수 있을 것이다. 그런데 이 영향은 직접적으로 태풍이 불어오는 중국 중부 지역과, 남부의 연안뿐만 아니라, 대륙의 깊은 곳에까지 이른다. 중국의 풍토를 대표적으로 보여주는 곳이 황허와 양쯔 강일 텐데, 적어도 양쯔 강은 몬순의 대륙적 구체화라고 해도 좋을 것이다. 그렇다면 이 양쯔 강은 어떤 모습을 띠고 있을까?

    일본인이 본 양쯔 강의 첫 인상은 예상과 다르다. 배가 상하이로 다가감에 따라 우선 놀라게 되는 것은, 13~14노트로 달리는 배가 하루 내내 달려가는 동안 (눈에 보이는) 바다가 완전히 **진흙으로 된 바다**라는 점이다. 이것은 진흙물을 토해내는 양쯔 강이 전체 길이가 약 1,300리나되는 큰 강이며, 라인 강보다 4배 반이 길고 일본 전체 섬 길이보다도 길다는 것을 생각하면 매우 당연한 현상이다. 그러나 이 강을 바로 눈앞에서 보면 불가사의한 느낌에 휩싸인다. 일본인이 생각하는 '바다'에 대한 관념 중에는 이렇게 넓게 멀리 펼쳐진 진흙바다는 포함되어 있지 않기 때문이다. 양쯔 강 하구도 진흙과 구별되지 않을 정도이다. 이미 양쯔 강을 거슬러 올라가면서 있을 것이라고 예상하고 알고 있었음에도 불구하고 눈에 보이는 것은 희미한 지평선이 바다에서 보다 **약간 길다**는 것뿐이었다. 그런데 약간 긴 지평선이 해안을 갈라놓아 하구를 가로지르는 충밍다오崇明島와 양쯔 강 우측 해안만 보일 뿐 양쯔 강 좌측 해안은 전혀 보이지 않았다. 이쯤 되면 일본인의 바다와 강에 대한 관념은 무너져 버린다. 예를 들어 일본인은 '바다' 하면 아카시明石 해협을 떠올리게 되는데, 이 '강'은 오사카 만 정도의 폭을 지니고 있다. 오사카 만의 경우, 스마須磨의 해안에서 이즈미和泉의 산이 보이고 사카이堺의 해변에서 이와지淡路의 산이 보이지만, 양쯔 강의 경우에는 맞은 편 해안에 단지 지평선이 있을 뿐이다.

다만 이것은 양쯔 강 **하구의 모습**이어서 양쯔 강 전체의 모습이라고 말할 수는 없을 것이다. 그러나 양쯔 강 전체의 폭이 3리가 되고 2리가 되고 1리가 될 지라도 일본인에게는 여전히 놀라운 모습일 것이다. 일본인의 '바다'인 아카시 해협은 폭이 1리 정도에 불과하며, 더욱이 해안에 닿아 있는 산들 사이에 있다. 그런데 양쯔 강은 망망한 평야를 흐른다. 이것은 육지에 **강이 끼여 있다**는 인상을 주지 않는다. 그보다는 오히려 양쯔 강이 그 유역의 평야에 **군림하고 있다**는 인상을 준다. 이것은 또한 양쯔 강 유역에 있는 평야의 성격까지도 분명하게 보여준다. 양쯔 강을 거슬러 항해하는 배가 강 연안에 다가가면서 수목과 밭을 볼 정도가 되어도 배 정도의 높이에서는 이 평평한 평야가 거의 보이지 않는다. 보이는 건 기껏해야 1~2킬로미터[10] 정도이다. 그 뒤로는 전혀 보이

---

10 원문에는 10~20마츠라고 되어 있다. 마츠는 도량형 단위로 시와 촌 사이의 읍 단위의 정도에 해당한다. 대체로 1마츠는 109미터 정도다. 그래서 여기서는 1~2킬로미터의 거리로 계산해서 번

지 않는다. 설사 이 평야가 수평으로 백 리 천 리로 넓다 해도 볼 수 있
는 것은 단지 1킬로미터 정도에 불과하다. 여기서 일본인은 대평원을
본다는 인상을 받을 수 없을 것이다. 일본인은 아득히 저편 먼 산을 바
라보며 평야의 너비를 느끼는 데 익숙해 있다. 먼 산을 보며 느낄 수 있
는 너비는 10리나 20리 정도에 불과하지만, 우리의 직관 능력에 비하면
충분한 너비이다. 그런데 양쯔 강 유역은 먼 산도 보이지 않을 정도로
엄청나게 큰 평야임에도 불구하고 그 크기는 그다지 인상적이지 않다.
이것이 양쯔 강이 만들어낸 대평원의 모습이다. 다른 의미이긴 하지만
여기서도 또한 일본인이 가지고 있는 대평원의 관념이 무너진다.

　양쯔 강과 그 주변의 평야는 물이 만들어낸 모습이다. 그리고 이 물
은 주로 태평양에서 몬순을 통해 운반된다. 이렇게 보면 양쯔 강이나
그 평야의 모습을 몬순의 대륙적 구체화라고 불러도 그다지 지나친 말
은 아닐 것이다. 그렇다면 앞에서 **수용적·인종적**인 것으로 규정한 몬
순적 성격은 여기에서 어떻게 나타나고 있을까? 양쯔 강과 그 주변의
평야의 모습이 일본인에게 주는 직접적인 인상은 대륙의 이름에 어울
리는 위대함이 아니라, **단조로움과 공허하고 막막한 느낌**이다. 넓게 펼쳐
진 진흙바다는 '바다' 특유의 어떤 생생한 생명감을 주지 않는다. 또한
일본의 바다보다 넓은 진흙 물의 큰 강은 큰 강 특유의 '완만하게 흐른
다'고 하는 어떤 흐름의 느낌을 주지 않는다. 마찬가지로 평평한 대륙
은 광대하다는 느낌을 주지 않는다. 얼핏 생각해보면 양쯔 강에서 황허
에 이르는 평야는 일본 간토關東 평야의 수백 배 정도나 되는 대평야이
지만, 그 한복판에 서 있는 사람의 **시야**에 들어오는 것은 그 평야의 일
부분에 불과할 것이다. 평야의 한가운데를 아무리 멀리 걸어가도 같은

역했다. – 옮긴이 주.

모습의 작은 부분들만이 반복될 뿐이다. 따라서 중국 대륙의 광대함을 직접 느껴본다면 그것은 단지 변화가 없는 공허하고 막막한 단조로운 분위기로 다가올 것이다. 달리 말하면 우리는 이런 '대륙'과의 교섭에서 **단조롭고 공허하며 막막한 자신을** 발견하게 되는 것이다. 그런데 이 풍토 안에서 대대로 살아온 인간은 언제나 이런 자신만을 볼 뿐 그 이외의 자신을 발견할 기회를 얻지 못한다. 여기서 나타나는 수용적·인종적 성격은 이 **단조로움과 공허함, 막막함을 견디어 나가는 의지의 지속, 감정의 방기**放擲이다. 따라서 **전통의 고집**, 역사적 감각이 왕성하게 나타난다. 이것은 인도적 인간의 성격과 대조적인데, 인도적 인간을 특히 감정의 과잉으로 특징짓는다면 중국적 인간은 특별히 **무감동성**으로 특징지을 수 있을 것이다.

나는 양쯔 강의 모습만으로 중국의 풍토를 대표할 수 있다고 생각하지 않는다. 중국 대륙의 다른 측면은 황허에서 볼 수 있을 것이다. 그러나 나는 황허 및 그 지방에 대한 직접적인 인상을 가지고 있지 않은데, 사물, 풍토에 관한 한 직관은 매우 중요하다. 따라서 나는 황허에 대한 어떤 적극적인 시점을 추가할 수가 없다. 여기서는 단지 간접적인 지식을 가지고 앞서 서술한 관찰을 보충하는 데 만족하려 한다. 옛날부터 '남쪽에는 배, 북쪽에는 말南船北馬'이라는 말이 전해 내려오듯이, 양쯔 강 지방은 **습지**水鄕이고 황허 지방은 **건조지**이다. 근대에 이르러 '남선'의 특징이 양쯔 강에 등장한 기선이나 군함의 모습으로 나타난 반면, 황허는 어느 시기든 수상 운송 발전과는 전혀 관련이 없었다. 또한 양쯔 강의 평야는 쌀 생산지이지만, 황허의 평야는 보리 생산지이다. 그런데 이러한 특징은 황허가 **사막에서 흘러나오는 강**이라는 한 마디로 압축해서 말할 수 있을 것이다. 즉 황허란 사막과 몬순을 매개하는 강이다. 이것은 황허의 평야를 형성하는 황토의 속성에서도 드러난다. 매우 미세한 황토 입자는 사막에서 한기寒氣에 의해서 만들어진다고 한다. 이 황토는 물뿐 아니라 바람을 통해서도 운반되는데, 바람을 통해 운반되고 축적된 것이 나중에 다시 물을 통해 운반된다. 그런데 이 물이 태평양으로부터 운반되는 것이라면, 황토지대는 사막과 몬순의 합작인 셈이다. 이렇게 합작이 구체화된 것이 황허인 것이다.

이렇게 생각하면 중국인은 사막적인 것과 무관하지 않다. 그들에게는 두드러진 **의지의 긴장**이 있는데, 이처럼 그 인종성에 **전투적인 것이** 깊이 담겨 있다는 점은 몬순적 성격과 사막적 성격의 결합을 보여주는 것이리라. 그러나 이것은 몬순적 성격의 특수 형태를 형성하는 것이어서, 중국에 있는 사막적 성격의 존재를 보여주지는 않는다. 중국인에게는 사막적 인간과 같은 절대 복종의 태도가 존재하지 않는다. 중국인의 '비복종적 성격'은 바로 이것과 연관된다. 중국인은 혈연적 또는 지연적 집단의 구속 외에는 어떠한 구속도 긍정하지 않는 사람들이다. "국가에서 부과한 세금을 받아들이지 않고 병역의 의무에 복종하지 않으며, 명령과 법률을 무시하고 도박에 빠지며 아편을 하는 등 그야말로 국가적 속박에서 벗어나 자기가 하고 싶은 대로 방종에 빠지는" 사람들이다.[11] 물론 저항하기 어려운 힘에 대해서는 참는다. 그러나 "표면적으로는 명령하는 대로 하며 매우 복종적인 태도를 보이면서도, 면전에서는 복종하고 뒤로는 배반하여 양면이 다르다는 말처럼 내면적으로 쉽게 복종하는 성격이 아니었다."[12] 이러한 비복종적 인내는 그들의 무감동성과 밀접하게 연관된다. 이것은 무감동성에서 나오는 집착의 태도이며, 동시에 이 태도에서 무감동성이 더욱 자라게 된다.

나는 1927년에서 1928년 무렵 위와 같은 중국인의 성격을 별도로 볼

---

11 고타케 후미오(小竹文夫), 《근대 중국 경제사 연구》, 弘文堂書房, 1942. 25쪽.
12 같은 책, 29쪽.

수 있었다. 이것은 홍콩과 상하이에서 있었던 일이다. 홍콩의 주룽九龍 반도 한편에 정박해 있는 배에서 멀리 바라보니 여러 중국인이 타고 있는 정크junk가 외국 선박 주위에 모여 화물을 선적하고 있었다. 이 정크에는 몇 명의 중국 노동자 가족이 살고 있는 듯했는데, 4~5명의 귀여운 아이들은 갑판에 모여 놀고 있고 젊은 여자나 노인 등은 돛대 주변에서 일하고 있었다. 이 광경은 참으로 화기애애해 보였다. 그런데 그 정크의 뱃머리에는 여러 문門의 구식 포대가 장착되어 있었다. 이것은 물론 해적에 대비하기 위한 무기였을 것이다. 그런데 해적도 같은 무기를 가지고 다가올 것이라는 측면에서 생각해보면, 이것은 결국 화물수송 작업을 하는 정크의 노동자들이 취약한 목선으로 해적과 포격전을 예상하면서 행동하고 있다는 사실을 보여주는 것이었다. 이것이 내게는 이상하고도 놀랍게 다가왔다. 포격전을 예상하며 화물수송 작업을 한다는 게 평상시의 일은 아니다. 그런데 그 중국 노동자들은 이를 일상에서 흔히 일어나는 일처럼 여기며 태연하게 일을 하고 있었다. 그것도 여자와 아이들까지 데리고 다니면서 말이다. 이와 같은 노동자가 세계 어디에 또 있을까?

나는 이 노동자들의 모습에서 중국인 그 자체를 보는 듯한 느낌이었다. 그들은 포격의 위험 앞에서조차 흩어지려고 하지 않을 정도로 긴밀한 혈연 집단 가운데서 살고 있다. 그 주위에는 똑같이 긴밀한 지연 집단의 방어벽이 있을 것이다. 그 많은 정크들이 서로 도우며 살고 있을 것이다. 그러나 이것 이상으로 그들의 생명을 보호해주는 것은 없을 것이다. 중국 영해에서 해적에게 습격을 당한다면 그들 스스로의 힘으로 대항해야지 국가의 힘을 기대해서는 안 된다. 그들은 철저하게 무정부 생활을 하며 국가의 보호를 예상하지 않고 살아가는 것이다. 이런 이유로 그들의 혈연 집단과 지연 집단은 긴밀하게 연결되며, 또 동시에 그들은 자신들의 작은 집단을 넘어선 강력한 힘에 대해서는 솔직하게 저항을 포기하고 참는 태도를 취한다. 여기에서 저 유명한 '어찌할 수 없다'라는 태도가 성립한다. 이 태도는 수용적·인종적이면서도 한 없는 뻔뻔스러움을 담고 있는데, 대포를 실은 목선에 가족을 태우고 태연하게 살아가는 모습에서 잘 드러난다. 거기에는 한 가족을 모조리 죽일 수 있는 위험이 있고 바로 그 때문에 대포를 장착하고 있는 것일 텐데, 그 **가능한** 위험을 두려워하고 **예단하며 애태우면서는** 그런 생활을 영위할 수 없다. 대포를 싣고 다니는 이유는 위험이 예상되기 때문일 뿐이다. 위험이 예상된다는 것 이상으로 '감정'이 동요해봤자 조금도 위험이 줄어들지 않는다. 위험의 가능성이 남아 있는 한 이에 대해서는 **무감동적**인 채로 있는 것이 최선의 방어 전략인 것이다. 이와 더불어 이 위험은 충분한 돈벌이를 가져오지 않으면 안 된다. 금전의 축적은 자신을 방어하는 힘의 축적이다. 따라서 위험을 무릅쓰는 것이 가장 좋은 방어 전략이다. '어찌할 수 없다'의 태도는 이러한 **타산**과 무감동을 함축하고 있다. 이것이 무정부 생활의 강인함이다.

이런 중국인의 강인함을 나는 1927년 2월 상하이에서 더욱 분명하게 목격하였다. 곧 러시아의 미하일 보로딘이 중국에서 세력의 절정에 도달하고 장개석 군대가 처음으로 양쯔 강 유역을 지배하고 있을 때였다. 장개석의 북벌군은 이미 상하이로 수마일 떨어진 곳까지 다가오고 있었고 교외에서 가까운 주택 지역에는 밤낮없이 포성이 들렸다. 여기서 상하이의 노동자는 장개석 군대에 호응하여 동맹파업을 단행했다. 우체국은 폐쇄되었고, 전차는 운행이 중단되었다. 전등과 수도도 오늘 끊길지 모른다는 소문이 있었다. 이때를 틈타 공산당은 전 도시에 걸쳐 선동하는 데 열을 올렸고 민중은 바로 그에 동요하였다. 러시아인 이외의 외국인은 생명의 위험을 무릅쓰지 않고는 중국인 거리에 가까이 갈 수 없었다. 여기에서 상하이를 지키는 북군北軍은 공산당 탄압을 위해 모든 비상수단을 사용하기 시작했다. 용의자를 체포하여 참수하고는 전신주에 목을 내걸었다. 지금까지도 아직 어느 정도로 이러한 종류의 살육이 일어났는지 모른다고 한다. 이에 대해 당시 체류 중이던 외국인이 가장 두려워한 것은 상하이 밖에서 상하이를 방어하고 있는 북군이 장개석의 군대에 쫓겨 상하이로 도망해올 때의 혼란이었다. 그렇게 되면 그 군대가 어느 편인가 하는 것은 전혀 문제가 되지 않는다. 문제는 무장한 쿨리[cooly, 중노동에 종사하는 중국이나 인도의 하층 노동자]의 무리가 약탈, 강간, 살인 등의 폭행으로 마을을 황폐하게 할 것이라는 데 있었다. (당시의) 외국인들은 그렇게 생각했고, 공포에 떨면서 단지 그들 **국가의 위력**이 자신들을 보호해줄 것이라는 데 희망을 걸었다. 그에 부응하여 여러 나라의 군함이 속속 상하이로 입항하여 육군을 상륙시켰다. 이것으로 아마도 조계[租界, 중국의 개항 도시로, 외국인이 그 거류지구의 행정·경찰을 관리하는 조직 및 지역]만은 안전하게 방어되었을 것이다. 그러나 조계 외의 주택까지 손을 쓸 수는 없었다. 외국인들은 그날 밤 무렵에 가족을 조계 안의 항구 가까운 안전한 장소로 이동하지 않으면 안 된다고 합의를 하였다. 그들에게는 국가의 힘만이 의지할 수 있는 것이었다. 그들은 최후의 수단으로서 국가의 힘이 완전하게 보호해줄 본국을 향하여 이 혼란한 땅으로부터 빠져 나오지 않으면 안 되었다. 그들을 위해 이미 큰 기선이 항구에 대기하고 있었다. 그 정도로 외국인 사이에서는 사정이 매우 혼란스러웠다. 국가의 보호에 익숙했던 외국인들은 **그 보호권 밖에 나갈지도 모른다**는 가능성 앞에서 심한 공포와 불안을 느끼지 않을 수 없었던 것이다.

그런데 국가의 보호권 안으로 피해 들어가는 길이 전혀 주어지지 않는 중국인들은 — 더 정확하게 말하면 무장한 약탈자로 변할지도 모르는 위험한 쿨리의 군대의 보호를 받는 — 어떻게 했을까? 과연 상점을 닫은 집도 있었다. 그렇지만 이것은 노동자의 동맹파업과 똑같이 장개석 군대에 대한 동정을 표현한 것이라고 한다. 그리고 중국인의 이 소극적 태도 안에는 눈앞의 '혼란한 상황'을 반영하는 그 어떤 표정도 없었다. 길에 서서 보면 흥분한 표정은 전혀 볼 수 없었다. 태평하고 망막한 얼굴의 중국인이 여유 있게 왕래하며 물건을 팔고 있었다. 이 무렵 일본 엔화의 주식시세가 지배하고 있다고 소문난 환어음 거래소에서도 변함없이 모여 도박에 열중하는 중국인을 볼 수 있었다. 혹시 오늘 야만적인 약탈을 당해 생명을 잃을지도 모른다는 불안한 느낌은 어디에도 드러나지 않았다. 돈을 벌 기회가 주어지는 동안에는 그들에게 긴급한 상황이란 일어나지 않았다. 긴급한 상황이 일어날 때는 가능한 한 빠르게 숨고 숨기고 또한 도망갔다. 그들에겐 아직 일어나지 않은 일에 대해 감정의 동요를 일으킨다거나 신경을 써서 피로하게 하는 것이 어떤 이익도 없는 쓸데없는 일인 듯했다. 중국인은 이렇게 감정을 낭비하면서 살 수 없다. 그들의 얼굴 표정이 그것을 말하고 있었다. 국가의 보호와 같은 것이 (자신에게) 전혀 해당되지 않는다고 생각하는 중국인에게는 그 보호 밖으로 벗어날지도 모른다는 가능성 같은 것은 어떠한 자극도 되지 않았던 것이다.

　나는 이 두드러진 대조에 내심 놀라면서 상하이를 떠났지만, 이후 상하이에서는 전신주에 매달아 놓은 (사람의) 머리 이상으로 소란스런 일은 일어나지 않았다. (일련의) 사태는 중국인의 무감동한 태도에 들어맞게 전개된 것이다. 그렇다면 도시 밖의 포성에 놀라 예민하게 긴장하고 초조해했던 외국인들은 확실히 '어떤 이익도 없는 쓸데없는 일'을 한 셈이 된다. 여기에서도 무정부 생활의 강인함이 보인다고 할 수 있을 것이다. 이것은 모든 (개인) 생활을 국가의 역할과 연관시키는 일본인의 입장에서는 전혀 생각할 수 없는 사태이다.

중국인이 무감동적이라는 것이 중국인에게 감정생활이 없다는 뜻은 아니다. 중국인의 감정생활의 양태가 무감동적이라는 것이다. 공허하고 막막한 단조로움에서 자신을 발견하는 인간은 변화를 추구하고 감동할 필요가 없다. 이 점에서 지극히 변화가 풍부한 질적 다양성 속에서 자신을 발견하는 일본인은 중국인과 극단적으로 상반된다고 할 수 있을 것이다. 종달새 바구니雲雀籠를 들고 하루 종일 하늘을 쳐다보고 있는 중국인의 모습은 일본인의 눈에는 매우 이상해 보이는데, 옛날부터 전해져 오는 말대로 이러한 파장이 긴 율동은 일본인의 눈에 감동적인 동작으로 보이지 않는다. 그렇지만 이러한 무감동성은 긍정적인 측면에서 보면 '여유롭고 쫓기지 않는' 태도가 된다. 이 태도는 끊임없이 어떤 의미에서든 쫓기는 경향이 있는 일본인에겐 하나의 수련의 목표이기도 한데, 중국인에게 (이러한 태도는) 농부에게서나 상인에게서나 저절로 드러난다. 따라서 일본인은 세세한 것에 민감하여 옹졸한 데 비하여, 중국인은 여유 있고 대범하다고 말할 수도 있을 것이다. 하지만 이것은 감정의 섬세함 또는 과민한 움직임을 초월해 도달한 경지, 즉 세상에 동요하지 않는 마음의 정적 상태는 아니다. 본래 그들은 움직임이 없는 것이다. 따라서 이 태도는 도덕적인 공적을 의미하는 것도 아니다.

중국의 문화적 산물에 대해서도 같은 특성을 볼 수가 있다. 중국의 예술에는 일반적으로 느긋함과 광대함이 있다. (중국 예술작품을 보면) 대충 만든 것 같아도 핵심을 지극히 잘 파악한 측면이 있다. 그런데 그와 더불어 다른 측면에서는 감정 내용의 메마름空疎을 느끼게 하는 점도 있다. 여기서는 섬세한 짜임의 세밀함은 전혀 발견되지 않는다. 이러한 성격을 대표적으로 보여주는 것이 중국의 근대적 궁궐 건축이다. 이것은 거대한 규모를 가지고 장대한 인상을 주지만, 세부적인 것은 매우 내용이 없고 허술한 것이어서 거의 볼 만한 것이 못 된다. 단지 멀리서 본 인상만이 좋다. 그러나 예술은 멀리서 보아 좋다고 해도 세부적으로 내용이 없고 짜임새가 없다면 좋다고 하지 않는다. 작은 부분을 무시하는 것은 역시 무감동성의 또 다른 표현일 것이다.

다만 2천 년에 걸친 중국의 예술이 이런 종류의 건축으로 대표된다고 하는 것은 무리일 것이다. 낙랑에서 출토된 한대漢代의 유물을 보면 중국 예술에도 매우 섬세한 면이 있다. 특히 바다거북 껍질로 된 조그마한 상자에 세세한 그림 등이 그려진 화상석[畫象石, 중국 한위漢魏 시대에 돌로 된 무덤이나 사당의 벽, 돌기둥 등에 추상적 도안이나 꽃무늬부터 인물 및 활동에 이르기까지 다양한 내용을 암각해 장식한 것]은 한대의 미술에 대한 나의 생각을 완전히 깨트려주는 힘이 있었다. 런던에 있는 고개지[顧愷之, 305~406, 중국 동진의 화가]의 두루마리 그림도 참으로 섬세한 느낌의 작품이다. 조금 아래로 내려가 윈강雲崗이나 룽먼龍門 등에 있는 조각 가운데는 정말 풍부하고 짜임새가 섬세한 예술작품이 있다. 이러한 성격은 당대唐代의 예술에서 상당히 두드러지게 나타나고, 송대宋代에 이르러서도 역시 없어지지 않고 있다. 그런데 이러한 위대한 예술의 성격을 생각해볼 때 두 개의 시점을 잊어서는 안 된다고 생각한다. 그 하나는 이렇게 탁월한 예술이 모두 황허 문명권의 산물이라는 것, 그래서 황허의 풍토를 **그 자체만으로 독립적으로** 생각할 때는 보는 관점을 달리 해야 한다는 점이다. 또 다른 하나는 위에서 예로 든 것과 같은 예술의 성격이 송원宋元 이후, 특히 명청明清 시대부터 현대에 이르기까지 중국에서 완전히 없어져버렸다는 것, 그럼에도 불구하고 선진先秦 시대의 구리 그릇에서 한당漢唐의 예술을 경과하여 명청 이후의 작품에 이르기까지 일관된 개별적인 성격을 명확하게 간직하고 있다는 점이다. 사람들은 중국의 근대적 가구나 실내장식의 양식 속에서 선진 시대 구리 그릇의 전통을 느끼지 않을까? 또한 한대 화상석의 **추상성**과 윈강과 룽먼에 있는 큰 석불의 **거대함** 안에 멀리서 본 인상만이 좋은 궁궐 건축의 공소함空疎性과 통하는 것이 있다고 느끼지 않을까? 당대의 풍부한 조각 가운데도 대략 무덤덤한 맛이 있는 (작품이) 많이 있다. 특히 우수한 작품을 빼고 이러한 평범한 작품만을 놓고 보면, 이 작품들이 반드시 명청 시대의 작품과 연관이 없는 것은 아니다. 반대로 양한兩漢에서 당송 시대에 이르는 기간의 섬세하면서도 짜임새가 세밀한 예술에 주목하면서 이것과 친근한 것을 현대 중국에서 찾는다고 한다면 사람들은 그 적당한 것을 찾지 못할 것이다. 이렇게 생각해보면 중국의 문화를 **하나로 엮는 성격**으로 무감동성을 드는 것은 타당하다고 할 수 있을 것이다.

　(마찬가지로) 모든 경전이나 사고전서四庫全書와 같은 중국의 독특한 대편찬 사업에 대해서도 똑같이 말할 수 있을 것이다. 거대한 총서 또는 집성이 옛 문헌의 보존을 가능하게 하고 이것으로 후대에 준 이익은 이루 헤아릴 수 없을 것이다. 그러나 이 공적이 반드시 이 일의 내용이 갖는 **짜임새의 섬세함**을 의미하지는 않는다. 예를 들어 모든 경전은 처음 인도에서 전해 내려온 불교 문헌의 중국어 번역본을 각 시대에 **포괄적으로 빠짐없이** 모아 놓은 것이지, 비판적으로 취사선택하여 정리한 것은 아니다. 나중에 중국에서 저술된 것까지도 포괄되기에 이르는데, 이러한 종류의 문헌을 포괄하는 데 있어서는 역시 엄밀한 취사선택이 이루어지고 있다. 그러나 이럴 때도 번역된 불경에 관련해서는 이와 같이 포괄만 한 것이다. 당대에 이르러 이것은 일단 완성되어 대소승경율론전大小乘經律論傳 7목, 총 1,076부, 5,048권, 480질帙로 전해진다. 이 최초의 판각본은 송대에 만들어졌는데, 원래 여기서는 일정한 **경전 분류법**이 사용되었다. 그러나 이것은 말하자면 밖으로부터 묶은 것이지, 옥

석을 나누어 내면적인 정리를 수행한 체계적인 통일은 아니다. 따라서 그 외관의 질서정연함에 비해 내용에서는 복잡한 사료가 쌓여 있다고 말할 수 있을 것이다. 사고전서에 이르러서는 이 경향이 극단적으로 나타나고, 총서로서 생생한 기능을 발휘할 수 없을 정도이다.

이러한 성격을 더욱 단적으로 보여주는 것은 중국에서 자주 나타나는 통일적인 대제국이다. 유럽에서 이에 견줄 수 있는 것은 최전성기의 로마 제국뿐인데, 중국에서는 진한秦漢 이후 계속해서 나타났고, 최후의 청 제국은 최근 무렵까지도 계속되었다. 이 점만 본다면 중국인은 탁월한 정치가처럼 보인다. 그러나 대제국이긴 했지만 국토의 구석구석까지 통치가 이루어진, 통치의 짜임새가 세밀한 국가는 아니었다. 겉모습은 질서정연한 제국이면서도 민중은 본래 무정부적이고, 나라 안의 비적匪賊은 언제나 100만 혹은 200만을 헤아렸다. 이것이 중국 본래의 모습이었다.

앞에서 인용한 고타케 후미오의 설명에 따르면 중국의 평원은 교통이 편리해서 경제적인 상호교섭이 일어나기 용이했고, 진한 무렵에 이미 광대한 지역에 걸쳐 경제적 통일이 실현되었다고 한다. 이것은 중국 풍토에 따른 필연적인 형세였지, 고대의 봉건적 할거割據와 같은 것이 아니었다. 그런 상태는 오히려 부자연스러운 상태라고 할 수 있다. 그 증거는 제후의 나라가 처음부터 성벽 도시였으며, 그 영토를 방어하기 위해서 **인위적으로** 장성長城을 지었다는 사실이다. 즉 중국의 국토는 무리하게 구획해서 나누는 노력을 하지 않는 한, 작은 국가가 나란히 존재하는 것을 허락하지 않는다. 특히 송대 이후가 되면 중국의 전 지역에 걸쳐 경제적인 상호침투가 뚜렷하게 실현된다. 중국 민중은 국가의 힘을 빌리지 않고 지연 집단을 활용해서 이 광범위한 교역을 교묘하게 처리하였다. 따라서 무정부적인 성격이 경제적 통일의 장애는 아니었다. 중국의 국가라고 하는 것은 이러한 민중 위에 있는 **관료조직이**지 국민의 국가적 조직은 아니었다. 옛날에는 **관료**가 귀족에서 나왔지만, 송대 이후에는 평민 가운데 과거시험을 통해 발탁되었다. 이들은 무인이 아닌 문인, 즉 지식인이었고, 전제군주의 지지로 큰 권력을 휘두를수 있었다. 그런데 관료는 보통 이 권력을 이용해 사적인 부를 축척했다. 이렇게 보면 국가 그 자체, 정부 그 자체가 무정부적이라고 하지 않을 수 없다.

> 송나라 시대의 국가전매 체제아래 정부 및 관리 자체가 여러 종류의 상업 경영에 따랐고, 명청 시대 문인 관료가 입으로는 상인이 이익을 취하는 것을 천박하다고 여기면서도 실제로는 그 축적한 부를 토지를 비롯한많은 상업 경영에 투자했다는 것은 잘 알려진 사실이다. 현재 중국의 관리뿐만 아니라 학자로 불리는 사람들도 상업과 경영에 관계하는 일이 많다는 것은 매우 놀랍다.[13]

최후의 대제국이 붕괴된 이후, 이 관료들은 분화하여 군벌이나 재벌이 되고, 외국의 자본과 결탁하여 부를 축적하려고 노력하였다. 이번 전쟁이 일어나기까지 상하이와 홍콩이 중국의 심장부가 된 사실은 중국국가의 무정부성을 노골적으로 보여주는 것이라고 할 수 있다. 중국을움직이고 있는 정치가들의 힘은 상하이나 홍콩의 은행 가운데 있다. 그리고 그 은행이 외국의 은행이 아닌 경우에도 외국 국가권력의 보호를받는다는 사실은 국가라고 불리는 중국이 중국 민중 위에서 외세의 장단에 맞춰 움직이고 있는 것에 불과하다. 원래 국가에 비복종적인 민중

---

13 고타케 후미오, 《근대 중국 경제사 연구》, 30쪽.

은 이 현실을 그다지 느끼지도 못하고 있는 것이다. 마침 쑨원孫文과 같은 선각자는 이러한 사실을 절절하게 느꼈다. 그에 따르면 1924년 무렵의 중국은 열강의 경제력에 눌려 **완전한 식민지**가 되고 있다. 아니 사실상 식민지보다 더 불리한 입장에 놓여 있다. 그런데 중국인은 이러한 경제적 압박에 대해 거의 고통을 느끼지 않는다. 이러한 쑨원의 인식은 정말로 올바른 것이었지만, 그와 함께 했던 사람들은 이러한 질곡에서 중국을 벗어나게 해주기는커녕 외국 자본과 더 결탁하여 마침내 중국을 세계 자본주의 경쟁의 중심에 놓이게 만들었다. 이러한 경향은 중국인의 민족적 자각에 어느 정도 공헌했을지도 모른다. 그러나 그 배후에 있는 동력이 중국의 식민지화를 강화하려고 하는 한, 민족적 자각은 중국을 식민지성에서 해방시키는 올바른 방향으로 갈 수 없었다. 중국인의 무감동성은 결국 중국의 민중을 가장 불행하게까지 밀어 넣은 것으로 보인다. 자신의 성격을 분명하게 인식하는 것은 자신이 지닌 성격의 한계를 넘어 앞으로 나아갈 길을 깊이 이해하는 데 있다. 이렇게 하는 것이 또한 자신과 다른 성격을 이해하고, 타인의 장점을 취하며 자신의 단점을 보완하는 길도 열어줄 것이다.

일본인은 메이지 유신까지 수백 년 동안 중국의 문화를 존경하고, 자신을 낮추어 그 문화를 받아들이려고 노력했다. 의식주의 세세한 부분에 이르기까지 그렇게 했다. 그러나 일본인의 의식주가 중국인의 의식주와 뚜렷이 다르게 된 것과 같이 일본인이 받아들인 중국의 문화 역시 중국 (본래의) 문화는 아니었다. 일본인이 존중하는 것은 공허하고 막막한 웅대함이 아니라 짜임새의 섬세함이었다. 외관의 정비가 아니라 내부의 구석구석에까지 수행되었던 순화醇化였다. 형식적인 체면이 아니고 마음에서 우러나오는 감동이었다. 일본인이 아무리 깊이 중국 문화를 흡수한다고 해도 일본인은 결국 앞에서 서술한 바와 같이 중국적 성격을 띠는 데 이르지는 못했다. 그럼에도 불구하고 일본의 문화는 선진 시대에서 한대와 당대를 거쳐 송대에 이르기까지의 중국 문화의 정수를 자신 안에서 살리고 있다. 중국인은 이것을 이해함으로써 도리어 현대 중국에서 없어진 과거의 고귀한 문화의 위대한 힘을 다시 인식할 수 있을 것이다. 그리고 현재 막혀 있는 중국적 성격을 타개하는 길을 여기서 발견할 수도 있을 것이다.

중국은 부활하지 않으면 안 된다. 한나라나 당나라 시대와 같은 문화의 위대함을 회복하지 않으면 안 된다. 세계 문화의 새로운 발전을 위해서는 중국의 문화 부흥이 필요하다. 철저하게 외국의 식민지가 되는 방침을 고집하는 재벌, 군벌들은 중국 민족 자체의 적에 불과하다. 중국 민족은 우선 스스로의 발판에 서지 않으면 안 된다. 여기에서 위대한 중국의 부활이 시작된다.

(1929년 원고, 1943년 고쳐 씀)

2. 일본

태풍적 성격

　인간 존재는 역사적·풍토적 특수 구조를 가지고 있다. 이 특수성은 풍토의 유한성에 따른 풍토적 유형에서 잘 드러난다. 원래 풍토는 역사적 풍토이기에, 풍토의 유형은 동시에 역사의 유형이다. 나는 몬순 지역에서 인간의 존재방식을 '몬순적'이라고 이름 붙였다. 이 특수한 존재방식에서 보면 일본인도 참으로 몬순적이다. 즉 수용적·인종적이다.

　그러나 이것만으로 일본인을 규정할 수는 없다. 풍토만을 떼어 생각해보아도, 넓은 대양과 풍부한 햇빛, 풍부한 물의 혜택을 받아서 왕성하게 식물이 번성한다고 하는 점에서는 과연 일본과 인도의 국토는 매우 유사하지만 일본인과 인도인 사이에는 분명한 차이점이 있다. 인도는 북방이 높은 산으로 막혀 있고 인도양과의 사이에서 매우 규칙적인 계절풍을 가진 반면, 일본은 몽골·시베리아의 막막한 대륙과 이보다 더 막막한 태평양 사이에 끼어 있어 매우 변화가 많은 계절풍의 영향을 받으며 살아가고 있다. (일본은) 대양의 한복판에서 올라오는 풍부한 물을 정면에서 온몸으로 받아들인다는 점에서는 (인도와) 공통되지만, 한편으로는 그 물이 태풍과 같은 **계절적**이면서도 **돌발적**인, 따라서 변증법적 성격과 맹렬함에 있어 세계 어느 곳과도 비교할 수 없는 변화를 일으키는 형태를 띠고 있고, 다른 한편으로는 적설량에 있어 세계에서 아주 드물게 **많은 눈**이 내리는 형태를 띠고 있다. 이처럼 **많은 비**와 **많은 눈**이 내리는 이중 현상에서 일본은 몬순 지역에서 가장 특수한 풍토를 가지고 있다. 이것은 **열대**와 **한대**의 이중적 성격을 띤다고 할 수 있다.

온대적인 것은 전체적으로 어느 정도 양자를 다 포함하고 있지만, 이렇게까지 두드러지게 이중성격을 보이는 곳은 일본의 풍토를 제외하고는 어디에서도 발견되지 않는다. 이러한 이중성격은 우선 식물에서 명백하게 나타난다. 강한 햇빛과 풍부한 습기를 조건으로 하는 열대의 초목이 여기서 왕성하게 번성한다. 한여름의 경치는 열대지방과 거의 다르지 않다. 그 대표적인 예가 벼이다. 그런데 다른 한편으로는 한기寒氣와 소량의 습기를 조건으로 하는 한대寒帶적 초목도 마찬가지로 왕성하게 자란다. 보리가 그 대표적인 예다. 이렇게 땅은 겨울에는 보리와 겨울풀로 뒤덮이고, 여름에는 벼와 여름풀로 뒤덮인다. 그러나 이렇게 교대할 수 없는 수목은 그 자체로 이중성격을 띠게 된다. 열대식물인 대나무에 눈이 쌓인 모습은 종종 일본의 특수한 경치로 손꼽히는데, 눈이 쌓이는 것에 익숙해진 대나무는 저절로 열대의 대나무와는 달리 탄력적인, 곡선을 그릴 수 있는 일본의 대나무가 된다.

풍토만을 떼어 고찰할 경우 발견되는 이러한 특징은 구체적으로는 인간의 역사적 생활의 계기이다. 벼를 비롯한 여러 **열대** 채소나 보리를 비롯한 여러 **한대** 채소는 인간이 스스로 **만든** 것이다. 따라서 이를 위해 필요한 비나 눈 또는 햇빛은 인간생활 가운데로 내려와 꽉 들어차 비추고 있는 것이다. 태풍은 벼의 꽃을 날려버리기 때문에 인간생활을 위협한다. 그래서 이렇게 계절적이면서 돌발적인 태풍의 이중성격은 인간

생활 자체의 이중성격에 다름 아니다. (이러한 풍토는) 풍부한 습기가 인간에게 먹을 것을 베풀어주면서도, 동시에 폭풍과 홍수가 인간을 위협한다는 차원에서 몬순 풍토이다. 따라서 이러한 풍토에서는 인간의 이중성격 즉 수용적·인종적인 존재방식에 추가하여 열대적·한대적, 계절적·돌발적인 이중성격이 첨가된다.

먼저 몬순적 **수용성**은 일본인에게 매우 특수한 형태를 띤다. 첫째로 이것은 열대적·한대적이다. 즉 단지 열대적인 단조로운 감정의 과잉도 아니고, 또 단지 한대적인 단조로운 감정의 지구성持久性도 아니며, **풍부하게 흘러나오면서도 변화를 조용히 견뎌내는 감정**이다. 사계절 때마다 계절 변화가 뚜렷하듯이 일본인의 수용성은 **상태의 빠른 변화**를 요구한다. 이 때문에 이것은 대륙적인 침착함을 갖지 않으면서도 매우 **활발하고 민감하며**, 활발하고 민감하기 때문에 쉽게 **피로해지고, 지구성도 없다.** 그러나 이 피로는 무자극적인 휴양을 통해서가 아니라, 새로운 자극이나 기분의 전환 같은 감정의 변화를 통해 치유된다. 치유될 때 감정은 변화를 통해 전혀 다른 감정이 되는 것이 아니고, 본래의 감정이 의연하게 있는 것이다. 그래서 지구성이 없는 이면에 지구성을 감추고 있다. 즉 감정은 **변화 속에서** 은밀하게 버티어 지속되고 있는 것이다. 둘째로 이것은 계절적·돌발적이다. 변화 속에서 은밀하게 지속되는 감정은 끊임없이 타인의 감정으로 변해도 본래의 감정을 지속하는 것이기 때문에 단지 계절적·규칙적으로 변화하는 것도, 또 단지 돌발적·우연적으로 변화하는 것도 아니며, **변화의 각 순간에 돌발성을 포함하면서 앞의 감정에 규정된 타인의 감정으로 바뀌는 것**이다. 마치 계절적으로 부는 태풍이 돌발적인 맹렬함을 가지고 있듯이, 감정도 한 곳에서 다른 데로 이동할 때 예기치 않은 돌발적인 강도를 보인다.

일본인의 감정의 북돋음昻揚은 자주 이러한 돌발적인 맹렬함으로 나타난다. 이것은 집요하게 지속되는 감정의 강렬함이 아니라, (초가을에 부는) 태풍과도 같이 휘몰아치는 맹렬함이다. 그래서 이것은 자주 집요한 투쟁을 수반하지 않고 사회를 전면적으로 개혁하는 것과 같은 특수한 역사적 현상까지 만들어낸다. 더욱이 이것은 감정의 북돋음을 매우 숭상하면서도 집요함을 회피하는 일본적인 기질을 만들어낸다. 벚꽃으로 이 기질을 상징하는 것은 깊은 의미에서 매우 적절하다. 이것은 급격하고 분주하게 그리고 화려하게 피지만, 집요하게 피어 지속하는 것이 아니라 피울 때와 마찬가지로 분주하고 담백하게 흩어져버린다.

　몬순적인 인종성忍從性도 일본인에게서 특수한 형태를 띤다. 이것은 첫째로 열대적·한대적이다. 즉 단지 열대적인 따라서 **비전투적인** 체념도 아니고, 단지 한대적인, 오래 참고 견디는 마음의 강함도 아니다. 그것은 **체념하면서도 반항으로 변화를 통해 조급하게 참고 견디는 인종**이다. 폭풍이나 호우의 위력이 결국 인간을 인종적이게 하지만, 이 태풍적 성격은 인간 안에서 전투적인 기분을 샘솟게 한다. 그 때문에 일본인은 자연을 **정복**하거나 자연에 **적대**하려하지 않음에도 불구하고, 역시 전투적이고 반항적인 기분에서 끈질기지 못한 **체념**에 이른다. 일본의 특수한 현상인 자포자기는 이와 같은 인종성을 명백하게 보여주고 있다. 둘째로 이 인종성도 계절적·돌발적이다. 반항을 포함한 인종은 그것이 반항을 포함한다는 이유로 단지 계절적·규칙적으로 인종을 반복하지 않는다. 또한 단지 돌발적·우연적으로 인종하는 것도 아니며, **반복해서 수행하는 인종의 각 순간에 돌발적인 인종을 가지고 있다**. 인종에 포함된 반항은 자주 태풍 같은 맹렬함으로 돌발적으로 타오르지만 이 감정의 폭풍 뒤에는 돌연한 정적의 체념이 나타난다. 수용성에서 계절적·돌발적인 성격은 곧바로 인종성에서의 계절적·돌발적인 성격과 맞물려 있다. 반항과 투쟁은 맹렬한 정도로 찬미되지만, 이것은 동시에 집요한 것은 아니다. **깨끗이 체념한다**는 것은 맹렬한 반항이나 전투를 한층 찬미하도록 한다. 즉 의연하게 인종으로 바뀌는 것, 다시 말해서 기꺼이 단념하는 것, 담백하게 잊어버리는 것은 일본인이 미덕으로 여기는 것이며, 지금도 역시 그렇다. 벚꽃으로 상징되는 일본인의 기질은 그 절반이 위와 같은 돌발적 인종성에 근거해 있다. 그것이 가장 두드러지게 나타나는 방식은 담백하게 생명을 버리는 데 있다. 이 현상은 예전에 기독교인이 박해받았을 때 순교자들이 취했던 태도이다. 유럽인은 이러한 순교자의 태도에 경탄하였다. 이와 비슷하게 그들은 러일전쟁 때 (일본인의 태도에서) 강한 인상을 받았다. 반항과 전투의 밑바닥에 있는 것은 삶에 대한 집착이다. 그러나 그 집착이 크고 강렬하게 겉으로 드러날 때 그 집착의 한복판에서 가장 눈에 띄는 것은 삶에 대한 집착을 완전히 부정하는 태도였다. 일본인의 투쟁은 여기서 그 정점에 이른다. 검도의 극치는 검선일치劍禪一致이다. 즉 (상대방과 칼을 마주한 검객은) 투쟁의 한복판에서 집요한 삶에 대한 집착을 삶의 초월로 승화시킨다. 우리는 이것을 태풍적 인종성이라고 부를 수 있을 것이다.

일본인의 특수한 존재방식은 풍부하게 흐르는 감정이 변화하는 가운데 은밀하게 견디면서 지구적 변화의 각 순간에서의 돌발성을 포함하는 것이다. 그리고 이러한 활발한 감정이 반항하면서 매우 가라앉아 있으면서도 돌발적인 감정의 북돋음이 일어나는 것인데, 그 배후에는 의연한 체념의 조용함이 숨어 있다. 이것은 **차분한 격정**[14], **전투적인 염담**恬淡[15]함이다. 이것이 일본인의 국민적 성격이다. 그러나 이 국민적 성

---

14 애정을 '차분함'이라는 말로 형용하는 것은 일본인뿐이다. 이 말에는 정감 있는 감정의 **조용한** 조화적 융합이 표현되어 있다. '차분한 격정'이란 차분하면서도 갑자기 격정적으로 바뀔 수 있는 감정이다. 즉 열대적 감정의 과잉처럼, 단순한 격정을 계속 지속해가면서 감상적으로 빠지지 않고 또 침울함에 빠져 활발함이 없는 감정도 아니다.

15 이 단어는 한국어로는 담담함을 뜻하는 단어로 이해된다. 저자는 이 단어를 전투적 격정과 더불어

격은 역사에서 자신을 형성해가기 때문에 역사적인 형성(과정) 속에서만 드러날 뿐 그 어디에도 나타나지 않는다. 우리는 이 성격을 겉으로 드러난 객관적 표현에서 추적해 들어가야 할 것이다. 인간에 대한 첫 번째 규정은 개인으로 존재하면서 사회에 있다는 것, 즉 '관계 사이間柄'[16]의 인간人間이라는 데 있다. 따라서 인간의 특수한 존재방식은 일차적으로 이 관계 사이, 곧 공동체를 만드는 방식에서 나타난다.

사람의 '사이'에서 가장 가까운 것은 아리스토텔레스도 지적했듯이 남자와 여자의 '사이'이다. 남자와 여자의 구별은 이미 이 '사이'에서 파악된 것이다. 즉 '사이'에서 하나의 역할이 남자이고 다른 역할이 여자이다. 이 역할을 갖지 않는 '사람'은 아직 남자도 여자도 될 수 없다. 남자로도 여자로도 될 수 없는 것을 아무리 결합시킨들 거기에서 '남자와 여자 사이'는 성립하지 않는다. 남자라고 하고 여자라고 할 때에는 이미 '사이'에서 사람의 역할이 주어진 것이다. 따라서 '사람'은 독신으로 살아갈 수는 있지만, '남녀'는 서로 상대 없이는 존재할 수 없다.[17]

이런 '남녀 사이'가 일본에서 어떻게 특수하게 형성되었을까? 이에 대해서는 《고사기古事記》나 《일본서기》에 나오는 연애 이야기를 비롯해 모든 시대를 통틀어 다른 어떤 주제보다도 풍부한 재료에 입각한 설명이 가능하다. 여기서 발견되는 것은 '격정을 안에 감추고 있는 차분한 사랑, 전투적이면서도 담담한 체념을 가진 연애'이다. 이것은 확실하게 일본적인 연애 유형을 보여준다. 《고사기》에 나오는 이야기 가운데

같이 따라다니는 일본인의 특성을 표현하기 위해 차분함, 냉정함의 의미로 쓰고 있다. - 옮긴이 주.

16 이 단어는 저자에게 중요한 개념이다. 그는 인간이 개인으로 존재하기보다 사람 '사이'에서 존재한다는 사실을 강조한다. 그가 하이데거의 현존재 개념에 비판적 입장을 취하는 것도 이러한 입장에서 나온다. - 옮긴이 주.

17 원래 독신이라는 말의 일반적인 용법은 정말로 홀로 서 있는 사람을 뜻하지 않고, 배우자가 없는 것을 뜻한다. 즉 본질적으로는 상대와 서로 의지하여 존재하는 것이지만, 비본질적으로는 그 상대가 없는 상태이다.

소박하고 비극적인 몇몇 연애 이야기는 구약성서나 그리스 신화[18]에서는 찾아볼 수 없을 정도로 **차분한 것**이 특징이다. 이것은 또한 중국이나 인도의 이야기에서는 보이지 않을 정도의 태풍적 격정성과 전투적 강인함을 가지고 있다. 더욱이 대담하고 조용한 체념은 '사랑의 죽음'[情死, 서로 사랑하는 남녀가 같이 자살하는 것]에서 가장 명백하게 구체화된다.[19] 이 소박함은 시대가 지남에 따라 사라졌지만, 연애에서 무상함을 발견한 헤이안조平安朝나[20] 연애를 종교와 결합한 가마쿠라鎌倉 시대에, 더욱이 연애의 근원적인 힘을 노래했던 무로마치足利 시대에도 위와 같은 연애의 유형은 분명하게 인식된다. 불교는 결코 연애의 위상을 깎아 내리지 않았다. 오히려 번뇌煩惱가 곧 보리菩提라는 사상에 따라 영혼과 육체의 괴리를 막았다. 도쿠가와 시대의 문학과 예술이 즐겨 주제로 삼은 사랑의 죽음도 단지 정신적인 '저 세상'에 대한 신앙에 그 근거를 둔 것이 아니다. 이것은 생명의 **부정**에서 연애의 **긍정**을 보여주는 것이다. 연애의 **영원**을 바라는 마음이 **순간적인** 감정의 북돋음으로 귀결된 것이다. 설령 이것이 인간 남녀로서의 역할 때문에 다른 모든 역할을 짓밟는다는 의미에서 **인간의 길에서 벗어난다**고 해도, 이것으로 일본적인 연애의 특성이 (잘) 드러나고 있다는 사실에는 변함이 없다.

이렇게 일본적인 연애의 유형에서는 첫째로 연애가 생명적인 욕망보다 우위를 차지한다. 연애가 욕망의 수단이 아니고, 욕망이 연애의 수단이다. 그래서 여기에는 개인적인 욕망으로 벌어지지 않는 관계 사이間柄, 즉 남녀 사이에 **전혀 거리가 없는 결합**이 목적이 된다. **차분한 사랑**

---

18 대표적인 사례로 트로이 전쟁의 동기인 헬레나와 《고사기》의 사호 희(姬)를 비교해보라. 헬레나의 사랑은 희극이다. 그리스인은 헥토르와 오디세우스 사이에 부부 사이의 다정다감한 정을 묘사하고 있기는 하지만, 목숨을 건 사랑에 대해서는 묘사하지 않는다.
19 나의 저서 《일본고대문화》, 332쪽 이하 참조.
20 이 시대에는 세상(혹은 속세)이라는 말이 뜻하는 첫 번째 의미가 남녀 사이였다.

으로 표현되는 것은 위와 같이 전인격적인 결합이다. 그러나 둘째로 연애는 언제나 육체적인 것이며, 단지 영혼만의 결합은 아니다.[21] 연애는 연애의 수단으로 육체에 대한 욕망을 빼놓고 생각할 수 없다. 그렇기에 (연애는) 인격적인 차분한 사랑이면서 동시에 격정적으로 된다. 전혀 거리를 두지 않는 결합은 거리를 두고 떨어진 육체를 매개로 시도되지 않으면 안 된다. 영혼의 영원을 향한 욕망이 육체에서 순간적으로 폭발한다. 여기에 셋째로 (이것이) 육체적 생명을 아까워하지 않는 연애의 용감함이 되고, 네 번째로 이 뒤에는 돌연한 체념이 자리 잡는다. 즉 전혀 거리가 없는 결합이 육체에서는 불가능하다는 사실에 대한 체념이다. 여기서는 육체적 연애가 담담하게 육체를 부정한다. 이것은 사랑의 죽음 현상으로 확대할 필요도 없이 연애를 언제나 육체적으로 파악하고 있는 일본인이 육체적으로 가장 **담담**하다는 사실에서 잘 나타난다. 그래서 일본적 연애의 유형은, 연애를 정신의 사건으로 파악하면서도 육체에 대한 욕망에 집착하는 다른 유형보다 더욱더 높은 품위를 간직하고 있다.

그러나 '남녀 사이'를 단지 위와 같은 연애의 관계로만 제한하는 것은 사실은 추상적이다. 이것은 '처녀 총각 사이의 관계'임과 동시에 부부관계이고, 따라서 '부모와 자식의 사이'를 포함하지 않으면 안 된다. 그러나 부모와 자식 사이는 부부가 그 사이에서 낳은 자식에 대해 가지는 관계만이 아니다. 부부가 자식에 대해 부모이면서 동시에 부부 자체가 부모에 대해서는 자식이다. 그래서 한 사람은 **남녀**임과 동시에 **부부**이고 **부모**이고 **자식**이다. 자식으로서의 역할을 갖지 않으면서 남녀가 되는 경우는 절대 있을 수 없다. 따라서 남녀의 사이는 어디까지나 부

---

21 사람들이 흔히 말하는 플라톤적 사랑은 영국에서 만들어진 것으로 본래 그리스적인 연애는 아니다. 일본에서도 영국인이나 미국인을 통해 알려지기 전까지 플라톤적 사랑은 없었다.

부, 부모, 자식 사이에 기초해 있다고 말하지 않을 수 없다. 이것이 '가족'으로서의 인간의 공동체이다. 그래서 한 사람은 가족의 전체성에서 비로소 부부, 부모, 자식, 남녀로서 역할을 부여받는 것이지, 그 반대로 남녀, 부부, 부모, 자식이 모여서 가족이 성립되는 것이 아니다.

가족으로서의 사람의 '사이'는 목장, 사막, 몬순의 풍토에 따라 확실히 다르게 나타난다. 목장 풍토 문화는 그리스인의 해적 행위에서 시작되었다. 자신의 고향인 목장을 떠나 모험을 했던 **남자들**이 다도해 연안의 여러 지방을 **정복**하고 원시적인 폴리스를 건설하기 시작했을 때 피정복지의 **여자**를 아내로 삼았다. 즉 가족에서 이탈해 나온 **남자**와 살육에 의해서 가족이 파괴된 **여자**가 여기서 새로운 가족을 형성한 것이다. 그리스의 옛 전설에 잔혹한 남편 살해의 이야기가 많은 것은 이와 같은 역사적 배경을 기초로 할 때 잘 이해될 수 있을 것이다. 그래서 그리스인이 원래 강한 조상 숭배와 헤스티아Hestia 숭배를 뿌리 깊게 보존하고 있었음에도 불구하고 폴리스 형성 이후에는 가족의 의미가 폴리스에 비해 훨씬 약해진다. 가족은 **부부**의 관점에서 파악되고, 혈연적으로는 **누구의 자식** 정도로 아버지가 언급될 뿐이다. 이에 비하여 사막 풍토에서 가족은 선조 이후의 혈통을 이어온 한 전통적인 존재로서 파악된다.[22] 처녀에게서 태어난 예수조차도 '아브라함의 자손', '다윗의 자손'이다. 그러나 사막 풍토에서의 존재방식은 이 가족의 우위를 오히려 '부족'에게 양도하였다. 유목생활의 단위는 부족이지 가족이 아니다. 부족의 단결이라는 엄밀한 제약 아래서는 가족생활 공동체의 의미가 약화된다. 가족생활 공동체에 가장 강한 무게중심을 둔 것은 몬순 풍토에서 사는 가족이다. 특히 중국과 일본의 '가족'이다. 이 가족은 사막 풍

---

22 유대인들만 현대 유럽에서 눈에 띄게 부모에게 효도를 하는 것을 볼 수 있다.

토에서의 가족과 똑같이 혈통적인 존재이지만, 부족으로 해소돼버리지 않았다.

'가족'은 가족의 전체성을 의미한다. 이것은 가장으로 대표되지만, 가장도 가장이도록 하는 전체성을 통해 존재하는 것이지 그 반대로 가장의 자의적 결정을 통해 존재하는 것이 아니다. 특히 '가족'의 본질적 특성을 구성하는 것은 이 전체성이 역사적으로 파악된다는 점이다. 현재의 가족은 이 역사적인 '가족'에 기반을 둔 것이다. 따라서 (가족은) 과거와 미래에 걸친 '가족'의 전체성을 책임지지 않으면 안 된다. '가문의 이름'은 가장까지도 희생시킬 수 있다. 가족에 속한 한 개인은 부모, 자식, 부부일 뿐만 아니라 선조에 대해서는 후손이고 후손에 대해서는 선조이다. 가족의 전체성이 개별 구성원보다 **우선한다**는 것은 이 '가족'에서 가장 분명하게 드러난다. 이러한 '가족'이 일본인의 존재방식으로 특히 눈에 띤다는 점은 가족제도가 일본의 미풍양속으로 강조되고 있다는 사실로도 잘 알 수 있다. 그러나 그 특수성은 어디에 있는 것일까? 또 이 특수한 존재방식은 가족제도가 쇠퇴함에 따라 소멸되어가는 것일까?

앞서 제시한 일본적인 연애의 특수성은 가족으로서의 존재방식에도 그대로 통한다. 여기서는 남녀 사이가 아니라 부부 사이, 부모 자식 사이, 형제 사이가 문제가 된다. 특수한 존재방식과 관련해 첫 번째로 살펴볼 점은, '사이'가 전혀 거리가 없는 결합을 목적으로 한 차분한 사랑이라는 점이다. 소박한 고대인은 부부싸움이나 질투를 이야기[23]할 때

---

23 가장 원시적인 부부생활에 대한 묘사로 다쿠사쿠니신(諾冊二神)의 국가 탄생 이야기를 (구약성서에 나오는) 아담과 이브 이야기와 비교해보라. 부부생활은 원죄 때문에 시작되는 것이 아니라 '상호 보완'을 위해 시작된 것이다. 아내의 죽음은 죄의 결과가 아니라, 단지 남편의 심한 비탄의 결과이다. 이 비탄은 남편 자신까지도 요미(ヨミ)의 나라까지 가게 할 정도로 강하다. 요미 나라에서의 두 신의 싸움은 삶과 죽음과의 대항에 대한 이야기이고, 사실은 부부생활 그 자체에 대한 이야

이미 이러한 거리 없는 가족의 사랑을 보여주고 있다. 더욱이《만요슈万葉集》에 나오는 가수 오쿠라憶良의 "돈이니 황금이니 옥이니 무슨 소용이겠느냐, 아이보다 더 소중한 보물이 있겠는가"라는 노래는 일본인의 마음을 그대로 표현하는 것으로, 오랫동안 사람들의 입에 오르내리고 있다. 가족에 대한 오쿠라의 사랑은 (잔치를 마치며 부르는) 파연罷宴의 노래에서 더욱 더 직관적으로 표현되고 있다. "오쿠라는 지금 돌아오고 있을 거야. 아이는 울고 있을 거야. 아이의 엄마도 나를 기다리고 있을 거야." 이러한 차분한 사랑은 큰 사회적 변혁을 일으킨 가마쿠라 시대의 무사에게서도 발견할 수 있다. 구마가이 렌시요우보우[熊谷蓮生坊, 렌시요우보우라는 호칭은 구마가이 나오자네가 무사를 그만두고 삭발한 후 불가로 들어간 다음 보우렌法蓮 스님에게 받은 것이다]의 심경의 변화는 자식에 대한 애정을 기반으로 한 것이다.[24] 더욱이 무로마치 시대 노래 가사에는 부모 자식의 사랑이 가장 근원적인 힘으로 묘사되어 있다. 도쿠가와 시대의 문학과 예술이 사람들의 눈물을 자아내려 할 때 부모 자식 사이의 사랑이 사용된 것은 말할 것도 없다. 모든 시대를 통틀어 일본인은 가족적인 '사이'에서 **자기의 이익을 희생하는 것**을 목표로 하였다. 자타불이自他不二의 이념은 이 장면에서 어디에도 비교할 수 없을 정도로 실현되고 있다. 따라서 두 번째로 이것은 차분하면서 동시에 격정적이다. 사랑의 차분함은 단지 음침함에 빠진 감정의 융합이 아니고, 감정의 과잉을 변화 속에서 은밀하게 견디어 지속하는 것이다. 강한 감정을 머금은 채 고고한 형태로 나타나는 것이다. 그래서 거리가 없는 결

기는 아니다. 또한 질투에 대한 예로는 야치호코 신(八千矛神)[많은 창(矛)을 가진 신이란 뜻]과 반(磐)의 희(姫)[이와키 국(磐城國)의 황후로 질투가 많았다고 함, 《만요슈》에 그녀의 노래가 실려 있음]의 노래를 보라.

24 《長門本平家物語》[가마쿠라 시대에 저술된 것으로 작자 미상. 당시 무사들의 병영일기 같은 것으로 여러 판본 가운데, 저자는 20권으로 나온 長門本을 인용하고 있음]

합을 목적으로 하는 힘은 표면적으로는 조용함에도 불구하고 그 밑바탕에서는 매우 강렬하다. 이기심의 희생도 단지 편의상 필요한 정도에 그치는 것이 아니고, 어디까지나 철저하게 수행되도록 한다. 그래서 장애에 부딪칠 때마다 차분한 사랑은 철저하게 열정적으로 바뀐다. 이것은 가족의 전체성 때문에 개인을 억압시킬 정도로 강한 힘을 가지고 있다. 그래서 세 번째로 가족적인 '사이'는 생명을 아끼지 않는 용감한, 전투적인 태도가 되어 나타난다. 소가曾我 이야기는 부모의 원수를 갚는 사상이 얼마나 강하게 일본 민중의 피를 끓게 했는지를 보여주고 있다. 부모를 위해 또 가문의 이름을 위해 사람들은 자신의 일생을 희생한다. 그리고 이러한 희생을 행한 당사자는 희생을 인생에서 가장 높은 의미를 가지는 것으로 느낀다. '가문의 이름'을 위해 용감하게 행동했던 무사들이 모두 그러했다. 가족의 전체성은 언제나 개인보다 중요하다. 따라서 네 번째로 사람들은 매우 대범하게 자기의 목숨까지도 버린다. 부모를 위해 또는 자식을 위해 자신의 목숨을 거는 것, 또는 '가족'을 위해 생명을 버리는 것, 이것은 일본 역사에서 가장 뚜렷한 현상이다. 가족을 위해 용감하게 행동하는 것은 반드시 이기심에서 나온 것이 아니다. 따라서 집요하게 삶을 의욕하지 않는다는 것은 차분한 사랑에 이미 이기심의 희생이 포함되어 있다는 사실을 통해 이해될 수 있을 것이다.

이렇게 일본인의 '가족'으로서의 존재방식은 차분한 격정, 전투적 대범함과 같은 일본적 '관계-사이'를 가족적으로 실현한 것이다. 또한 관계-사이의 특수성이 정말로 '가족'이 되는 것을 현저하게 발달시키는 근거도 되는 것이다. 왜냐하면 차분한 사랑은 인공적·추상적 시점에서 인간을 보는 것을 허락하지 않아서 개인의 자각에 기초한 보다 큰 인간 공동체 형성에는 부적합하기 때문이다. 그래서 일본에서 '가족'은 공동체 가운데 공동체로서 특히 중요한 의미를 가진다. 이것은 참으로 일본인의 존재방식의 특수성이어서 이에 기초한 가족제도는 이데올로기보다 더 깊은 근원적인 위치를 가지고 있다. 가족제도가 현대에 이르러 도쿠가와 시대처럼 두드러지게 존재하지 않는 것은 누구나 인정할 것이다. 그러나 현대 일본인의 존재방식을 생각해볼 때 '가족'을 떼어놓고 생각할 수 있을까? 유럽의 근대 자본주의는 인간을 개인으로 놓고 본다. 가족 역시 경제적 이해관계에 따른 결합으로 이해된다. 자본주의를 받아들인 일본인도 '가족'에서 개인을 보지 않고, 개인의 집합에서 가족을 보게 되었을까? 그렇다고 답할 수 없을 것이다.

　가장 일상적인 현상을 놓고 볼 때, 일본인은 '가족'을 '안'으로서 파악한다. 가족 바깥의 세계가 '밖'이다. 그래서 '안'에서 **개인의 구별은 소멸된다.** 아내에게 남편은 '안', '안 사람', '집'이고, 남편에게 아내는 '가족 안'이다. 가족 또한 '안의 사람'이어서, 바깥에 있는 사람과의 구별은 뚜렷하지만 내부의 구별은 무시된다. 즉 '안'으로서는 참으로 '거리가 없는 **관계-사이**'인 가족의 전체성이 파악되고, 이것이 '밖'인 세상과 떨어져 있는 것이다. 이와 같은 '안'과 '밖'의 구별은 유럽 언어에서는 발견할 수 없다. 실내와 실외, 집의 안과 밖을 말하기는 해도, 가족 **관계-사이**의 안과 밖을 말하는 경우는 없다.[25] 일본어의 안ぅち・밖そと 에 대응할 정도로 중요한 의미를 가지는 것은 첫째로 **개인의** 마음의 안과 밖이고, 두 번째로는 주택의 안과 밖이며, 세 번째로는 나라 혹은 도시의 안과 밖이다. 즉 정신과 육체, 인생과 자연, 또는 큰 인간 공동체의 대립이 주로 주목되고 있어서 가족의 관계-사이를 기준으로 하는 방식은 아니다. 이렇게 **안・밖**의 용법은 일본인의 존재방식을 직접적으로 이해할 수 있는 표현에 해당한다고 할 수 있을 것이다.

---

25 영국인이 가족을 강조하고 있기는 하지만, 영어로 집(home)은 원래 '거처', '땅'의 의미이지 '안'의 의미와는 관계가 없다.

이렇게 언어로 표현되어 있는 것은 그대로 '가족'의 구조에도 나타난다. 즉 인간의 관계-사이로서의 가족의 구조는 그대로 **가옥으로서의 가족의 구조**[26]에 반영되어 있다. 우선 첫째로 '가족'은 그 내부에서 '거리 없는 결합'을 표현한다. 어떠한 방도 거리를 나타내기 위한 의지로서 열쇠나 문단속으로 다른 사람의 방과 구별하는 일은 없다. 즉 각각의 방의 구별은 없다. 이를테면 미닫이문이나 장지문으로 칸막이가 되어 있다고 해도 이것은 단지 **상호신뢰 가운데** 막아놓은 것일 뿐, 이것을 여는 것을 거부하는 의지를 드러낸 것은 아니다. 그렇기 때문에 거리 없는 결합 그 자체가 미닫이에 의한 구분을 가능하게 하는 것이다. 그러나 거리 없는 결합에서도 구분을 필요로 한다는 점은 다른 한편으로 거리 없는 결합이 포함하고 있는 **격정성**激情性을 드러낸다. 따라서 이것은 가족 내부에서의 **대항성**對抗性을 드러내줌과 동시에 이것을 불식시켜 구별 없는 담담한 개방성도 실현할 수 있다.

두 번째로 '가족'은 밖과 명백하게 구별된다. 방에는 잠금장치를 하지 않아도 바깥 현관에는 반드시 **자물쇠**를 채운다. 그뿐 아니라 밖에는 더욱이 울타리나 담이 있으며 더 심한 경우에는 가시나무 울타리나 웅덩이가 있다. 밖에서 돌아오면 현관에서 나막신이나 구두를 벗는데, 이것으로 밖과 안을 확연하게 구별한다. 밖에 대해 **거리두기**가 노골적으로 드러난다.

이와 같은 가족이 일본에서는 계속해서 존재한다. 그리고 (이것이) 단지 외형적으로 있는 것일 뿐만 아니라 생활방식도 규정하고 있다.[27] 이것이 인간의 존재방식으로서 얼마나 특수한지는 유럽과 비교해보면

---

26 더 나아가 영어로 정부 여당은 ins, 야당은 outs 이다.

27 예를 들어 구두를 벗지 않아도 좋은 곳은 안으로 느끼지 않는다. 따라서 공공건물에서는 흙 묻은 신발을 신은 채 실내로 들어간다. 심한 경우에는 나막신을 신은 채 들어간다.

명백해진다. 유럽의 집 내부는 개개의 독립된 방으로 구별되어 있고, 그 사이에는 두꺼운 벽과 튼튼한 문으로 거리두기가 되어 있다. 방문은 각각 정교한 자물쇠로 잠글 수 있으며, 따라서 열쇠를 가지고 있어야만 자유롭게 드나들 수 있다.[28] 이것은 원리적으로 말하자면 **각각 서로 떨어져 거리를 두고 있는 구조**다. 안과 밖이 첫째로 개인의 마음의 안과 밖을 의미한다는 사실은 집의 구조에 반영되어 있어서 개개인의 방의 안과 밖이 되는 것이다. 그래서 (유럽에서는) 방의 방문 밖으로 나오면 곧바로 일본에서 현관 밖으로 나오는 것과 같은 의미를 가진다. 방 안에서, 즉 개인적으로는 다 벗고 있어도 상관이 없다. 그러나 방을 나와서 가족 사이에 들어가면 단정하게 하지 않으면 안 된다. 한 걸음 방 밖으로 나오면 집 안의 부엌이든 길가의 레스토랑이든 큰 차이가 없다. 집 안에서의 부엌은 이미 일본에서의 '밖'임과 동시에 레스토랑이나 오페라 극장 등도 이른바 응접실이나 거실의 역할을 한다. 그래서 한편으로는 일본의 집에 해당하는 것이 문을 잠그는 개인의 방으로 축소되고, 다른 한편으로는 일본에서 가정 안의 단란함에 해당하는 것이 도시 전체로 퍼져나간다.

여기에서는 '거리 없는 관계-사이'가 아니라, 거리가 있는 개인 사이의 사교가 이루어진다. 그러나 이것은 방에 대해서 밖이지만 공동생활의 의미에서는 안이다. 도시의 공원도 그곳을 오가는 것도 '안'이다. 그래서 일본 가족의 담이나 울타리에 해당하는 것이, 한편으로는 방의 자물쇠까지 축소됨과 동시에 다른 한편으론 도시의 성벽이나 성벽 주위의 수로에까지 확대된다. 일본의 현관에 해당하는 것은 도시의 성문이

---

28 자물쇠와 열쇠의 발달 정도는 유럽과 일본에서 서로 다를 것이다. 자물쇠와 열쇠의 정교함의 기술은 중세 유럽이 현대 일본보다 훨씬 탁월하다. 이에 비하면 일본의 문빗장이나 흙벽으로 된 창고의 열쇠 등은 거의 원시적이라고 할 수 있을 것이다.

다.[29] 그래서 방과 **성벽** 사이의 중간에 존재하는 가족은 그만큼 중대한 의미를 갖지 않는다. 사람들은 지극히 개인주의적이어서 **거리가 있는** 동시에 또 지극히 사교적이어서 **거리를 두는 중에 공동**적인 것에 익숙해 있다. 즉 진실로 '가족'으로 규정될 수 있는 것은 없다. 일본인은 외형적으로는 유럽의 생활을 배웠는지 모른다. 그러나 가족으로 규정되는 개인주의적·사교적인 공동생활을 영위할 수 없는 점에서는 거의 전부 유럽화되지 않았다고 할 수 있다. 도로면 아스팔트를 버선을 벗고 나와 걸어갈 장소라고 느낄 사람이 있을까? 또는 신발이 다다미 위로 올라가 신을 수 있는 것이라고 누가 느낄까? 즉 '가족의 안'과 '도시의 안'의 동일시가 어디에 존재하는 것일까? 도시를 어디까지나 가족 밖으로 느끼는 한 이것은 유럽적이지 않다. 개방적인 일본의 가옥에서 살고 있는 한 그들은 여전히 '가족'으로 규정되어 있는 것이다.

이렇게 우리는 '가족'으로서의 존재방식이 특히 두드러지게 국민의 특수성을 보여준다는 것을 인정하지 않을 수 없다. 그런데 일본인이 그 전체성을 자각하는 길도 사실은 가족의 전체성을 통하여 가능한 것이다. 인간의 전체성은 우선 신神으로 파악된다. 그러나 이 신은 역사적인 '가족'의 전체성으로서의 '조상신'에 다름 아니다. 조상신은 고대에 가장 소박한 전체성에 대한 파악이었지만, 이상하게도 그 소박한 활력이 한 나라의 역사적 전개를 통해 활발하게 지속되고 있다. 메이지 유신은 존황양이[尊皇攘夷, 천황을 받들고 외국인을 배척했던 사상]라는 형태로 드러난 국민적 자각을 통해 이루어졌는데, 이 국민적 자각은 일본을 신국神國으로 하는 신화 정신의 부흥에 기초하고 있으며, 이 부흥은 씨족신

---

29 이것은 현대에 이르러 국경으로 바뀌고 있지만, 도시의 성문이라고 해도 아직 완전히 그 의미가 사라진 것은 아니다. 이탈리아의 도시는 장소에 따라서 교외의 교통조차도 성문의 세관에서 감시하고 있다.

氏神의 씨족신인 이세신궁伊勢神宮의 숭배에 기초하고 있다. 원시 사회의 종교적인 전체성을 파악하는 행위가 고도의 문화가 발달된 시대에도 여전히 사회 변혁의 동력이 될 수 있다는 현상은 실제로 세계에서 그 유례가 없는 일이다. 그래서 학자들은 메이지 시대에 다른 국민과의 전쟁에서 타올랐던 국민적 자각조차도 자신의 이론을 세우지 않고, 여전히 가족과의 유비analogy를 통해 설명하려고 하였다. 한마디로 일본 국민은 황실을 종가로 하는 하나의 대가족이다. 국민의 전체성은 같은 조상에서 나오는 큰 가족의 전체성일 따름이다. 여기서 국가는 '가족의 가족'이다. 가족의 테두리는 국경까지 확대된다. 가족의 내부에서처럼 국가의 내부에서도 거리가 없는 결합이 실현되지 않으면 안 된다. 가족의 입장에서 효孝라고 하는 덕은 가족의 가족 입장에서 충(忠)으로 불린다. 그래서 충효는 본질적으로 일치한다. 이것은 어느 쪽이든 전체성을 통해 개인을 규정하는 덕인 것이다.

이러한 충효일치의 주장이 이론적으로나 역사적으로 많은 무리가 있다는 것은 얼른 보아도 명백하다. 가족의 전체성은 결코 그대로 국가의 전체성이 될 수 없다. 가족은 직접적인 생활의 공동으로서 인간 공동체의 **시작**이고, 국가는 정신적 공동체로서 인간 공동체의 **완성**이다. 전자는 가장 낮은 전체성이고, 후자는 인간의 가장 높은 전체성이다. 연대성의 구조에서도 양자는 서로 다르다. 그래서 인간의 구조로서의 가족과 국가를 동일시하는 것은 오류이다. 또 역사적으로 보아도 에도 시대에 효는 반드시 가족의 전체성을 통한 개인의 규정 전체의 관계로 정립되지 않았다. 중국에서 부모와 자식 사이의 관계는 '친親'이었지만, 에도 시대에 효는 단지 어버이에 대한 자식의 봉사적 관계만을 의미했다. 마찬가지로 충 역시 봉건군주와 신하 사이의 개인적 관계만을 의미하는 것이었지 국가의 전체성과 관계가 없었다. 그래서 국가의 전체성으로의 귀속을 의미하는 **존황**尊皇은 본질적으로 에도 시대의 충과는 다른 것이다.[30] 따라서 어버이에 대한 봉사적 관계를 봉건군주에 대한 봉사적 관계와 일치시키는 것은 **존황의 의미에서의 충**(즉 개인적 관계는 없고, 전체성으로의 개인의 귀속이라고 하는 의미에서의 충)이 가족 전체성의 규정으로서의 효와 일치한다는 것을 입증하는 것이 아니다.

그럼에도 불구하고 우리는 가족의 유비에 따라 국민의 전체성을 자각하려고 하는 충효일치의 주장에 충분한 역사적 의미를 인정한다. 이것은 참으로 일본인이 **자신의 특수한 존재방식**을 통해서 인간의 전체성을 파악하는 **자신만의 특수한 방식**인 것이다. 그래서 이러한 특수한 방식을 가능하게 했던 것은 일본 국민의 특수성이 가족의 존재방식에 가장 잘 드러나고 있다.[31] 이와 동일한 특수성이 국민의 존재방식 자체에도 똑같이 드러나고 있다.

일본에서도 국민의 전체성은 먼저 **종교적**으로 파악되었다. 이것은 신화를 통해서만 이해할 수 있는 원시 사회의 사실이다. 원시 사회에서 사람은 아직 개인으로서의 사물을 느끼고 생각하지 못했다. 인간의 의식은 단체의 의식이며, 단체 생활에서 불리한 것은 터부가 되고 이것이 개인을 구속했다. 이런 사회에서는 인간의 전체성이 신비적인 힘으로 자각된다. 그래서 신비적인 힘으로의 귀속은 전체성으로의 귀속에 다름 아니며, 종교적으로 무엇인가를 제사 지낸다는 것은 제의祭儀에서 전체성을 드러내는 것이었다. 그런데 제사를 관장하는 사람은 전체성의 표현자로서 신적인 권위를 가지게 된다. 비를 내리는 자rain maker는

---

30 그래서 어떤 학자는 도쿠가와 시대의 충 개념이 잘못된 것이고, 천황에 대한 충만이 진정한 충이라고 주장한다.

31 개인과 전체의 관계에서 개인이 전체에 귀속하는 관계가 특히 강하게 드러나는 곳이 가족이다. 가족에서 특수성이 가장 잘 드러난다고 할 때, 이 특수성은 개인의 전체로의 귀속에서 특히 현저하게 드러난다. 이와 똑같은 특수성이 국민의 존재방식에서도 발견된다.

제우스가 된다. 이것은 원시종교가 가지고 있는 일반적인 경향인데, 일본에서 특히 모범적으로 잘 드러난다. 아마테라스 오미카미天照大神는 신이면서 동시에 제사 지내는 일을 관장한다. 제사 지내는 일이 그대로 정치를 의미하는 데 이른 것이 이러한 사정을 가장 분명하게 보여주고 있다.

원시 사회에서 일본 국민은 위와 같이 제사를 통해 확보된 하나의 **교단**教團의 의미를 가지고 있다. 무력이나 경제적인 힘은 충분하게 체계화되지 않았음에도 불구하고 일본 국민이 매우 긴밀한 단결을 이루어 다수의 군대를 조선에까지 보낼 수 있었던 것은 이와 같은 종교적인 결속과 연대에 의한 것이다. 이것은 전국적으로 똑같이 발견된 고분 시대의 유물이 모두 거울鏡, 구슬玉, 칼劍에 대한 숭배를 보여주고 있다는 것을 통해서도 설명된다. 그런데 이 교단적인 인간 공동체는 가족이라는 공동체와 똑같이 개인의 자각을 필요로 하지 않는 **감정 융합적인 공동체**이다. 그래서 이 교단적인 공동체는 일본인의 존재방식을 잘 드러내줄 수 있는 근원적인 토대가 된다.

일본의 신화가 여러 원시 신앙의 흔적을 보여주고 있음에도 불구하고 **하나의 제사**에 의해 강력하게 통일되어 있다는 사실은 그리스나 인도의 신화에 비교해볼 때 가장 특이한 점이라 할 수 있을 것이다. 그에 비교될 수 있는 신화는 구약성서에 나오는 신화뿐이다. 그러나 구약성서의 신화에서 신과 인간은 확연하게 구별되는 반면, 일본의 신들은 인간과 지극히 친밀하고 혈연관계로 이해된다. 전자에서는 인간의 전체성이 준엄하게 인간에게 위엄으로 다가오지만, 후자에서 전체성은 결코 자기의 의지대로 명령을 내리지 않고 항상 온화하면서도 특별히 감정적인 자애로 다가온다. 아마테라스 오미카미에 대한 묘사가 이것을 잘 보여준다. 이것은 결국 교단으로서의 인간의 관계-사이가 '거리 없는 결합', '차분한 사랑'을 특성으로 한다는 증거이다. 그리스의 신들은 인간에게 가까이 있다는 점에서 일본의 신들과 비슷하지만, 이미 지적이고 공화정치적인 관계-사이를 반영하고 있다. 이것은 그리스 민족이 하나의 제사로 결합될 수 없었다는 것을 보여준다.

하나의 제사를 통한 거리 없는 결합은 그리스도교 교회에서와 같이 영혼만의 결합은 아니었다. 이것은 종교적이면서도 육체를 가진 인간의 결합이었다. 그래서 이것은 초국민적인 신의 교회로서가 아니고, 국민적 단결로서 실현되었다. 신의 교회에서 '제사'는 어디까지나 영혼에 관한 것이지, 지상 생활의 '정치'는 아니었는데, 국민적 교단에서 제사는 다른 측면에서의 정치였다. 천황은 법왕과 똑같이 전체성의 표현자로 앉아 있으면서 동시에 법왕과는 달리 국가의 주관자로 나타났다. 여기서 교단적인 거리 없는 결합은 육체를 가진 인간의 결합으로서 어디까지나 **거리를 두고** 실현된다. 따라서 여기서는 격정적인 성격이 나타나지 않을 수 없다. 온화하고 자애로운 아마테라스 오미카미는 동시에 단호하게 분노하는 신으로 앉아 있기도 하다. 여기에서 국민의 존재방식이 가지고 있는 두 가지 성격, 즉 '차분한 격정'이라고 하는 이중성격이 드러난다.

교단적인 결합이면서도 초지상적인 것이 아니라 어디까지나 지상적이라는 사실은 위와 같이 거리 없는 결합을 거리 있음에서 성립시킨다. 이것은 이 결합이 언제나 **대항을 포함**하고 있다는 것, 즉 전투적이라는 것을 뜻한다. 투쟁은 이미 신들 사이에서 일어나고, 신화는 싸움에 대한 이야기로 채워져 있다. 교단적 결합은 결코 대항 없는 융합은 아니었다. 사람들이 말하는 일본인의 무武를 숭상하는 정신은 바로 이 전투적 성격이다. 그러나 이 전투적 성격은 일본 국민을 다수의 폴리스로 분열시키지 않았다. 전투를 통해 하나의 제사가 실현되었듯이, 전투 자체가 거리 없는 결합의 길이었다. 이것은 전투적 성격의 배후에 존재하는 **염담성**에 의해 가능하다. 신화에서 말하는 전투는 모두 염담했다. 염담이라는 것은 전투가 맹렬하지 않다는 것이 아니고, 맹렬한 전투가 갑자기 융합으로 바뀐다는 데 있다. 여기서 일본인의 존재방식의 두 측면, 즉 '전투적 염담'이라고 하는 이중성격이 발견할 수 있다.

이상과 같이 고대의 교단적 국민의 결합은 가족의 유비를 통해 이해될 수 있는 특수성을 가지고 있다. 이것은 격정적이면서도 차분한 결합을 포함하고 있고, 전투적이면서도 염담과 융합되어 있다. 이러한 특성은 설사 맹렬한 투쟁 가운데서 대립하고 있어도 적수를 동포로 느끼는 것과 같은 지극히 인도적인 인간의 태도를 가능하게 한다. 적을 철저하게 증오하는 것은 일본적인 것이 아니었다. 여기에서 일본인의 도덕사상이 나오는 토대를 발견할 수 있다. 도덕은 아직 '사상'으로서 형성되지는 않았지만 인간 행위와 심정은 '고귀함', '밝음', '더러움', '천박함'으로 평가된다. 이러한 평가에는 이미 국민의 특수성이 반영되어 있다.

이 특수한 평가에서 다음과 같은 몇 가지 사안을 가장 중요한 것으로 선택해서 선별해낼 수 있다. 첫째로 국민의 존재를 교단으로서 존재하게 한 종교적 신념이다. 고귀함은 우선 제사를 관장하는 신에게 인정된다. 이것은 국민의 전체성으로의 귀의가 모든 가치의 근원임을 의미한다. 이것은 천황을 존경하는 마음으로 표현될 수 있다. 두 번째로 인간의 거리 없는 결합의 존중이다. 온화한 심정, 차분한 사랑은 모두 영웅이 갖추고 있어야 할 자격이었다. 그렇지만 이것은 가족적인 직접적 애정으로서 뿐만 아니라, 일반적으로 국민 사이의 상호관계로서 파악된다. 그래서 이것은 한편으로는 **인간의 자애**의 존중이고, 다른 한편으로는 **사회적 정의**의 존중이다. 세 번째로 전투적 염담함에 근거를 둔 '고귀함'의 존중이다. 용기는 귀하고 아름다운 것이나, 비겁함은 천하고 더러운 것이다. 그러나 단순한 강함은 추하고, 잔학함은 가장 추하다. 왜냐하면 여기에서는 용기뿐만 아니라 집요한 이기적 욕망이 존재하기 때문이다. 용기의 귀중함은 자기를 비우는 장소에 존재한다. 용감한 전투적 성격은 동시에 담담한 자기방기를 수반하지 않으면 안 된다. 이런 의미에서 고귀함과 비천함이란 생명보다도 중요한 가치였다.

이러한 세 가지 사안이 고대에서 중요한 덕목이었다는 것은 신화나 전설을 통해 입증될 수 있다. 그러나 고대 국민의 특수성은 **교단으로서의 결합**과 같은 원시 신앙에 기초해 있었다. 이것은 문화가 급속도로 발달한 이후의 시대에도 마찬가지로 발견될 수 있을까? 개인의 존재가 강하게 자각된 이후에도 역시 국민적인 거리 없음의 결합 같은 것이 계속 존재할 수 있을까? 우리는 위에서 말한 바와 같은 신화와 전설의 시대를 고분古墳 시대로 간주한다. 이때는 장대한 고분의 축조나 조선[32]과의 군사관계가 절정에 이른 시대이다. 그래서 이 시대는 전 국토에 걸쳐 일본 국민의 통일이 **제사의 통일**로서 종교적으로 강력하게 실현된 시대였다.[33] 이후의 시대 역시 큰 사회적 변혁을 중심으로 고찰할 수 있을 것이다. 두 번째로 큰 변혁은 다이카大化의 개혁이다. 첫 번째 변혁인 제사의 통일은 종교적인 봉건사회 조직에서 전국적으로 실현될 수 있었다. 봉건군주는 천황의 종교적 권위로, 즉 거울, 구슬, 칼의 권위로 각 지방 민중의 전체성을 표현하였다. 그러나 조선을 통해 중국 및 중국인과 중국 문화를 접촉하게 되면서 점차 원시적 신상의 신선한 활력이 쇠퇴했다. 종교적 권위가 변하여 무력적·경제적인 권력이 지방 군주의 지배력이 되었다. 여기서 제사의 통일은 정치의 통일을 포함하지

---

32 저자는 한국의 시대 구분과 관계없이 한반도를 조선으로 표기하고 있다. ─ 옮긴이 주.

33 나의 저서 《일본고대문화》 가운데 〈상고 시대사 개관〉 부분을 참조. 고분 시대는 1~2세기경부터 불교의 영향을 받아들이기 시작한 시대까지를 의미한다.

않으면 안 되었다. 황족의 증가에 따른 중앙집권 운동은 이러한 정치 통일의 선봉이 된다. 이렇게 종교적 권위를 위태롭게 한 중국 문화 자체가 새로운 통일의 무기가 되고, 이로 인해 **최초로 봉건사회가 전복되고** 중앙집권적 국가가 형성된 것이다. 다이카 개혁으로 바뀐 것은 토지공유제도에 기초한 국가사회주의적인 사회조직이었다. 그래서 이러한 단호한 개혁은 경제적 실력이 뒷받침된 종교적 권위의 힘에 의해 작은 내란도 없이 수행되었다.

세 번째 큰 변혁은 **가마쿠라 막부**의 수립에 의한 봉건적 조직의 재건이다. 토지공유주의에 기초한 사회조직은 인간의 사적 소유 욕망을 만족시킬 수 없었다. 힘이 있거나 탁월한 능력을 가진 사람들은 장원莊園과 같은 '공유제도의 암癌'에 숨어서 사유제도를 은밀하게 발전시켰다. 장원에서 양성된 무력에 의한 권력이 점차 장군과 그에 속한 수호 지주에 의해서 조직화된 두 번째 봉건제도가 생겨나게 되었다. 따라서 토지공유주의에 기초한 국가의 법률이 폐기되지 않았음에도 불구하고 실제로는 장군의 군령이 법률의 역할을 하기 시작하였다.

네 번째 큰 변혁은 **전국시대**이다. 봉건제도 그 자체는 무너지지 않았지만 지배계층은 **실질적으로** 무너졌고 일련의 운동으로 인해 민중들로부터 나온 세력이 기존의 세력을 대체하였다. 이와 함께 도시가 발달하고 도시인의 경제적 힘이 무력을 은근히 압도하기 시작했다.

다섯 번째의 큰 변혁은 메이지 유신이다. 여기서 봉건제도는 다시 전복되었고, 중앙집권적 국가가 다시 형성되었다. 오랜 봉건제도의 기간을 통해 **권력이 없는 권위**였던 천황의 권위는 여전히 장군의 권력보다도 위에 있었고, 여전히 국민의 전체성을 표현하고 있다는 사실이 명백하게 드러났다. 원시적 신앙은 결코 죽지 않았던 것이다.

이러한 큰 변혁을 통해서 각 시대를 고찰해보면, 앞에서 들었던 국민의 특수성과 이에 기초한 도덕사상이 역사적으로 어떻게 잘 실현되었는가를 알 수 있다. 교단으로서의 결합을 표현하는 **천황을 존경하는 마음**은 다섯 번째 변혁인 메이지 유신의 동력이었다. 그 결과 무력으로 대항하는 봉건군주는 더 이상 분열을 일으킬 수 없었다.[34] 국민의 전체성 앞에서 해소되어 버린 것이다. 또 고대의 고귀함에 대한 자각은 네 번째의 전국시대에 민중들에게서 분출되어 나왔던 무사도에서 현저하게 그 모습이 드러났다. 무사도의 근본정신은 부끄러움을 아는 것, 즉 비천함(비겁, 비열, 비굴)을 부끄러워하는 데 있다. 여기에서 선악이 아닌, **존비**尊卑**의 도덕**이 전형적으로 드러난다. 더욱이 고대의 인간의 자애에 대한 존중은 세 번째의 가마쿠라 막부 시대에 강력한 가마쿠라 불교의 발흥과 함께 **자애의 도덕**으로 나타났다. 거리 없는 결합은 절대적인 자타불이의 실현으로 파악되었고, 생명까지도 담담하게 버릴 수 있는 자애의 실행이 실천의 목표였다. 자애에 대한 존중과 뿌리를 같이하는 사회적 정의에 대한 존중은 두 번째의 다이카 개혁에서 토지공유주의로 나타났다. 이것은 교단으로서의 국민의 전체성을 새롭게 수용한 불교와 유교의 이념으로 뒷받침되면서, 그 이념이 현실에 맞게 국민에게 실현되도록 한 것이다. 위와 같은 현저한 도덕사상을 특히 중요하게 보아야 할 것이다. 이것은 본질상 결코 일본 특유의 것은 아니다. 그러나 일본에서 특별히 강력한 힘을 가지고 자각되었다. 그래서 이 자각의 특수성은 참으로 차분한 격정적·전투적 염담함과 같은 국민의 특수성에 기초한 것이다.

(1929년 원고)

---

34 독일에서는 (1929년을 기준으로) 60년 전까지 각 봉건군주가 독립적인 국가를 지배했다. 오늘날에도 그 여운이 남아 있다.

일본의 독특함

유럽을 처음 보고 무언가 '독특한' 인상을 받았는지 묻는다면 나는 확실하게 '아니오'라고 말할 것이다. 유럽에는 깊은 감동을 주는 것들이 여럿 있지만, '독특함'이라는 점에서는 가는 여정 가운데 본 아라비아나 이집트의 사막이 주는 인상에는 턱없이 부족했다. 그런데 여행을 마치고 돌아와 일본에 돌아왔을 때 여기 '일본'이 아라비아의 사막에 뒤지지 않을 정도로 완전히 세계적으로 독특하다는 것을 절절하게 느끼지 않을 수 없었다.

어떻게 독특하다는 것일까? 왜 독특한 것일까? 이 물음에 대답해보자. 원래 '독특하다'라는 말은 '바란다'는 의미에서 나왔다고 하는데 일상의 용어 사례에서 보면 바란다는 의미는 이 단어의 본질에 속하지 않는다. 예를 들면 '겨울인데도 드물게 따뜻하다'의 경우에는 따뜻함을 바란다는 의미가 담겨 있을 수 있지만 '드문 추위다'라고 할 때에는 결코 추위를 바라는 것이 아니다. 그래서 독특하다(드물다)와 바라다는 본질적으로 구별할 필요가 있다.

독특하다는 말의 본래 의미는 '세상에서 보통이 아니다', '희귀하다'이다. 이것은 '세상에 언제나 일상적으로 있는 것'을 전제로 해서 '상식적이지 않고 통상적이지 않은', 즉 '드물게 있는' 존재형식으로 드러나는 것이다. 언제나 일상적으로 존재하는 방식이 이미 무언가의 의미에서 이해되지 않은 한 독특함이 발견될 수 없다. 동시에 이미 이해되고 있는 통상적인 존재방식이 그대로 존재하는 곳에서도 독특함은 발견되지 않는다. 그렇기 때문에 산과 들판의 일상적인 존재방식을 풀과 나무가 뒤덮여 있는 것으로 이해하는 사람에게 사막은 매우 독특한 것이다. 아울러 서양풍 건축의 일상적인 존재방식을 일본의 도시에 있는 서양풍 건축으로부터 이해한다면, 이러한 존재방식의 건축물이 즐비한 유럽의 도시가 전혀 독특하게 보이지 않을 것이다. 이것은 지리 교과서에서 사막에 풀과 나무가 없다는 것을 가르친다고 해도 그것이 사막의 존재방식으로 이해되지 않고, 도리어 일본 도시의 서양풍 건축이 유럽 도시의 존재방식을 구체적으로 이해할 수 있게 한다고 말할 수 있을 것이다.

그런데 유럽에서 일본으로 돌아와 여기에서 이상한 독특함을 느끼는 이유는 무엇일까? 여러 해 동안 살아왔기에 익숙한 일본이, 지금까지 내가 이해하고 있던 일상적인 존재방식과 다른 존재방식을 가지게 된 걸까? 아니면 일본의 방식은 그대로 있는데, 그 일상적인 존재방식 대한 나의 입장이 언제부턴가 변한 것일까? 둘 중에 어느 한 경우에 해당하거나 어느 경우도 아닐 것이다. 아니면 둘 다에 해당할지도 모른다. 이렇게 본다면 오랫동안 습관적으로 살아왔던 일상의 존재방식이 그대로 있으면서도 그 저변에서 지금까지 이해하지 못했던 더욱 근본적인 존재방식이 드러나고, 이것이 지금까지 이해되었던 일상의 존재방식에 대해서 일상적이지 않은 것, 드문 것으로 파악된 것일지도 모른다.

가까운 예로 이 점을 명확하게 해보자. 나는 일상의 일본에서 자동차와 전차를 보는 데 익숙한데, 그것들은 서양에서 수입되거나 서양의 것을 모방해서 만든 것이다. 그런데 요즘의 일본인은 일상 속에서 그것들을 독특하다고 느끼지 않을 것이다. 따라서 유럽에 간다 해도 거기서 자동차나 전차에 독특함을 느끼는 일은 없을 것이다. 그보다는 택시가 더럽거나 전차가 작다는 것에 놀랄 정도이다. 어느 도시의 지상 전차도 창유리가 좋다는 것을 제외하면, 일본에서 익숙하게 보아온 지상 전차에 비해 훨씬 '빈약'한 느낌밖에 주지 않는다. 지하철의 전차도 무선전차에 비하면 훨씬 작다는 느낌이다.

여기서는 그 길이나 무게가 실제로 작고 가벼운지 어떤지는(어쩌면 실제로 작고 가벼운 것일 것이다. 지상의 보기차bogie car[35]같은 것은 유럽의 어느 도시에서도 보지 못했고, 지하철 천장도 상당히 낮다) 문제가 아니다. 어쨌거나 나는 이렇게 '느끼고' 있다. 그리고 여기에는 물론 '독특함'의 느낌은 들어있지 않다. 그런데 일본으로 돌아와 지상의 자동차와 전차를 본다. 이것은 마치 멧돼지가 보리밭 한가운데를 난폭하게 이리저리 날뛰는 것 같은 느낌이다. 전차가 들어올 때에는 좌우에 나란히 있는 집들이 마치 영주의 행렬이 지나갈 때 땅 아래 엎드리는 평민들처럼 힘없이 웅크리고 있다. 전차가 건물 한 층의 처마보다 높고, 또 집 한 채의 폭 보다도 크다. 만약 전차가 난폭하게 돌진해오면 집이 폭삭 부서질 것 같은 느낌이 들 정도의 견고함으로 또 목조 가옥의 힘을 압도해버릴 기세로 돌진해온다. 이것이 위와 같은 인상을 주는 것은 당연할 것이다. 전차가 들어오면 맞은편에 있는 집은 보이지 않고, 전차의 지붕 위로 하늘이 보인다. 키가 낮은 자동차조차 마찬가지로 때로는 매우 크게 보인다. 작은 길에서는 자동차가 운하에 **들어온** 고래처럼 누비고 다닌다. 그리고 이것이 실제로 한 채의 집 폭보다 크고 처마보다도 높다. 유럽의 도시들에는 집에 비해 훨씬 작은 이러한 교통기구가 확실하게 교통을 위한 '도구'답다. 따라서 도시와 인간에게 복종하는 하인 같다는 느낌이 드는데, 이것이 차가 주는 의미에 딱 들어맞는 느낌이다. 그런데 일본의 도시에서는 이러한 '도구', '하인'이 사람을 압도하고 가옥을 압도하며 도시를 압도한 채 돌아다니고 있다. 자동차와 전차 그 자체는 대충 같은 모양에 같은 크기일 뿐인데, 이 똑같은 것이 집이나 도시 사이에서 가지는 이 기묘한 조화, 또는 조화라기보다는 **부조화**가 참으로 가장 독특하다는 인상을 준다. 이전에는 부조화를 느끼지 않았다. 그리

---

35 대차(bogie, truck)가 2개 이상으로서 대차와 차체의 사이에서 회전할 수 있도록 지지된 철도차량.

고 유럽으로 건너가 그것을 (일본에서의) **본래의 조화** 가운데서 바라볼 때도 단지 유럽의 자동차가 작다고 느꼈을 뿐, 거기에서 근본적인 조화의 변화가 일어날 줄은 느끼지 못했다. 이것은 익숙하게 자주 보아왔던 것에서 부조화를 자각하고 있지 않았음과 동시에 이미 그 본래의 조화를 **당연한** 조화로서 이해하고 있었음을 뜻한다. 그런데 지금 이 조화가 독특함으로 발견된 것은, 이전에는 당연한 조화로 이해하고 있으면서도 그것이 눈앞에서 **결핍되어 있다는 사실**을 이해하지 못했는데 이제는 본래의 조화의 지반에서 그 뚜렷한 결핍의 양태가 발견되었다는 것을 뜻한다.

여기에서 발견된 부조화가 일본 도시의 진정한 모습이었다는 것은, 예전부터 느꼈던 일본 현대문명, 즉 어지럽게 혼란스럽고 통일되어 있지 않은 일본 현대문명 가운데 이미 들어 있었던 것임에 틀림없다. 그러나 이 정도로 뚜렷하게 노골적으로 더욱이 우스울 정도의 독특한 모습으로 도시의 구석까지 나타나 있다는 것은 사실 느끼지 못했던 것이다. 우리는 도로가 확장되고 자동차나 전차의 교통이 편리해지는 것을 단지 그 편리해짐의 관점에서만 보았다. 그러나 이것은 자동차와 전차, 집과 도시 사이의 부조화를 도로나 집과 도시 사이로 범위를 넓힌 것에 지나지 않는다. 일본은 새로운 '도시 계획'을 통해 점차 새로운 방식의 **훌륭한** 도로를 가질 수 있다. 도로의 폭, 포장 등은 모두 유럽 대도시의 것에 뒤지지 않는다. 그런데 유럽의 도시에서는 같은 도로를 끼고 세로로 높고 큰 가옥이 서 있다. 50미터 정도의 도로의 좌우에는 100채 정도의 집이 나란히 있고, 한 사람당 도로 면적이 작은 편인 반면, 일본에서는 같은 정도의 간격에 집들이 겨우 10여 채 끼여 있다. 집은 평평하게 땅 위에 던져져 있고 도로만이 넓게 하늘을 향해 열려 있다. 이것은 격자풍의 통로를 형성하고, 먼지를 많이 들어오도록 하는 것을 가장 큰 특징으로 한다. 먼지를 실어 나르는 바람이 적고 강우량도 매우 적은 유럽 도시에서는 한 사람당 도로의 면적이 매우 작은 경우라도 이러한 도로를 실내 복도처럼 청결하게 하기가 경제적으로 그다지 부담이 아니다. 강우량이 많고 흙이 많으며 또 습도 관계로 먼지가 많은 일본 땅에서 그것도 일인당 도로 면적이 수십 배 이상인 일본의 도시에서 (유럽과) 똑같이 하려고 한다면 그 경비는 아미 수십 배에 달할 것이다. 이렇게 비싼 도로가 넓게 하늘을 향해 열려 있고, 유럽보다는 몇 배나 빈약하게 나란히 늘어서 있는 집들을 좌우에 끼고 있다. 이것이 일본의 도시의 훌륭한, 아마도 지나치게 훌륭한 도로인 것이다. 도로는 이제 인간의 교통을 위한 실용적인 '도구'가 아니고 인간이 자신의 생활을 고통스럽게 감내하면서 무언가 알 수 없는 이유 때문에 쫓기어 만들어진 사치품인 것이다.

이러한 도로가 있다는 것은 더 근본적으로 일본 도시의 넓고 평평한 구조 때문일 것이다. 뉴욕이 높기 때문에 병든 도시의 세계적인 사례라면, 도쿄는 넓기 때문에 병든 도시의 세계적인 사례라 할 수 있을 것이다. 주택이 밀집한 도쿄의 지면 면적은 파리의 몇 배에 해당하는 것이다. 비록 같은 면적이라고 해도 강우량의 관계에서 보면 도쿄에 파리와 같은 하수 설비는 적합하지 않다. 더구나 면적이 넓은 만큼 몇 배의 설비가 더 필요하다면 도쿄에서 근대적 도시가 가지고 있는 일련의 근본적인 자격을 갖추기 위해서는 엄청난 경비를 치르지 않으면 안 될 것이다. 바꾸어 말하면, (도쿄가) 넓다는 사실이 근대적 도시를 성립시키는 필연성과 곧바로 배치되고 있는 것이다. 단지 하수구에 그치지 않는다. 도로나 전차선로의 이상한 연장, 이상하게 많은 분량의 전선이나 가스관, 교통을 위해 필요한 시간과 신경의 낭비, 이러한 것들은 모두 단지 넓다는 사실에 근거한 것이라 말할 수 있다. 다시 말해서 일본에서는 대도시가 아니면 아닐수록 불편한 것이다. 경제적으로나 심리적으로 이상할 정도의 많은 낭비를 하면서도 생활은 전혀 쾌적하지 않다. 이것이 (유럽 여행에서) 돌아와서 보게 된 (도쿄의) 도시와 집의 부조화에 근거한 (독특한 경험)이다.

이렇게 도시의 한복판에서 자동차나 전차, 도로 또 도시 그 자체와 부조화한 집 — 참으로 기이할 정도로 작은 집 — 이 여전히 땅에 던져져 있는 모습으로 보이는 것은 왜일까? 사람들은 그 이유를 경제적인 데서 찾을 것이다. 일본은 아직 유럽 정도로 부자는 아니기 때문에 고층 건물이 세워지지 않고 있다고 말할 수 있을 것이다. 그러나 일본의 도시가 단지 넓기 때문에 낭비되고 있는 비용이 크다는 것을 생각해보면 위와 같은 이유는 쉽게 수긍하기 어렵다. 땅에 던져진 조그만 집을 짓는 데 드는 비용을 수십 채로 합산하고 거기에 부지 비용을 고려해 넣고, 위에서 예로 든 여러 가지 낭비를 같이 계산해보면 당당한 철골 콘크리트의 고층 건물과 비교할 때 어느 쪽이 더 저렴할지는 쉽게 말하기 어렵다. 이런 고층 건물이 세워지지 않는 것은 경제적인 힘이 없어서가 아니라, 공동적으로 또 공공적으로 도시가 운영되지 않기 때문이다. 그렇다면 왜 사람들은 공동적·공공적으로 도시를 운영하지 않을까? 편리하고 쾌적하며 또한 도시의 의미를 구현하게 될 그런 방법을 왜 선택하려고 하지 않는 것일까? 나는 이것을 선택하지 않는 바로 그 이유가 일본의 '집'에 드러나 있다고 생각한다. 그래서 집의 존재방식을 문제시하고자 한다.

유럽 도시의 집은 큰 부자를 제외하고 개인이 하나의 건물을 가지고 있지 않다. 건물에 들어가면 좌우에 한 채씩의 '집'이 있다. 계단을 올라가면 거기에도 좌우에 한 채씩의 집이 있다. 5층이면 10채, 6층이면 12채가 복도와 인접하여 있다. 다시 입구에서 마당으로 나와서 다른 입구로 들어가면 거기에도 계단이 있는 같은 계단이 있고 같은 건물 가운데를 위로 연결하고 있다. 이 계단은 말하자면 도로의 연장延長이다. 아니본래의 의미에서 **왕래**이다. 이 왕래를 통해서 어느 쪽인가의 '집'의 문으로 들어간다. 들어가보면 거기에는 '집' 안에 복도가 있다. 방들의 문이 이 복도를 향해 열려 있다. 그런데 그 방의 문은 자물쇠로 잠글 수있고, 방 사이의 통로 또한 잠글 수 있도록 되어 있다. 따라서 겨우 한번의 손동작으로 각각의 방이 독립된 하나의 '집'이 될 수 있다. 어떤 가정에 속하지 않는 사람이 그 가정에 어떤 번거로움도 주지 않으면서 이방을 하나의 '집'으로 하여 거주할 수 있다. 이 점에서 집안의 복도도 또한 왕래의 자격을 갖출 수 있다. 집을 빌려 사는 사람 앞으로 배달된 편지나 우편물을 배달하려는 집배원이 건물 안의 복도로 왕래할 수 있고,집 가운데 있는 복도를 통과해서 그 사람의 방까지 가져다주는 것은 이왕래의 의미를 뚜렷하게 보여준다. 집배원뿐 아니라 서점이나 운송회사, 백화점의 직원도 모두 마찬가지다. 일본 집의 '현관'에 해당하는 것이 여기서는 개인의 방 한가운데 있다. 이렇게 되면 왕래는 개인의 방앞까지 오게 된다. 개인이 직접적으로 왕래에 접촉하는 것이다. 다시 말해서 도시에 접촉하는 것이다.

그렇지만 또한 그 반대로 생각할 수도 있다. 개인은 자신이 방 또는 '집'에서 있는 그대로의 일상적인 모습으로 복도에 나온다. 그리고 잠깐 모자를 머리에 쓰고(또는 이것을 생략해도 좋다) 한번 밖의 복도로 나온다. 여기서부터 그대로의 모습으로 계단을 내려가 건물 입구에서 다시 또 밖의 '복도'로 나간다. 왜냐하면 거기에 있는 아스팔트 깔린 통로는 물로 씻겨 있고 건물 안의 계단보다 더럽지 않기 때문이다. (건물 안의 복도가 때로 아스팔트 깔린 통로보다 더럽다.) 이 복도가 집안의 복도와다른 점은 위로 하늘이 보이고 겨울에는 난방 설비가 없다는 점뿐이다.

사람들은 이 복도를 통해 음식점으로 가서 식사를 한다. 또는 카페로 나가 커피를 앞에 놓고 음악을 들으며 카드놀이를 한다. 이것은 큰 집 안에서 넓은 복도를 지나 부엌으로 가거나 객실로 가는 것과 다를 바가 없다. 이런 현상은 하나의 방을 집으로 하는 일인 가구에 제한되지 않고 한 가족에게서도 일상적으로 일어나는 일이다. 그들은 마치 일본의 가족이 거실에 모여 이야기를 하거나 라디오를 듣는 것과 같은 의미로 카페에 가서 음악을 듣고 카드놀이를 한다. 카페는 거실이고, 왕래는 복도이다. 이 점에서 보면 도시 전체가 하나의 '집'이 된다. 열쇠를 가진 개인이, 사회로부터 자신을 거리 두었던 방식에서 나와 관문을 나오면 거기에는 공동의 식당, 공동의 거실, 공동의 서재, 공동의 정원이 있다.

그래서 복도는 왕래이고, 왕래는 복도이다. 양자를 확연하게 구분하는 관문은 어디에도 없다. 이것은 '집'의 의미가 한편으로는 개인의 사적인 방으로까지 축소되고, 다른 한편으로는 도시 전체로 확장된다는 것을 뜻한다. 이것은 결국 '집'의 의미가 사라졌다는 것이다. 집이 없고 단지 개인과 사회가 있는 것이다. 일본에는 명확하게 '집'이 있다. 계단은 전혀 왕래가 되지 않고 또 왕래는 전혀 복도가 되지 않는다. 관문으로서의 현관 또는 입구는 여기서 확연하게 복도와 왕래의 구별, 안과 밖의 구별을 세우고 있다. 일본인은 현관으로 들어갈 때 '벗기'를 요구하고, 현관을 나올 때에는 '신기'를 요구한다. 집배원도 점원도 이 관문을 들어올 수 없다. 카페도 음식점도 모두 '남의 집'이어서 결코 부엌이나 거실의 의미를 갖지 않는다. 식당이나 카페는 어디까지나 사적인 것이지, 공동의 성격을 띠지 않는다.

일본인은 이러한 '집'에 살기를 원하고 이러한 집에서만 쉴 수 있다. 비록 어느 정도 작더라도 이러한 '집'의 자격을 갖춘 것을 주거의 공간으로 찾는다. 이 정도로 집에 집착하게 하는 매력은 어디에 있을까?

'집'은 분명하게 밖인 도시와 구별되지만 그 내부는 방의 독립과 같은 것은 전혀 없는 곳이다. 방을 분리하는 것은 미닫이문이지만, 이것은 잠 금장치를 채우는 것과 같은 방어적이고 대항적인 '분리'의 의지를 표현 하는 성격을 가진 적이 없고, 또 그러한 가능성도 가지고 있지 않다. 분 리를 명확하게 하려는 사람에는 이렇게 분리되지 않는 미닫이문을 거 부할 수 있는 어떤 힘도 주어져 있지 않다. 이 문이 어떤 의미에서 '분 리'의 역할을 한다 해도 그런 역할은, 닫혀 있다는 것으로 표시되는 '분 리'의 의지가 언제나 타인에 의해서 존중되는 상호 신뢰에 기반한 것이 다. 즉 '집' 안에서 사람들은 자신을 보호하기 위해 타인과 대립할 필요 를 느끼지 않는다. 다시 말해서 자신과 타인 사이에 '분리'가 없는 것이 다. 잠금장치를 하는 것은 타인의 의지에 대립해 방을 '분리'하려는 의 지를 표현하지만, 미닫이는 그 반대로 '분리 없는' 의지를 표현하면서 '분리가 없는' 가운데 단지 방을 나눈 것뿐이다. 말하자면 이것은 서양 식 방에 있는 칸막이의 의미를 지닐 뿐이다. 잠금장치로 자신을 보호한 다는 의미에서의 개인은 '집' 안에서 사라진다. 이러한 '분리 없음'을 안 에 가지고 있으면서 바깥 세계와는 잠금장치의 모든 변형(이 가운데는 높은 담장이나 험악한 가시나무도 있다)으로 대항하는 것이 일본의 '집'이 다. 만약 여기에 매력이 있다면 그것은 이 작은 세계 안에서의 '분리 없 음'밖에는 없을 것이다.

　사람들은 이러한 작은 세계가 서양식의 큰 집에서도 보존될 수 있지 않느냐고 물을지도 모른다. 그러나 서양식의 큰 집은 건축할 때 공동적 인 협력을 필요로 할 뿐만 아니라, 건물 자체가 주민의 공동적인 태도 를 염두에 둔 것이다. 비록 복도를 거리에 두고 이웃과 상호 교제하지 않아도 집은 역시 하나의 조직이어서 난방 설비, 목욕탕 설비, 승강기의 사용 등등에서 언제나 공동적인 것을 벗어나지 않는다. 그리고 이 공동적인 것이 바로 일본인을 가장 불안하게 하는 것이다. 이것은 전체적으로 일본에서 가장 강력한 '분리'가 집과 바깥 세계 사이에 있다는 점에서 잘 드러난다. 유럽에서 가장 강력한 '분리'는 과거에는 도시를 둘러싼 성벽이었고 현재는 국경이지만, 일본에서는 이 중 어떤 것도 존재하지 않는다. 모모야마桃山 시대 전후에 여러 지방의 성 아래 도시는 처음에 수로와 제방으로 둘러싸여 있었는데, 이것은 무사의 무리가 타인의 공격을 예상하고 만들어낸 방어용 공사였지 이 도시가 타인에 대해 자기를 보호하여 거리를 둘 의지를 표현한 것은 아니다. 유럽 도시에서 성벽에 해당하는 것은 일본에서 집 주변의 울타리이고 담장이며 빗장이다. 따라서 유럽인이 성벽 안의 세계에서 오랫동안 훈련받았던 것을 일본인은 울타리 안의 훨씬 조그만 세계에서 훈련받은 것이다. 성벽 안에서 사람들은 공동의 적에 대항해 단결하고 공동의 힘으로 자신의 생명을 보호했다. 공동체를 위태롭게 하는 것은 이웃뿐만 아니라 자신의 생존을 위협하는 것이었다. 그래서 공동의 생활이 모든 생활방식을 규정했다. 의무 의식은 모든 도덕적 의식의 가장 앞에 서 있었다. 개인을 매몰시키려고 하는 이 공동체성이 동시에 강한 개인성을 각성시키고 개인의 권리는 그 의무(의식)의 또 다른 측면으로 같은 의식의 전면에 서게 된다. '성벽'과 '자물쇠'는 이러한 생활양식의 상징이다.

그런데 울타리 안의 작은 세계에서는 공동체의 생명을 위태롭게 하는 것과 같은 적에 대항한 것이 아니라, 쉽게 헌신적인 태도를 이끌어낼 수 있는 자연적인 사랑에 기초한 것이었다. 부부, 부모와 자식, 형제 사이에서는 의무의식보다도 애정이 우선한다. 개인은 기꺼이 자신을 포기하면서 가족에서 생활의 만족을 느낀다. 공동체가 '개인'을 기반으로 해야 비로소 그 의의를 발휘할 수 있다고 한다면, 개인이 기꺼이 자신을 포기하는 이 작은 세계에서는 공동체 자체가 발달될 수 없다. 여기에서 사람들은 자신의 권리를 주장하지도, 공동생활에서의 의무를 자각하지도 않았다. 그리고 이 작은 세계에 상응하여 '동정심', '조심스럽고 소극적인 것', '위로'와 같은 섬세한 정서를 발전시켰다. 이것들은 단지 작은 세계에서만 통용되고 서로 애정이 없는 바깥 세계에 힘을 발휘할 수 없는 것이었다. 이러한 태도의 또 다른 측면은 집에서 한 발짝 나가도 적들에 둘러싸여 있다는 생각으로 서슴없이 비사교적인 태도의 정서를 보인다는 점이다. 그렇기 때문에 '집' 주위 담장이 곧바로 성벽과 자물쇠에 해당하는 것이다. 이렇게 본다면 '집' 안에서 '거리 없음'에 대한 요구가 강하면 강할수록 그만큼 공동체에 대한 혐오도 강한 이유가 분명해진다.

일본 사회의 서구화는 확실히 뚜렷한 현상임이 틀림없다. 그러나 그것이 뚜렷하다 해도 이 '집'이 완강하게 도시의 땅에 던져져 평평하게 존재하고 있는 한, 즉 유달리 독특한 부조화가 존재하고 있는 한, 이것은 근본적으로 아직 과거의 토대를 떠난 것이 아니다. 사람들은 '양복'을 몸에 걸치고 '아스팔트 도로' 위를 '구두'를 신고 걸어 다니며, '자동차'와 '전차'를 타고, '서양식 건축물'의 몇 층에 있는 사무실에서 일한다. 그 안에는 '서양식 가구'가 있고, '전등'이 있고, '증기난방'이 있다. 도대체 어디에 일본이 남아 있을까 하고 반문할지도 모른다. 그런데 거기서 일하는 일본인들은 '만년필'로 '서양식 장부'에 뭔가를 쓴 후 '집'으로 돌아가지 않을까? 아니 그 집이 또 서양식 건축물이라고 말할지도 모르겠다. 사실상 집은 외형상 서양식으로 되어 있다. 그러나 거기에는 문이 있고, 담장이 있고 현관이 있다. 게다가 흥미로운 점은 그 현관에서 '(신발이나 외투 등)벗는 일'이 따라온다는 점이다. 여기에는 일본의 '집'으로서의 자격이 하나도 없어지지 않고 그대로 남아 있다. 문제는 이 집의 크고 작음이 아니라 그 존재방식에 관련이 있다. 만약 (일본)

사람이 유럽의 도시에서 이런 자격을 가진 하나의 집에 살려면 큰 부자가 아니면 안 될 것이다. 유럽에서 이런 자격을 갖춘 집이라면 큰 집 가운데 그다지 크지 않은 집 한 채에 살 정도의 수입을 가진 (일본) 사람이 어떤 어려움도 없이 살 수 있는 이유는 무엇일까? 그것은 서양식 건물로 불리는 일본(인)의 '집'이 근본적으로는 전혀 유럽식으로 되어 있지 않기 때문일 것이다.

조금 더 나아가 '양복'을 입고 '양옥집'에서 사는 사람을 생각해보자. 그는 양옥집 앞 마당에 잔디를 심고 화단을 만들어 가꾼다. 때로는 온실에 들어가 손질을 한다. 그와 가족이 즐길 수 있도록 말이다. 그러나 그는 도시의 공원에는 전혀 관심을 갖지 않는다. 공원은 '집' 밖에 있기 때문에 타인의 것이다. 공원은 모든 사람에게 '타인의 것'으로 취급되고, '우리들의 것'으로서 사랑받지 못한다. (도시의 경영도 마찬가지다.) 위탁받은 공무원 이외의 어떤 사람도 도시를 경영하는 일에 의무를 느끼지 않는다. 여기서는 도시의 공공의 일이 시민 일반의 관심을 받지 않고 소수의 부정직한 정치가의 손에 방임된다. 이런 이유로 여러 가지 부정이 일어난다. 그러나 양옥집에 사는 사람은 그것이 '집' 바깥의 일이기 때문에 자신의 일로 느끼지 않는다. 양옥집에 살 정도의 현대인인 그는 자녀 교육에 열심이고, 자녀들이 부정직한 일을 아무렇지도 않게 할라 치면 온 정성을 기울여 관심을 보이지만, 공공의 일에 대한 정치가의 부정은 그 백분의 일만큼의 관심도 보이지 않는다. 더 나아가 이러한 정치가에 의해 통제된 사회가 그 경제적 병폐 때문에 시시각각 위기로 근접해 가는 것을 보아도 그것은 '집 밖'의 일이다. 또 누군가가 아마도 책임을 맡을 것이라고 생각하고 이에 대한 명백한 태도 결정을 보이지 않는다. 즉 사회의 일은 자신의 일이 아닌 것이다. 이것은 이 사람의 생활이 전혀 유럽화되어 있지 않다는 것이다.

양복과 함께 시작된 일본의 의회정치가 여전히 매우 우스꽝스러운 데가 있는 이유도 사람들이 공공의 문제를 자신의 문제로 보지 않기 때문이다. 성벽 안 공동생활의 훈련에서 배출된 정치양식을 그 토대가 되는 훈련이 없이 단지 흉내만 내려고 하기 때문이다. (오로지) '집'을 지키는 (일에만 몰두하는) 일본인들에게는 영주가 바뀌어도 단지 그의 집에 위협이 되지 않는 한 그 일은 큰 아픔을 느끼지 않을 일이었다. 비록 위협을 받더라도 그런 위협은 묵묵히 참고 따름忍從으로써 막을 수 있는 것이었다. 즉 어떠한 노예적 노동이 강요되더라도 그것이 '집' 안에서 분리되지 않는 생활까지 빼앗아버리지는 못했다. 이에 비해 성곽 안에서의 생활 속에서는 위협을 참고 따르는 것이 사람에게서 모든 것을 빼앗아 가버리는 것을 의미하기 때문에 위협에 맞서 공동의 힘으로 투쟁적으로 방어하는 길 밖에 없었다. 그래서 전자에서는 공공의 일에 대한 무관심을 수반한 인종이 발달하고, 후자에서는 공공의 일에 대한 강한 관심 및 참여와 함께 자기주장에 대한 존중이 발달했다. 민주주의Democracy는 후자에서 진실로 가능한 것이다. 국회의원 선거가 여기서 비로소 의의를 가질 수 있을 뿐만 아니라, 전체적으로 민중의 '여론'도 여기서 비로소 성립한다. 공산당이 시위를 하는 날에는 창밖에 붉은 깃발이 걸리고 국수주의 정당國粹黨이 시위를 하는 날에는 이웃집 창문에 제국기가 걸리는데, 이렇게 명백히 태도를 표시하거나 시위할 때 항상 기꺼이 한 군중으로 참여하는 것을 공적 인간의 의무로 삼는 각오 등은 민주주의에서 빠질 수 없는 것이다.

그런데 일본에서는 민중 사이에 이런 관심이 존재하지 않는다. 정치는 지배욕에 사로잡힌 사람들의 전문적인 직업이 되었다. 특히 두드러진 점은 무산대중 운동이 단지 '지도자' 무리의 운동이어서, 지도받는 사람들이 거의 포함되어 있지 않다는 독특한 현상이다. 이 운동이 원래 공허하다는 것을 뜻하는 것은 아니지만 이는 마치 일본 민중이 공원을 황폐화할 때의 태도 같다. 이들은 공공의 일을 '남의 것'으로 느끼며, 따라서 경제제도의 변혁과 같은 공공의 문제에 진심으로 관심을 갖지 않는다. 관심은 오로지 자신의 '집' 안 생활을 보다 풍부하게 할 수 있는 것에 있다는 점이 이러한 사실들에서 분명하게 드러난다고 생각한다. 이런 까닭에 의회 정치가 진정으로 민중의 여론을 반영하지 않는 것과 마찬가지로 무산대중 운동도 엄밀하게 말하면 무산운동 지도자의 운동이지 무산대중의 여론을 드러내는 것이 아니다. 이것이 두드러지게 러시아적인 성격을 띠는 이유는 러시아가 예전이나 지금이나 여전히 전제국이어서 이전의 정치에 민중의 참여를 실현한 적이 없다는 사실 때문이다. 러시아의 사례는 일본 민중의 공공성에 대한 무관심, 비공동체적인 생활태도와 비교하면 매우 유사하다. 일본 특유의 독특한 현상으로서의 지도자만의 운동 역시 '집'과 밖의 구별에 기초해서 일어난 것이라 할 수 있을 것이다.

이외에도 '집'에 기초한 많은 '독특한' 현상을 나열할 수 있을 것이다. 그런데 그런 현상들은 모두 결국 가장 평범한 도로 위에서의 모습, 즉 저돌적인 전차 앞에 웅크리고 앉아 있는 독특하고 작은 집의 모습으로 귀결된다. 이 모습은 많은 일본인들이 일상적으로 보고 있으면서도 그것을 분명하게 의식하든 안 하든 간에 무감정의 모습으로 가슴에서 느끼고 있는 바로 그것이라고 나는 생각한다.

(1929년)

4 예술의 풍토적 성격

1.

모든 시대 모든 민족으로부터 여러 가지 예술의 형식이 우리들에게 다가온다. 문예(문학과 예술) **종류의 구별**과 **규칙** 같은 것도 모두 남김없이 사라져버린 듯하다. 이뿐만이 아니다. 동양에서는 원시적인 무형식의 문예나 음악이나 회화가 모습을 드러냈었다. 이것들의 절반은 야만적이지만, 지금도 장편소설이나 20피트 폭의 회화에서 그 정신의 싸움을 하는 듯한 민족의 정신이 생생한 활력으로 채워져 있다. 이러한 (형식의 지배가) 없는 상황에서 예술가는 규칙에서 벗어나고, 비평가는 가치를 정하기 위해 하나 남은 표준으로서 자신의 개인적 감정에 기대게 된다. 여기에서는 군중이 지배자가 된다. 거대한 전람회장이나 여러 극장, 또는 임대해서 만든 공방 등에 몰려오는 군중이 예술가의 명성을 만들기도 하고 부수기도 한다. 이렇게 특정한 취향이 지배하고 있지 않은 상태에서는 언제나 현실의 새로운 느낌의 방식이 지금까지의 형식이나 규칙을 파괴하고 예술의 새로운 형식이 탄생하는 시대를 드러내 보여주기도 한다. 그러나 이것은 결코 오래 이어지지 않는다. 예술과 미학적 사색 사이의 건전한 관계가 다시 정립되는 것은 오늘날의 철학과 미술사, 문예사의 생생한 임무 가운데 하나이다.

딜타이가 〈시인의 상상력〉의 서두에 위와 같이 썼던 것은 지금[작가가 이 글을 쓸 당시는 1929년이다]으로부터 40년 전의 일이다. 생각해보면 그 무렵은 플로베르의 《보바리 부인》으로부터 30년, 톨스토이의 《전쟁과 평화》로부터도 20년 가까이 떨어져 있다. 19세기 회화의 절정으로 (평가받는) 세잔도 겨우 자신의 양식을 완성하고 있는 중이었다. 딜타이가 기대했던 '예술의 새로운 형식'이 이미 탄생한 것이다. 현대는 이러한 형식도 이미 과거의 형식으로 볼 정도로 변화해가고 있다. 그리고 예술 종류의 구별과 규칙이 무시되는 현상이 40년 전과는 비교도 되지 않는다. 이 40년 사이에 인류의 역사가 시작된 이래 전례가 없던 새로운 세계의 모습이 형성되었다. 세계의 교통은 현저하게 편리해지고, 정치경제는 전 세계에 걸쳐 활발하게 영향을 준다. 이처럼 모든 문화는 서로 섞이고 혼합되면서 영향을 준다. 옛 유럽의 문화세계에서도 그리스·로마의 예술 영역이 주도적인 지위를 차지하고 있던 시대는 이미 지나가버렸다. 아프리카의 기괴한 야만적 느낌을 선호하는 취향이나 석기시대의 유치함을 선호하는 취향이 백화점의 장식 창문을 점령한다. 단지 이국적이라는 흥미 위주로 도배되고 있기는 하지만, 일본, 중국, 인도 등의 오랜 전통을 가진 동양을 선호하는 취향도 마찬가지로 그곳에서 어깨를 나란히 하고 있다. 이러한 혼돈의 상태에서 딜타이의 말은 40년 전의 시대보다 오히려 현대에 더 잘 들어맞을 것이다. 바로 그 때문에 딜타이가 대답하려고 한 물음은 우리에게도 여전히 신선한 의미를 가진다고 할 수 있다. "인간의 본성에 뿌리를 두고 있어 그에 따라 모든 곳에서 작용하는 예술창작력이 어떻게 민족과 시대에 따라 다른 여러 종류의 예술을 만들어냈을까?" 이 물음은 인류가 만들어낸 여러 문화체계에 나타난 정신생활이 가지고 있는 역사성의 문제와 관련된다. "창작력이라는 동일한 형태로 나타나는 인간 본성의 동일성이 어떻게 다른 형태로 드러나서 역사적 본질과 결합되는 것일까?"

이 물음은 명백하게 두 가지 문제를 함축하고 있다. '때'에 따라 다른 예술과 '장소'에 따라 다른 예술의 문제이다. 원래 '장소'에 따라 다른 예술도 그 자체 안에서 '때'에 따른 양식을 가지고 있다. 양자는 밀접하게 섞여 있어서 구체적인 예술품의 특수성을 규정한다. 또 현대와 같이 전 세계 문화의 접촉이 현저한 때에는 세계가 마치 '하나의 장소'가 된 듯하다. 따라서 단지 '때'의 문제만이 두드러지게 나타난다. 그러면서도 세계가 '하나의 장소'로 보이는 바로 그러한 사정 때문에, 세계가 구별되어 '장소'의 차이가 두드러졌던 과거 시대에는 어떻게 그 차이가 예술의 형식을 규정했을까, 즉 '장소'의 차이가 예술의 형식을 어떻게 깊은 곳에 이르기까지 관여하게 되었을까와 같은 문제를 고찰하는 게 한결 더 쉬워졌다. 이에 따라 역으로 '장소'의 차이를 무시한 예술품은 사실은 단순한 이식이지, 그 '장소'가 주는 생활의 깊이로부터 자란 것이 아닐 것이다. 특히 동양인이 영원하고 특수한 예술의 전통을 벗어던지고 스스로 돌아본다면 '장소'의 차이가 관심의 중심에 다가오지 않을 수 없을 것이다. 유럽에서조차 미술사, 문예사 등의 연구에서 나온 근래의 문예학이 처음에는 '때'의 문제를 바탕으로 해서 생각하고 국민적 특수성 같은 것을 부차적인 문제로 취급한 데 반하여, 최근에는 '장소' 문제의 중요성을 자각하기 시작하고, '때'와 '장소'의 차이에 똑같은 입지를 줄 수 있는 예술의지의 특수성을 논의하게 되었다. 이런 현실은 세계가 하나의 장소가 된 것으로 보이는 최근의 상황에 의해 촉진된 것이라고 할 수 있다. 여기에서는 이런 방향성을 가지고 문제를 좁혀서 "같은 인간 본성에 뿌리를 두고 있는 창작력이 어떻게 '장소'에 따라 다른 예술을 창작해냈을까"라는 물음을 제기해보고자 한다. 이 물음은 '장소'에 따른 정신생활의 특수성을 묻는 것이기도 하다.

문제를 이렇게 한정하면, 이것이 아마도 딜타이가 목적으로 한 곳으로 깊숙이 들어가는 일이 될 것이다. 딜타이가 자연주의 시대의 문예를 앞질러서 이러한 예술의 규칙을 분명하게 하는 예술론을 추구할 때는 확실히 이러한 문예이론은 유치한 것이었다. 아니 그 후에도 자연주의는 이론적으로는 유치한 것에 그쳤다. 그 유치함을 벗어나려고 하는 이론적 노력이 자연주의에 대한 반동과 함께 일어났고 현대 예술의 선구가 되었다. 예술은 단지 일회적이며 우연적인 것이 아니라, 법칙적인 것을 표현해야 한다. 계절이나 기후에 따라 변하는 풍경은 단지 변하여 없어지는 현상의 모습에 불과하다. 이 풍경의 변하지 않는 구조와 구성이야말로 화가가 목적으로 해야 하는 것이다. 이것은 단순한 시각의 차원에서만이 아니고, 예술적 체험의 깊이에서도 파악될 수 있다. 자연에 충실한 것은 이제 문제가 되지 않는다. 단지 위와 같은 예술적 체험의 현실이 표현되는 것이야말로 무엇보다도 우선시해야 할 중요한 일이다. 자연은 체험되어 만들어지는 것이지, 예술가가 봉사할 대상이 아니다. "모든 감각적인 것은 상징과 은유에 불과하다." 이러한 이론이 혹시 딜타이 자신의 예술론에도 영향을 끼쳤을지 모르지만, 결국 위대한 예술작품을 창작하는 대신에 형이상학이 되고 인식론이 되어버렸다. 형이상학적으로 핵심적인 실체를 기초로 하여, 자연 가운데 드러나는 여러 물질적인 현상이 가지고 있는 표면적인 성격을 극복하려고 하는 목표가 아무리 자랑스러운 것이라고 하더라도 현대 유럽의 예술이 이러한 성취를 이루어낼 수 있다고 생각하지 않는다.

딜타이가 의도한 대로 예술론이 작품의 탄생과 더불어 활발하게 융성한 때에는 40년 전과는 완전히 반대되는 관계가 성립되었다. 그래서 여전히 예술과 미학적 사색이 '건전하게' 동반되지 않았다. 딜타이는 양자의 건전한 관계를 괴테와 실러 시대의 모범에 따라 생각하고 있지만, 그 목적 자체는 훌륭하다고 말하지 않을 수 없다. 현대 유럽이 가까운 장래에 이 '목적'에 합당할 정도로 왕성한 예술적 생산력을 지닌 것인지는 지금도 의심스럽다. 그 대신에 유럽을 단지 일부분으로 하는 세계 전체를 바라볼 때 아마도 딜타이에게 중요하지 않은 것으로 간주되었을 다른 목표가 강한 의의를 가지고 드러난다. 사람들은 다만 유럽의 **예술**을 잊어버리기만 하면 될 것이다. 현대 유럽의 **예술론**이 수정되는 것만으로도 동양 예술에 합당한 일이 될 것이다. 자연주의에 대한 '증오'나 '저주'의 **반동** 혹은 막연하고 무한하게 먼 **예감** 등에서 생긴 것으로 간주되는 새로운 예술론이 무엇 때문에 그것과 연관이 먼 오랜 동양 예술에 들어맞을까? 전체적으로 이러한 예술의 특수성과 이것을 생산해 낸 특수성은 무엇일까?

이 문제가 동양의 예술을 '원시적', '무형식', '반半야만'이라 부른 40년 전의 딜타이에게 없었던 것은 당연하다. 그런데 지금은 과연 이러한 사정이 바뀌었을까? 그의 '동양'이 무엇을 의미했는가는 모르겠지만, 그러나 반야만이면서도 거기에 그 민족의 '마음의 활발한 활력'을 인정한 긴 장편소설은 톨스토이나 도스토옙스키의 그것이었는지도 모른다. 그런데 도스토옙스키에게서 나타났던, '동양'의 위대한 정신을 감탄하는 모습은 1차 대전 후에 예를 들어 독일 소설가 헤르만 헤세에게서도 나타났다. '동양'이란 말이 어떻게 여전히 '비非유럽적인 것'을 의미하고 있었는가는 이를 통해 잘 알 수 있을 것이다. '동양'이란 원시적 활력의 장소이고, 여전히 '반야만'이다. 동양을 사랑하는 몇몇 사람들은 진정으로 이 원시적 생활의 모습 때문에 사랑한 것이다. 그들은 이렇게 말한다. 너무 바쁜 이 '문명' 생활의 어디가 그리 고마운 일인가? 무엇인가 의미 있는 일을 쫓아가는 듯이 바쁘게 다니는 무수히 많은 자동차는 결국 생활에 피로해진 사람을 묘지로 몰아가는 것이다. 의미도 없는 신문 기사조차 매우 급박한 중대한 일인 것처럼 눈이 팽팽 돌아가게 하는 전기문자電氣文字[36]가 나타나기도 하고 생활을 재촉하는 역할을 하는 재즈 음악에 맞추어 춤을 춘다. 하다못해 그 분주함 속에서 조용한 사생활을 보내고 싶은 시간조차 라디오로 인해 혼란스러워진다. 여기에는 생활의 깊이, 아름다움, 부드러움이 모두 상실되고 단지 기계화된 존재

---

36 옮긴이도 정확하게 무엇을 지칭하는 지는 잘 알 수 없는데, 사전적으로는 텔레라이터(telewriter)로 수신된 글자를 뜻한다. - 옮긴이 주.

가 있을 뿐이다. 이러한 문명적 도시 생활의 분망함에서 벗어나 한번쯤 아프리카나 아시아나 태평양의 먼 섬들로 여행해보면 좋을 것이다. 이른바 순화된 문명 대신에 태고 이후 고요하고 건전한 생활이 인간생활 본래의 깊이와 아름다움을 드러내 보일 것이다. 여기에서야말로 '생활'이 있는 것이 아닐까?

유럽의 어떤 사람이 품고 있을 이러한 도쿄를 이해할 수 없는 것은 아니다. 그러나 이것은 단지 기계화된 유럽생활에 힘들어하는 사람이 '유럽적이지 않은 것'에 대해 품은 동경이지, '동양'의 생활을 적극적으로 이해한 것에 기초를 둔 것이 아니다. 유럽적이지 않은 것이 어떻게 곧바로 '원시적'일 수 있을까? 예를 들어 일본의 생활은 그 원시성을 잃고 있다는 점에서는 오히려 유럽 이상이다. 유럽인이 그 생활의 기계화에도 불구하고 여전히 간직하고 있는 '아이 같음'과 같은 것은 일본인에게서는 도저히 발견하기 힘들다. 이 점에서 유럽인 쪽이 오히려 '원시적' 활력이 풍부하다고 말해야 할 것이다. 이와 더불어 의식주 등 모든 것의 취향으로 나타나는 '고상함'과 '꾸밈없음'을 좋아하는 태도나 일상의 몸가짐에서 '조심스러움'과 '우아함'을 느끼는 방식 같은 것은 유럽인이 이해하기 힘들 정도로 세련된 것이다. 기계화라는 의미의 문명 차원에서 보면 일본은 지금 한창 따라가는 중이지만, 취향이나 도덕에 있어서는 오히려 유럽 쪽이 야만적이라 할 수 있다. 이러한 것들은 '유럽적이지 않은 것'을 좋아하면서도 역시 그 바탕에서는 유럽을 세계의 중심으로 느끼는 유럽인이 이해할 수 없는 측면일 것이다. 그리고 이 이해가 충분하지 않은 한 '장소'에 따라 다른 예술의 특수성 문제도 그 가치만큼의 중요성을 인정받지 못할 것이다.

2.

우리가 묻고 있는 것은, 인간 본성에 뿌리를 두고 있어서 그에 따라 모든 장소에서 똑같이 작용하고 있는 예술창작력이 어떻게 해서 '장소'에 따라 다른 여러 종류의 예술작품을 만들어냈는가 하는 것이다. 여기서는 이 문제를 ① 다른 예술이 어떻게 다른 것인가? ② 그 특수성이 '장소'의 특수성과 어떤 연관을 가지고 있는가, 또는 이러한 특수성이 예술창작력을 어떻게 규정하는가 하는 두 가지로 나누어 고찰해보도록 하자.

우선 여러 종류의 다른 예술이 어떻게 다른지의 문제를 보자. 여기에서 그 차이 가운데 가장 두드러진 것을 포착하는 것이 좋을 것이다. 즉 유럽 예술의 대표적인 것과 동아시아 예술의 대표적인 것을 대상으로 하는 것이 좋을 것이다. 그리고 이것들의 가장 두드러진 특징을 비교하고 그 차이를 분명하게 하면 될 것이다.

여기에서 나는 가장 중요한 관점으로 '규칙적으로 이루어진 것'을 선택하고자 한다. 이것은 근대의 철학이 그 시작과 더불어 예술의 본성으로 인정했던 것이다. 감각적 인상에서 미적인 즐거움은 '합리적인 것' 또는 '논리적인 것'에 기초해야 한다고 말한 데카르트의 생각을 이어받아 합리적인 미학을 완성한 라이프니츠도 감각적인 즐거움을 감관지각 안에 숨어 있는 '지성으로 이루어진 것'에서 도출하고자 하였다. 시 형식의 논리적 성격, 특히 다양한 것들 가운데서의 통일이 시가 주는 미적인 즐거움의 근거였다. 질서에서 아름다움이 나온다. 음악에서는 음의 질서정연한 음향, 춤에서는 규칙에 맞는 운동, 시에서는 길고 짧음의 철음綴音의 규칙적인 연속 등 모두 질서 정연함이 미적인 즐거움을 가져다주는 것이다. 시각예술에서 '비례'가 주는 즐거움도 이와 다르지 않다. 예술적 창작은 사유의 구성적인 통일에 의해 우주의 질서를 파악하는 능력과 병행해서 구성적인 형태를 만들어내는 시도를 통해 이러한 질서를 가진 대상을 모방하여, 이른바 신과 같이 어떤 것을 창조하는 능력이다. 이렇게 아름다움은 감각적인 것에서 '논리적인 것'이 드러나는 것이고, 예술이란 조화롭게 연결된 세계의 감각적인 드러남이다. 예술가는 이 세계 연관을 논리가 아니라 발랄한 감정을 가지고 감각적으로 **본다**. 그리고 이것이 자유로운 창작 능력을 통해 표현될 때 이 세계 연관의 합리성에 따라 저절로 '규칙'의 토대 위에 서게 되는 것이다.

이러한 합리주의 미학은 17세기 유럽 특히 프랑스의 합리주의적 사회 현실과 인간의 태도를 반영한다. 그러면서도 이 시대의 합리주의적 색채를 말끔히 씻어버리고 아름다움과 예술 영역의 독자성을 인정하기에 이르렀다. 그러나 예술에서 합리적인 것의 규칙성을 인정하는 경향은 결코 소멸되지 않았다. 18세기의 경험주의적 미적 인상의 분석에서도 '다양성의 통일'이나 '좌우대칭symmetry', '비례', '동일한 구조를 가진 부분의 결합' 등은 여전히 미적 효과의 요소로 간주되었다. 설령 어떠한 요소들을 **모아 놓는다**고 해서 예술작품이 되는 것이 아니고, 미적 효과 자체도 통일적인 것과 맞지 않는다는 주장이 있기는 했지만, 위와 같은 미적 형식의 원리를 앞 시대와 똑같이 인정한 점은 반박되지 않았다. 19세기 미학에서 역사적 방법이 인간의 창작 능력의 고찰에서 출발해 심리학을 사실의 해석으로 이용하여 미적 창조 능력의 분석을 시작할 때에는 단순한 합리주의의 명료함에서 얻을 수 없는 **체험의 깊이**를 주목하는 일이 두드러지게 늘어났다. 그러나 예술에 대한 생생한 역사적 분석에서 얻는 개념으로 다양성 가운데 있는 통일이나 질서와 같은 추상적인 정리를 대신한다고 해도 이러한 통일성과 질서는 천재의 창조 능력 위에 서 있는 **예술의 법칙**으로서 여전히 인정되고 있다.

(이것은) 단지 다양성의 통일이나 좌우대칭, 비례 등의 원리에 따라

작품을 종합할 경우에 그 **종합하는 형식**에서 나타나는 작품의 개성, 즉 그 양식의 역사성이 관심사가 되는 것이다. 또 심리학적인 방법이 미적 의식의 연구에 깊이 들어갈 때에는 통일성의 원리가 그 근거를 우주의 합리적인 질서에서가 아니고, 정신생활의 통일성에서 발견하였다. 그러나 이와 같이 연구한 것은 미적 형식 원리를 어떻게 정초할 것인가 하는 문제에 있었기에 형식 원리 그 자체의 보편타당성이 의심된 것은 아니었다. 예술의 본질을 '감정으로 이루어진 형식'과 같은 점에서 인정하고, 미적 형식의 원리에서 독립해서 고찰하려는 시도는 겨우 최근에 나타난 것이다.

우리는 여기에서 작품의 **종합 형식**의 특수성이 위와 같은 형식 원리 안에조차도 잠식되어 있다는 사실을 주제화하고자 한다. 원래 예술이 다양성의 통일을 근본 원리로 하는 것은 어떤 예술을 시야에 끌어 들여 놓고 봐도 흔들리지 않는 사실에 해당할 것이다. 그러나 '종합'이 과연 규칙적인 것에 의해서만 얻어질 수 있을까? '균형'이 과연 좌우대칭이나 비례와 같은 것에 의해서만 얻어질 수 있을까? 이에 대해서는 확실히 의문이 든다. 그리고 이러한 의심이 일어나고 일어나지 않고는 (언제나) 이론이 추구하는 예술작품 그 자체의 특수성에 기초하고 있을 뿐이다.

유럽에서 예술작품으로 대표적인 것은 규칙적으로 이루어진 것을 문제 삼지 않으면 안 될 정도로 합리적인 색채를 지니고 있는 것이다. 위대한 그리스의 천재가 한편으로는 수학적 학문을 출발시킨 것과 같은 소질을 가지고 있으면서도 동시에 모범적인 예술을 만들어낸 것이 처음으로 이런 경향을 낳은 것일지도 모른다. 그리스 예술은 확실히 세계에 군림할 수 있을 정도로 우수한 것이면서 동시에 그 합리적인 성질에서도 뚜렷했다. 종합은 규칙적인 것에 의해 얻어지고, 균형은 대칭이나 비례에 의해서 얻어진다. 모범적인 예술에서 이러한 **종합 형식**은 그에 따라 예술의 본성에 속하는 것으로 생각하기 쉽다. 그렇지만 나는 그리스 예술의 탁월함이 이와 같은 모범적인 종합 형식에 있다고 생각하지 않는다. 그래서 위와 같은 형식적 원리에 기초해 있는 **종합 형식**을 예술의 한 특수한 양식으로 명확하게 하기 전에 우선 이 예술이 우수한 이유가 어디에 있는지를 살펴보지 않으면 안 될 것이다.

그리스의 조각에서 예를 들어보자. 폴리클레이토스Polykleitos의 〈도리포로스Doryphoros〉는 오래 전부터 인체 비례의 기준cannon으로 유명하다. 이 조각가는 피타고라스 학파가 수학적 관계에서 무한히 깊은 의의가 있음을 인정하고 음악이나 좌우대칭으로 되어 있는 사물의 모습 등이 가지고 있는 매력을 수학적 관계로 되돌아가 사유하였던 시대에 태어났다. 그는 인체에서 절대적으로 타당한 비례를 추구하여 추상적인 비례의 기준에 도달하였고, 이것을 도리포로스상에 구체화한 것으로 알려져 있다. 이와 같은 비례의 '연구'가 과연 창작의 능력이 될 수 있을지 여부는 의문이지만, 이 작품이 이런 전설에 어울릴 정도로 비례에 맞게 만들어진 정연함을 보여주는 작품임은 분명하다. 우리는 지금 그 원작을 볼 수 없지만 바티칸이나 나폴리에 있는 대리석 모조품은 만약 (우리가) 비례에 한정해서 본다면 충분히 원작의 느낌을 전달하고 있다고 말해도 좋을 것이다. 그런데 이 작품은 다른 로마 시대의 여러 모조품과 같이 인상이 매우 희박해서 그리스 원작에서 보이는 생생하고 신선한, 심금을 울리는 힘을 가지고 있지 않다. 기하학적인 비례의 완전함은 결코 심금을 울리는 힘이 되지 않는다. 이와 관련해 나는 로마의 테르메Terme 미술관에 있는 〈죽어가는 니오베의 딸〉이라는 작품과 비교해보고자 한다. 이것은 니오베라는 젊은 처녀가 등에 아폴로의 화살을 맞고 양손으로 그것을 빼려고 애쓰면서 한쪽 무릎을 땅에 대려고 하는 순간의 모습을 포착한 것이다. 머리는 쳐들어 위로 향하고 있고, 옷은 어깨에서 흘러 내려와 거의 전신을 드러내 보이고 있다. 작품의 연대는 5세기 중엽, 파르테논 신전이 건축되기 이전이며 따라서 여자 몸의 나체상으로는 지금까지 알려진 작품 중에서 가장 오래된 것으로 알려져 있다. 여기에서는 이러한 나체의 열정적이고도 이상한 운동의 문제를 해결하려고 하는 대단한 시도 때문에 고풍스런 견고함과 미숙함 이외에도 여러 가지 파탄破綻이 드러나는데, 특히 오른쪽 어깨와 같은 모습은 해부학적으로 불가능한 자세로 평가 받고 있다. 그런데 이러한 '견고함'이나 '파탄'을 지닌 조각상이 그리스 예술의 우수함을 그대로 보여준다는 점에서는 거의 의문의 여지가 없다. 이것은 실로 생생한 힘으로 마음에 와 닿는다.

우리는 이 특성을 간단하게 다음과 같이 말할 수 있을 것이다. "이 작품은 내적인 것을 남김없이 밖으로 드러내고 있다"고. 여기서 내적인 것이 밖으로 드러나 있는 것이다. 우리는 이 작품의 모든 점에서 이것을 느낀다. 이 조각은 안에 무언가를 포함하면서 **표면으로 확대되어 가는 '면面'**에서 성립한 것이 아니다. **안으로부터 솟구쳐 오르는 기복으로** 성립한 것이다. 이 기복, 즉 변화는 미묘함을 참으로 정교하게 표현한 것으로, 예를 들어 유방에서 하복부에 걸친 기복은 숨이 찰 정도로 가쁜 마음으로 거기에 따라가는 것 이외에는 어떻게 말로 표현할 길이 없다. 그리고 이 미묘한 기복은 내적인 것을 남김없이 드러내고 있다는 점에서 무엇인가를 한계 짓는 '윤곽'이라는 인상을 주지 않는다. 기복은 가로로 보면 틀림없이 서로 연결된 선線으로 되어 있는 것 같다. 그러나 이것은 안에서 솟구쳐 오른 점의 연속이어서 가로로 흐르는 움직임을 드러내는 선이 아니다. 하나하나의 점을 연결하고 있는 것은 안으로부터 흘러나오는 생명이다. 그래서 시험 삼아 유방에서 하복부에 걸친 무한히 미묘한 기복의 선을 주시하면서 이 조각상을 한 바퀴 돌아보면,

그 기복선의 끝없는 변화는 가로로 흐르는 움직임의 변화가 아니라 단지 기복의 변화, 즉 안으로부터 밖으로 흐르는 생명의 리듬으로 느껴진다. 조각가가 사용한 끌의 흔적도 이를 뒷받침한다. 예를 들어 오른발을 덮으며 흐르는 옷의 주름은 보통 옷의 무게에 대한 인상으로서 위에서 아래로의 '흐름'으로만 파악된다. 그런데 여기에 남아 있는 뚜렷한 끌의 흔적은 요철을 분명하게 만들어놓은 것으로 보아 의도적으로 위에서 아래로 흐르는 면으로 주름을 잡은 것이 아니다. 단순하게 오목한 부분을 조각한 곳은 볼록한 부분과의 매끄러운 연결을 거의 고려하지 않고 있다. 확실히 거기에는 육체와는 다른 종류의 생명이 있으며 마찬가지로 안에서 밖으로 흐르는 생명을 드러내려고 한 노력이 있다. 그래서 육체에 달라붙어 있음과 육체의 부풀어 있음을 잘 드러내고 있으면서 그 육체와 전혀 성질이 다른 것이라는 게 참으로 잘 나타나 있다. 이는 로마시대의 모조품 등에서는 도저히 발견할 수 없는 것들이다. 피부의 면에 남겨진 끌의 흔적은 옷깃[衣紋, 조각·회화에서 의복의 주름을 표현한 것]처럼 느낄 정도로 뚜렷한 것은 아니지만, 역시 섬세한 선혹은 점으로서 간파할 수 있다. 이것도 언제나 요철을 만든다고 하는 지향이 드러난 것이어서, 이것이 피부에서 매끄럽게 표면을 흐르는 느낌을 빼앗아가고 부드럽게 안으로부터 솟아오르는 느낌을 강하게 드러내고 있다.

　이와 같은 특징을 나는 전체적으로 그리스의 원작에서 인식할 수 있었다. 이것은 많은 경우 의문의 여지가 없는 좌우대칭과 비례를 결합하여 존재한다. 예를 들면 〈루도비시 옥좌Ludovisi Throne〉에서 이른바 '비너스의 탄생'은 좌우대칭의 아름다움을 전형적으로 보여준다고 말해도 좋을 것이다. 바다에서 태어난 비너스로 이해되고 있는 소녀乙女를 좌우의 해안에 서 있는 두 사람의 소녀가 몸을 굽혀 위로 끌어올리려 하고 있다. 비너스를 중심으로 좌우에 있는 소녀의 자세는 거의 같고 옷깃도 똑같이 위에서 흘러내리듯이 묘사되어 있다. 비너스는 양손을 좌우로 벌리고 좌우에서 똑같이 나온 여자들의 손에 떠받쳐 있다. 좌우의 여자들의 다른 손은 마찬가지로 아래로 내려뜨려 있고, 이제 막 비너스에게 옷을 감싸 입히려는 듯 마른 옷을 들고 있다. 이렇게 섞여 있는 여섯 개의 손이나 좌우 여자들의 셋으로 구분된 팔다리 등은 서로 대칭되어 엄밀한 균형을 간직하고 있다. 중심선 위에 있는 비너스의 머리의 동그란 모양은 좌우 여자들의 몸통에 안겨 있고, 비너스가 쳐든 팔과 가슴에 의해 만들어진 둔각鈍角은 좌우 여자들의 무릎의 둔각에 대응한다. 특히 비너스의 부풀어 있는 유방이, 뒤엉킨 채 부풀어 있는 세 발에 동심원을 그리며 퍼져서 서로 대응을 이루고 있는 모습은 참으로 아름답다. 이러한 균형에 수반하는 모든 세세한 부분 역시 엄밀하게 균형을 이루고 있다. 좌우의 여자가 뒤쪽으로 내민 발, 그 발이 밟고 있는 동그랗게 생긴 작은 돌, 여자의 어깨, 허리, 무릎을 타고 흐르는 옷깃이 균형을 이루고 있다.

확실히 이것은 엄밀한 좌우대칭 때문에 강하고 섬세한 인상을 주는 좋은 예이다. 그러나 이 작품의 탁월함의 핵심은 이 대칭이 아니라 대칭으로 종합되어 있는 각각의 모습, 안에 있는 것을 드러내어 밖으로 표현해내는 조각의 방식이다. (즉 작가가) 사물의 모습을 안으로부터 솟구치는 변화起伏로 잘 파악하고 있다는 점일 것이다. 한 쪽 모퉁이에 조각되어 있는 둥글고 조그마한 돌조차도(이것은 일본에서는 도저히 볼 수 없을 정도로 부드러운 원으로 다듬어진 작고 둥근 돌인데, 로마의 공원 길 위에서는 쉽게 볼 수 있는 것이다) 안을 드러내지 않는 무생물의 표면으로서가 아니라, 이러한 작은 돌에서 느낄 수 있는 촉각을 밖으로 드러나게 한 변화로 (작가는) 파악하고 있다. 비너스의 몸에 젖어서 밀착되어 있는 부드러운 돌과 비너스의 높이 쳐든 두 팔에 걸쳐 덮고 있는 요정의 마른 옷의 저 뚜렷한 조각 방식의 차이도 각각의 옷 '안에 있는 것'을 어떻게 잘 드러낼지를 깨닫도록 하는 방식이다. 더구나 저 단순한 육체의 조각 방법에는 그 단순함을 넘어 안에 있는 것이 밖으로 드러나는 그 변화를 나타내는 데 충분한 역량이 돋보인다. 대체로 이렇게 탁월한 **조각**은 미묘한 변화를 통해 내적인 것을 드러내도록 하는 기법을 깨우친 사람만이 제작할 수 있을 것이다.

이러한 조각 방식의 특징은 파르테논의 부조浮彫나 하후[破風, 일본 건축에서 합각合閣 머리에 'ㅅ' 모양으로 붙인 널빤지]의 조각에서도 강하게 느껴진다. 누구라도 이러한 조각에서는 그 옷깃衣文의 아름다움에 감동하지 않을 수 없지만, 이 옷깃은 끌 흔적의 명확함에서 보이는 거친 조각 방식에서 나오는 것이다. 그래서 매끄럽게 흘러내리는 면을 조각해내려고 하지 않는다. 오목한 부분(요, 凹)을 만드는 방법은 단지 움푹 들어가게 하는 단순한 방식이다. 그럼에도 이 움푹 들어가게 하는 작업의 '강도'에 대해서는 세심해서 단지 이러한 변화의 방식만이 관심사라는 사실을 명확하게 보여주고 있다. 그래서 이 옷깃에서 변화의 느낌과 육체에서 변화의 느낌이 참으로 선명하게 구별되면서 바로 여기에서 조화가 이루어지고 있다. 유명한 〈삼미신The Three Graces〉(세 사람의 글래스라고도 하는 머리 없는 세 명의 여인상)과 같이 부드러운 옷이 풍만한 여체에 휘감겨 있는 경우에도 그 휘감겨 있는 옷의 변화와 그 옷을 통해서 드러나는 육체의 변화를 매우 명료하게 느낄 수 있다.

그리스 조각의 탁월함은 '안에 있는 것을 밖으로 드러낸다'라는 점에 있다. 이것은 밖으로 드러나는 것 외에는 안에 아무것도 존재하지 않는 것이다. 로마시대의 모조품에는 이러한 특성이 남아 있지 않다. 모방 작가는 안으로부터의 변화의 기복으로서의 면을 평면적으로 확장된 면으로 수용하고 이것을 예의를 지켜 모방한다. 면은 매끄럽고 깨끗하게 되며, 동시에 무언가를 **간직한** 면이 된다. 그런데 밑그림이라 할 수 있는 그리스의 조각은 무언가를 **간직하지 않은** 것에서 무언가를 간직한다는 의미를 지닌 면이 어떤 것도 간직하지 않고 서 있게 된다. 이것이 모작이 가지고 있는 공허함을 강하게 느끼게 되는 근거이다. 이러한 모작이 기하학적으로 정확한 비례나 좌우대칭 때문에 감탄을 받게 되는 이유는, (이것은) 본래 살아 있는 생명의 표피에 불과했던 형식이 그 중심에서 유리되어 의의를 갖게 된 것에 불과하다.

이처럼 유럽적인 미술은 그것이 우수할 때나 천박할 때나 똑같이 규칙성을 중요시하였던 것이다. 이것은 건축과 문예에서도 마찬가지라고 할 수 있다. 그리스의 신전 건축의 위대함은 돌이라는 재료를 철저하게 살아 있는 것으로 한 데 있다. 이것은 기계적인 구조가 아니라 유기적인 전체이다. 세부적인 것은 이 전체 생명에서 살아 있다. 그리스인은 이 살아 있는 것을 기하학적으로 정확한 형태로 만들어냈다. 수학적인 규칙으로 지어졌다는 사실이 이 건축물의 생동감을 만들어내고 있는 것이 아님에도 불구하고, 이러한 생동감이 수학적인 규칙으로 이루어진 형태에서 완성되었기 때문에 여기서는 규칙으로 지어졌다는 사실 자체가 의의를 갖게 된 것이다. 그리고 같은 규칙으로 이루어진 건축물이 그 후 여러 개 만들어졌지만, 그리스인의 작품과 같이 생동감이 넘치는 것은 만들어내지 못했다. 또한 그리스 문예가 위대한 이유는 그 섬세한 직관성 때문이다. 그리스 문학에는 인간의 마음이 만들어내는 다양한 모습이나 움직임이 분명하게 직관적인 모습으로 표현되었다. 그러나 그리스인이 이것을 엄격한 율격과 통일의 규칙에 따른 형태로 형상화했기 때문에 이러한 규칙이 시의 본성으로 중요시되기에 이른 것이다. 그리고 이러한 규칙으로 이루어진 많은 보잘것없는 작품들까지도 만들어졌다.

이러한 모든 것들은 르네상스 시기에 그리스 문화의 부흥과 함께 유럽에서 두드러지게 발전해온 것이다. 그런데 근대 학문이 그리스 학문의 전통을 수용하면서 그 예술적인 또는 해석학적인 측면보다도 수학적인 측면을 강조하여 이 측면에서 눈부신 발전을 이룩한 것과 마찬가지로, 이것은 참으로 그리스의 예술에서 수학적인 측면만을 지나치게 강조한 것이었다. 이것은 근대 유럽 문화의 특수성에 다름 아닌 것이다. 따라서 미적 형식 원리를 자각하고 그것에 기초하여 작품을 완성한다고 하는 것도 이러한 특수성과 연관하여 이해하지 않으면 안 된다.

근대 유럽인은 확실히 그리스인의 교화를 바탕으로 성장한 것임에 틀림없지만 그들은 그것을 실용적인 로마인의 손을 거쳐서 받아들였다. 더욱이 그것을 **추상성에 대한 애호**라고 하는 그들 자신의 독특한 소질에 부응하여 음미했다. 그래서 (사람들은) 그리스인의 예술적 천재성이 그들과 다른 소질을 가진 민족을 자극할 때, 거기에서 그들과 다른 방향에서 결실을 맺으리라고는 미처 생각하지 못했을 것이다. 이상과 같이 규칙으로 이루어진 것을 특징으로 하는 유럽의 예술과 반대로 우리는 합리적 규칙을 발견할 수 없을 것 같은 작품을 동양의 예술에서 발견한다. 원래 동양 예술에도 **종합**은 있다. 그리고 이 **종합**은 무언가의 규칙에 바탕을 둔 것이다. 그러나 이 규칙은 수량적 관계와 같은 명확한 합리성은 아니다. 그렇다면 그것은 어떤 성질의 것일까?

여기서 이 문제에 들어가기 위한 징검다리로 정원예술의 예를 들어보자. 정원예술은 고대의 그리스인이 모범을 보여준 것은 아니었다. 헬레니즘 시대 동방의 대도시에는 예술적 기교를 띠고 만들어지기에 이르고, 로마제국 시대에는 황제의 특별사업 등으로 더욱 발전했다. 원래 이것은 순수하게 정원이라고 하기보다는 여러 설비 형태를 갖춘 오락을 위한 공간이었지만 인공적으로 형태를 부여한 수목이나 기하학적인 형태를 띤 화단 또는 규칙적인 형태를 가진 수로나 연못 등이 매우 규칙적으로 완성되었다. (그리고) 이를 위한 틀이 되는 골조 또는 중심이 되었던 것은 언제나 건축적이고 조형적인 장식이었다. 이렇게 로마인에 의해서 정원이 완성되었다는 것은 정원의 문제에 있어 중대한 의미를 가진다.

그리스인이 정원을 예술적으로 만들지 않았던 것은 좁은 폴리스의 생활이 그것을 요구하지 않았기 때문이다. 그렇다고 그리스인이 자연의 풍경에 무관심했던 것은 아니었다. 부챠는 "예전에 어떠한 민중도 바깥의 아름다움에 대해서 고대 그리스인만큼 깊은 인상을 준 것은 없었다"고 말하고 있다. 이것은 그리스의 폴리스가 많은 경우 아름답고 전망이 좋은 곳에 있었다는 사실로 뒷받침될 수 있을 것이다. 아텐의 아크로폴리스는 웅대하며 아름답고 산뜻한 조망이 있는 것으로 유명하며, 이탈리아 반도에서 그리스의 식민지였던 곳, 예를 들어 페스툼, 타오르미나, 시라쿠사, 아그리겐툼, 세제스타와 같은 도시들은 어디든 바다와 산과 들판의 조망이 매우 아름다운 장소로 꼽을 수 있다. 해안에서 어느 정도 떨어진 조금 높은 곳은 방어의 필요조건이었을 것이다. 그러나 마찬가지로 혹은 그것 이상으로 필요조건을 충족시켰던 부근의 장소 가운데 특히 전망이 아름다운 장소를 선택했다는 점에서 이 폴리스 건설자의 의도를 추측할 수 있을 것이다. 예를 들어 타오르미나 Taormina는 해변에서 올려다보면 결코 특별히 방위에 적합한 위치로 보이지 않는다. 오히려 이와 같은 어중간한 장소를 선택한 것에 의심이 들 정도이다. 그러나 한번 이 도시의 끝까지 올라가 보면 이 선택이 필연적이었음을 느끼게 된다. 아래쪽에는 백사장과 바위가 아름답게 구부러진 형태로 이어져 있고, 그 위에는 유럽에서는 독특한 아름다움을 가진 하얀 색의 에트나 화산[시칠리아 섬의 활화산, 이 이름은 '나는 타오른다aitho'라는 말에서 유래함]이 크게 펼쳐져 있다. 이렇게 합쳐진 조망은 도시의 위치를 400~500미터만 옮겨도 깨진다. 원래의 황량한 느낌은 없고, 자연 그대로 이미 손길이 닿은 듯한 평야나 해변이 있는 이 국토의 풍경은 적당한 위치에서 적당하게 한계를 잡아 조망함으로써 완성된다. 그리스인들은 이런 이유로 폴리스의 위치를 선정한 것이다. 이러한 사실만으로 불충분하다면 더 나아가 폴리스의 극장을 증거로 들 수 있을 것이다.

폴리스의 극장은 음향학적으로 매우 정교한 구조로 되어 있어서 우리를 놀라게 한다. 비교적 작은 타오르미나의 극장은 말할 것도 없이 꽤 큰 시라쿠사의 극장에서도 관람석 가운데 가장 뒤에 있는 높은 곳과 오케스트라 사이에서도 일상의 대화와 같은 톤의 소리로 아무런 문제없이 대화할 수 있을 정도이다. 더구나 이곳은 하늘(과 맞닿은 듯한 바로) 아래이다. 그러나 이보다도 우리를 더욱 놀라게 하는 것은 관람석에서 보이는 아름다운 풍경이다. 타오르미나 극장은 로마 시대의 증축으로 이 조망을 방해하는 듯하다. 그러나 관람석에서 보면, 연극이 공연되는 세계와 구분되는 신전 위에는 마치 액자에 끼워 넣어진 듯이 멀리 바다와 흰 자갈과 에트나의 수려한 모습이 선명하게 드러난다. 비교적 확 트인 땅에 있는 시라쿠사에서도 남쪽으로 바다를 이은 경사면을 극장으로 선택했기에 아름다운 평야와 바다와 곶岬이 합쳐져 멀리 보인다. 세제스타의 극장은 신전의 언덕보다도 훨씬 높은 작은 산의 정상에 위치해 있지만, 아름다운 가게라 계곡 저편 10마일 거리에 바다와 연결되는 장소를 선택했기에 바다를 향해 열려 있는 형태로 만들어져 있다. 세제스타의 신전 부근의 산들을 바라보고 있노라면 이곳이 바다가 보이는 곳이라고는 아무도 생각하지 못할 것이다. 극장이 있는 장소까지 올라가면 비로소 사람들은 이 땅이 간직한 확 트인 광활한 풍경을 만나게 된다. 이렇게 극장을 만든 방식은 연극에 주의를 집중시키기 위해 무대를 가능한 한 바깥 세계로 향하는 인상으로부터 떼어놓는 방식과 정면으로 배치된다. 마치 옛날 일본인이 제삿날에 전망 좋은 높은 곳으로 올라가 거기에서 밥 먹고 춤추듯이 그리스인은 종교적 제의에서 나온 극劇을 자연의 아름다움이 주는 훤히 트인 곳에서 명랑한 기분으로 음미하려고 한 것이다. 이를 종합해볼 때 그리스인에게 풍경의 아름다움은 빼놓을 수 없는 것이었다는 것, 폴리스의 생활은 이러한 자연과의 합일과 떼어서 생각할 수 없었다는 것을 입증한다. 그리스인은 이러한 풍경을 사랑하는 것 이상으로 풍경을 이상적으로 고양시키려는 욕구는 가지고 있지 않았다.

그런데 로마인은 그들이 발명한 원형극장이나 공중목욕탕 등에서 볼 수 있듯이, 풍경의 아름다움을 돌아보지 않고 단지 인공적인 것을 안에서 즐기는 것을 그 특징으로 하였다. 유명한 로마의 수로水路는 고대 도시를 일정한 크기 이상으로 발달시키지 않는 자연의 제한을 인공의 힘으로 극복하려고 한 로마인의 작업을 상징하는데, 이 인공의 즐거움은 도시를 떠나서 황제의 특별사업 등에서도 잘 나타나고 있다. 황제는 신전, 극장, 목욕탕, 도서관, 스타디움, 포이키레 등 도시에 있는 모든 오락 기관을 자신의 소유로 삼고 있었다. 그리고 그런 소유물 중 하나로 완전히 인공적인 기하학적인 형태의 정원이 만들어졌다. 그래서 정원에서 사람들이 즐거워하는 것은 자연을 지배하는 인공의 힘에 대한 즐거움이다. 이 전통을 이어받았다고 상정되는 근대 이탈리아인도 자연의 풍경 가운데서 규칙적으로 되어 있는 것을 애써 찾아 정원예술을 만들었다. 때마침 이 시기가 박물학적인 자연 연구에 대한 흥미를 불러일으킴과 함께 동물원이나 식물원이 만들어진 시대이기 때문이었을 것이다. 이렇게 조성된 정원은 단지 기학학적인 규칙으로 이루어진 것처럼 자연을 구별하고 구획한 것 외에 아무것도 아니었다. 사람들은 로마 교외의 티볼리에 있는 에스테 가문의 별장 정원을 르네상스 시대 최고의 아름다운 정원의 하나로 칭찬한다. 이것은 캄파니아의 아득한 들판을 내려다볼 수 있는 절묘한 경사면에 위치해 있으며, 이 지방의 토지는 풍성하고 물은 윤택하다. 그런데 이 정원이 정원으로서 칭찬받는 것은 기하학적인 직선이나 원형 형태의 도로로 지면이나 식물을 구별했다는 것, 경사면을 이용해 만든 돌계단이 똑같이 강한 기하학적 인상으로 정원 전체를 지배하고 있다는 것, 또는 직선적으로 수십 칸에 걸쳐 나란히 병렬되어 있거나 혹은 여러 기교로 조합된 **분수**가 인공의 지배를 정원의 구석구석까지 느끼도록 한 점 등에 있다. 이것은 확실히 자연을 인공적으로 만든 것이라 할 만하다. 그러나 이렇게 함으로써 자연의 아름다움이 순화되고 이상화된다고 할 수 있을까? 직선적으로 병렬되어 나란히 서 있는 가로수를 입체적인 각도로 똑바로 되어 있는 도랑에서 마무리하고 있는 것도 이러한 기하학적인 사물의 형태를 돌 대신에 나무로 만든 것이라고 할 수 있을 것이다. 그러나 이것으로 무리지어 생활하는 식물의 **아름다움**이 순화되는 것은 아니다.

이탈리아에서는 자연 그대로의 소나무와 삼나무가 실제로 규칙적으로 똑바로 된 모습으로 배치되어 있는데, 이 규칙적으로 바르게 되어 있는 것을 더욱 순수화한다는 것은 나무의 배치를 기하학적으로 한다는 것에 지나지 않는다. 자연 그대로의 규칙적인 나무의 배치는 그렇지 않은 몇몇 불규칙성 때문에 오히려 자연에 내재하는 규칙을 생각나게 한다. 이 불규칙적인 부분까지도 인공적으로 제거해버리면 여기에서 두드러지는 것은 오히려 자연과 동떨어진 느낌이다. 인공화의 느낌인 것이다. 이것은 그리스인이 인체의 규칙적 비례를 드러낸 작업과는 근본적으로 다른 것이다. 그리스인은 인체의 아름다움을 순화하거나 이상화했을지라도 인공화하지는 않았다. 이런 점에서 보자면 인공적이지 않은 자연 그대로의 목장이나 올리브 밭을 단지 액자에 끼워 넣는다면 르네상스 시대의 정원보다 훨씬 아름다울 것이다. 예를 들면 티볼리 근처 하드리아누스의 별장의 경우 폐허로서의 매력을 별도로 하더라도, 일정한 틀에 들어간 자연의 경치로서 에스테의 정원보다도 훨씬 우리의 마음을 사로잡는다. 로마의 옛날 특별 사업에 모든 로마풍의 건축물이 지어질 때에는 그것이 인공적이라는 점에서 의미가 있었을 것이다. 이제 그 인공적인 것이 붕괴된 이후, 밀밭이 있고 녹색 풀의 초원이 있고 올리브가 들판에서 자라고 있을 때에는 인공보다도 아름다운 자연이 그 자체의 아름다움을 발휘하고 있다. 그렇다면 인공적인 정원을 만드는 것은 자연의 아름다움을 말살하는 것 이외에 다름 아닐 것이다.

이에 비해 일본의 정원에서는 자연미의 순화와 이상화를 발견할 수 있다. 유럽인은 이것을 유럽의 자연정원과 같은 양식으로 이해하고 있다. 그러나 근대 이탈리아의 정원이나 자연정원은 단지 **자연 그대로**의 풍경을 일정한 틀에 집어넣은 것일 뿐이다. 이것은 자연미를 활기 있게 한다는 점에서 인공적인 정원보다 훨씬 우수하기는 한데, 여기에 가미된 예술적 창작력은 매우 빈약하다. 일본인은 독일 뮌헨의 자연 공원이 가진 아름다움을 솔직하게 인정한다. 그러나 이것이 아름다운 까닭은 남쪽 독일의 시골집 목장이나 낙엽수나 냇가가 아름다운 것과 같은 맥락에서이지 단지 예술적으로 만들어졌기 때문만은 아니다. 그런데 일본의 정원은 결코 **자연 그대로**의 것이 아니다. 유럽의 자연이 자연 그대로여도 결코 황량한 느낌을 주지 않는 데 비해서 일본의 자연은 자연 그대로의 모습으로는 참으로 뭔가 어지럽고 불규칙하며 황량한 느낌을 준다. 일본에서 유럽의 목장만큼 질서 정연한 느낌의 푸른 초원을 만들려면 제초나 풀베기 배수 그리고 흙을 굳게 하는 방법 등에 대해 끊임없이 주의를 기울이지 않으면 안 된다. 유럽에서 자연 그대로의 풍경을 일정한 틀에 맞춤으로써 얻을 수 있는 정도의 효과를 일본에서 얻으려 한다면 수십 배의 노력이 필요한 것이다. 이와 같이 무질서하고 황량한 자연에서 질서와 종합을 만들어내고자 노력하는 가운데 일본인은 정원 만드는 기술에 대한 전혀 다른 원리를 발견하게 되었다. 인공적으로 자연에 질서를 부여하기 위해서는 자연에 인공적인 것을 덧입히는 것이 아니라, 인공을 자연에 따르게 하지 않으면 안 된다. (여기서의) 인공은 자연을 **보살핌**으로써 오히려 자연을 안으로부터 따른다. 잡초 또는 일반적으로 가로 막는 것, 하찮은 것을 제거함으로써 자연은 그 자신의 종합을 그대로 드러낸다. 이렇게 사람들은 무질서하고 황량한 자연 속에서 자연의 순수한 모습을 탐구해왔고 이를 정원에서 재현하고자 하였다. 이런 의미에서 일본의 정원은 자연미의 순화와 이상화에 다름 아닐 것이다. (이러한 일본인의 정원예술) 작업 자체가 갖는 의의는 그리스의 예술과 궤를 같이한다고 말할 수 있을 것이다.

그런데 이렇게 이루어진 정원은 어떻게 **종합의 방식**을 갖는 것일까? 간단한 예를 들면, 이것은 단지 이끼가 자라는 평면에 한 그루의 나무 또는 5~7개의 돌을 깔아놓는 것이다. (예를 들면 다이도쿠데라 신쥬안大德寺 眞珠庵 주지 스님 방 앞의 정원, 현관 앞, 규리궁의 현관 앞 등)은 통일해야 할 다양성을 가지고 있지 않기에 본래 통일되어 있는 단순한 것에 불과하다고 할 수 있을 것이다. 그러나 이 이끼는 자연 그대로 이렇게 한 쪽 면에 **살게 된 것**이 아니다. 이것은 단지 보살핌에 의해서 얻어진 인공적인 것이다. 그렇다고 잘려서 다듬어진 잔디와 같이 단순한 평면은 아니다. 이 이끼는 아래에서 올라와 **미묘하게 변화의 기복**起伏**이 있는 부드러운 녹색**綠이다. 이 변화하는 기복의 방식은 인간이 좌우하는 것이 아니라 자연 그대로의 것이지만, 인간이 자연 그대로의 미묘한 변화

의 기복이 참으로 아름답다는 것을 알고 그것을 돌보아 만들어낸 것이다. 따라서 정원사는 이 변화의 기복을 보여주는 부드러운 초록과 깔려 있는 돌 사이의 관계에도 상당한 주의를 기울인다. 깔려 있는 돌 면의 조각 방식, 형태, 배치, 한 면을 평면으로 하고 형태를 정사각형으로 하는 것도 기하학적인 좌우대칭으로 통일시키기 위해서가 아니고, 이끼의 부드러운 이끼의 부드러운 기복과의 대조를 위해서다. 따라서 그 배치는 이끼의 면이 가늘고 긴 길일 때에는 직선적으로, 이끼의 면이 완만하고 넓을 때에는 면의 크고 작음에 따라 호응하여 흩어진다. 이것은 기하학적인 비례에서가 아니라, 우리 감정에 호소하는 힘의 균형, 즉 예술적 통찰력[앞에서 나온 단어 氣合い가 여기에서도 나옴]에서 통일된다. 마치 사람과 사람 사이에서 '기가 통한다'라고 말하듯이 이끼와 돌, 또는 돌과 돌 사이에 '기'가 통하는 것이다. 그리고 이 '기'를 통하게 하기 위해서는 규칙성을 애써 피해야 할 것으로 보인다.

이러한 종합의 방식은 정원의 사물들이 복잡하면 할수록 더 두드러지게 눈에 띈다. 인공을 추가하지 않은 여러 형태의 자연석, 크고 작은 여러 식물, 물, 이것들은 모두 가능한 한 규칙적인 배열을 피하면서도 한 치의 오차 없이 배치되어 종합되도록 하고자 한다. 예를 들어 연못의 형태는 정사각형, 십자형, 원형과 같은 규칙적인 형태를 가능한 한 피하고 있다. 그렇다고 해서 멋대로 무질서한 자연의 연못을 모방하는 것도 아니다. 자갈밭이나 냇가나 연못가 등에 있은 자연이 드물게 또는 부분적으로 보여주는 아름다운 자태를 모방하면서 이것을 총합하여 하나의 아름다운 전체로, 더 나아가 인공적인 인상을 주지 않는 전체로 종합해가는 것이다. 그래서 탁월한 정원의 연못은 결코 한눈에 전체 형태를 파악할 수 없고, 어떤 방향에서 보아도 언제나 거기에 항상 새로운 종합이 있는 모습을 느끼도록 하는 무한히 복잡한 측면을 담도록 만들어진다. 또한 수목도 다양한 성질과 형상을 지닌 것을 모아놓은 것이 중요하다. 사계절의 변화를 통해 색채의 종합이 만들어지지 않으면 안 되는 것이다. (다양한 나무의 특성과 관련해 예를 들면) 비교적 변화의 진폭이 작은 상록수와 그보다 큰 낙엽수가 대표적이라 할 수 있는데, 이 낙엽수도 신록의 색에 농담지속濃淡遲速이 있고 단풍의 색도 노란색에서 짙은 빨강까지 차이가 있다. 상록수라고 해도 금빛처럼 빛나는 새싹이 있고 둔한 은빛의 새싹도 있다. 또 소나무와 같이 한여름에 아름다운 청록색의 싹을 가진 것도 있다. 이들 다양한 나무를 각각의 위치에서 각각의 크기에 따라 배치하고 계절의 변화에 따라 **변화해가면서 조화를 보존**하는 종합을 만들어낼 수 없다면 탁월한 정원이 되지 않는다. 이를 통해서 알 수 있듯이 정원사는 자연 그대로인 산과 들의 어떤 개별적인 장소에서 우연히 드러나 있는 조화를 모범으로 해서 그것을 우연이 아닌 전체로 종합하는 것이다. 이러한 복잡한 종합의 방식은 모두 기하학적인 규칙성에 따라 이루어지는 것이 아니다. 여기에 무엇인가 규칙이 있다고 해도 그것은 인간이 합리적으로 붙잡을 수 없는 것이다. 그래서 일본의 정원 만드는 기술에서 규칙으로 간주되는 것은 사실은 규칙이 아니라 이미 만들어진 일정한 정원 양식을 모범으로 하는 것이다.

정원예술의 이러한 차이에서 우리는 쉽게 다른 예술의 특수성으로 건너갈 수 있을 것이다. 정원의 종합방식과 가장 유사한 종합방식을 가진 것은 정원을 만드는 사람이 많이 배웠을 것으로 추측되는 회화이다. 정사각형의 화면 위쪽 왼쪽 귀퉁이에 농담을 달리 하는 4~5개의 대나무 잎이 먹으로 그려져 있다. 이것을 이어 받아 엷은 대나무 줄기가 왼쪽 가장 자리를 따라 서 있다. 그 밖의 대부분의 화면은 비어 있지만, 그 한가운데 대나무 잎의 약간 아래쪽에 진하게 그려진 한 마리의 참새가 날아가고 있다. 이런 그림의 구도에서는 좌우대칭과 같은 것은 어떤 의미에서도 인식되지 않는다. 그런데도 여기에는 한 치의 오차도 없는 **균형**이 느껴진다. 어떤 것도 그려 넣지 않은 공백이 넓고 깊은 공간으로서 짙은 참새의 그림자와 조화를 이루고 있다. 이 참새가 가지는 힘은 엷은 대나무 잎 가운데 특히 눈에 띄게 짙게 그려진 2~3개의 대나무 잎과 서로 호응관계를 이루고 있다. 이렇게 각각의 사물들이 움직일 수 없는 필연적인 장소를 점유하고 있다. 이와 같은 예술적 통찰에 따른 조화 관계에 의해 사물의 형상이 단지 한쪽 편에 묘사되어 있는 그림임에도 풍부한 종합으로 느껴진다. 이러한 종합의 방식은 소우겐宋元 시대의 배에 실린 화첩宋元舶載의 그림에서도, 무로마치 시대와 모모야마 시대로부터 도쿠가와 시대에 걸쳐서 있었던 큰 장지 그림인 병풍 그림에서도 많이 볼 수 있다. 또한 매화나무 가지에 참새가 앉아 있는 작은 그림이나, 매화가 물 가까이 피어 있는 병풍 그림, 귀족들이 타고 다니는 수레 주위에 사람들이 모여 있는 조그만 병풍 그림 등에서도 볼 수 있다. 이러한 그림들에서 불규칙적으로 화면의 가로로 돌출한 매화나무 가지의 형상이나 그 위에 매화의 배치 그리고 그 가운데 앉아 있는 참새의 위치 등은 참으로 **적절한** 조화를 이루고 있다. 또한 흐드러지게 핀 홍매화의 모습과 이 모습을 비추는 물이나 정원 안의 작은 산 사이의 **적절한** 색깔과 선의 조화도 볼 수 있다. 그리고 귀족들이 타고 다니는 수레를 그림 바탕의 끝에 붙이고 인물의 방향을 교묘하게 배합하면서 공백인 다른 쪽을 향해 점차적으로 사람들의 무리를 엷게 하는 구도의 **적절한** 변동 방식이 있다. 이들 모두의 **적절함**은 한눈에 보기에 명료하지만, 이 적절함의 기초가 되는 규칙을 발견할 수는 없다. 이것은 단지 직감적으로 얻어진, 그리고 한 치도 흐트러지지 않는 '예술적 통찰'이다.

　이렇게 회화의 종합방식이 가지고 있는 특수성은 공예품을 통해 일본인의 일상생활에 친근한 것이 되었다. 서양의 그릇이나 커피 잔의 규칙적인 모양에 비해 일본의 그릇이나 찻잔은 언뜻 보아 아무렇게나 만든 것처럼 보인다. 그렇지만 규칙적으로 만들어진 것 이상의 묘미가 있다. 보기에 싫증나지 않는 모양이 어떤 식으로든 무의식적으로 일본풍의 느낌으로 수용되었을 것이다. 이것이 예술적으로 고양되면 금속이나 자개로 만든 벼루 상자와 같은 것이 된다. 지나칠 정도로 규칙적인 것을 떠나 있지만 참으로 선명하게 종합된 뉘앙스의 예술은, 어떠한 고가의 금속을 사용하더라도 단지 기계적인 느낌 밖에 주지 않는 잉크병이나 연필통에 비하면 명백하게 앞에서 말한 것과 같은 특수성을 보여주고 있다.

그런데 회화의 종합방식이 지닌 특수성은 이처럼 '예술적 통찰'에 의한 것만이 아니다. 이것은 공간예술이어서 한눈에 멀리 바라볼 경우의 종합방식, 즉 좌우대칭이나 비례를 대신하는 종합의 방식이다. 그런데 회화에서는 더 나아가 시간적인 계기를 포함한 특수한 종합의 방식이 중요한 위치를 차지한다. 즉 두루마리 그림의 종합방식이 바로 이에 해당한다고 할 수 있을 것이다. 서양의 회화에서 이야기를 주제로 하여 계속되는 것을 묘사할 경우에도 이어지는 것은 단지 이야기의 내용일뿐, 그림 자체는 하나하나의 독립된 구도를 가지거나 또는 하나하나 독립되어 있으면서 장식적인 큰 전체로 종합되고 있다. 그런데 두루마리 그림에서는 **구도 그 자체**가 시간적으로 전개되는 것처럼 만들어진다. 조용한 구도에서 시작해 서서히 복잡성의 정도를 점진적으로 더해가면서 무수히 많은 사물들이 조합되어 가는 방식의 매우 복잡한 구도로 발전해간다. 더 나아가 다시 서서히 단순한 것으로 돌아가면서 매우 간결한 구도로 끝을 맺고 있는데, 이것은 오히려 음악의 전개 방식과 비슷하다. 일본인은 이 모였다가 흩어지고, 흩어졌다고 모이는 변동을 통해 자주 감동적인 아름다움을 느끼게 된다. 이러한 그림의 각 부분은 각각 떼어놓아도 역시 그림으로서의 종합된 구도를 가질 수 있을 것이다. 그러나 이것은 본래 전개되는 전체의 한 부분으로 만들어진 것이기에 그 부분의 의의는 전체에서 비로소 충분하게 발휘된다. 본다이나곤伴大納言 두루마리 그림과 같이 하나의 이야기를 주제로 한 것은 물론이거니와 도리주바사 소우지요우 히쯔鳥翼僧正筆로 불리는 새와 동물들이 놀고 있는 두루마리 그림처럼, 또는 눈 덮인 배 위의 산수를 그린 두루마리 그림처럼 전혀 주제에 속박되지 않으면서도 전체로서의 구도의 전개는 확실히 중요한 관심사로 자리 잡고 있다. 구조의 변동에 따라 필치筆調가 저절로 변동되어 가는 것도 전개 과정 전체에 대한 충분한 이해를 보여주는 것이라고 할 수 있을 것이다. 그러나 이 전개의 방식에서도 우리는 음악에서와 같은 규칙적인 것을 발견할 수가 없다. 이것은 같은 테마를 반복해서 전개하는 것이 아니라 언제나 다른 모습으로 변화해가는 전개이고, 그러면서도 전체로서의 하나로 종합되어 가는 것이다. 만약 비교할 만한 것을 찾는다면 이것은 비합리적인 계기로 채워져 있는 삶의 통일적 전개라고 밖에는 말할 수 없을 것이다.

이러한 특수한 종합의 방식을 생각할 때 연상되는 것은 일본 문예의 특수한 형식 중 하나인 '렌구連句'이다. 렌구에서 각각의 구는 하나의 독립된 세계를 가지고 있다. 그렇지만 그 사이에 미묘한 **관계**가 있고, 하나의 세계가 다른 세계로 전개되면서 전체로의 종합까지도 가지게 된다. 구와 구 사이의 전개는 보통 다른 작가에 의해 수행되기 때문에 한 저자의 상상력이 지속되고 통일되는 것은 의도적으로 사라지고, 전개의 방향은 '우연'에 맡겨진다. 따라서 전체로서의 종합은 '우연'의 산물이지만 바로 그렇기 때문에 전체는 오히려 풍부해진다. 그래서 한 작가에게서 기대할 수 없는 여러 가지 변형이 생긴다. 그렇다면 이러한

'우연'이 예술적인 통일을 만들어낼 수 있을까? 이에 대한 대답은 예술적인 통찰, 그것도 (여기서는 특별히 인격적인) 통찰氣合い이다. 한 자리에 모인 사람들의 (인격적인) 기가 통하지 않고는 렌구의 탁월한 종합은 일어날 수 없다. 사람들은 개성의 특수성을 그대로 간직한 채 제작에 참여하면서도 서로의 마음의 교향交響과 호응 가운데 자신의 체험을 표현한다. 이러한 시의 형식은 서양인이 전혀 생각해보지 못한 형식일 것이다.

　렌구 이외에도 일본의 문예는 이와 비슷한 특수성을 지니고 있다. 가게 고도바[掛詞, 동음이의를 이용하여 한 개의 단어에 두 개 이상의 의미를 갖게 하는 것]에 의한 묘사와 같은 것이 이에 해당한다. 내용적으로는 어떤 관련도 없는 듯이 보이지만 단지 언어에 대한 연상으로 다음으로 이어간다. 내용의 논리적인 맥락에 따라 묘사하는 방식에 비하면, 이것은 정말로 심하게 비합리적이다. 그렇지만 이러한 연상에 의한 언어의 배열이 전체로서 강한 하나의 종합된 정조情調를 부각시킨다. 왜냐하면 이것은 언어의 지적 내용에서 보면 맥락이 없는 것이지만, 감정적 내용으로 보면 서로 관련이 있는 것이기 때문이다. 사람들은 이러한 종류의 묘사의 대표적인 것을 타이헨 이키太平記나 츠가마쯔近松의 희곡에 나오는 남녀의 도피행각 등에서 쉽게 발견할 수 있으며, 또 현실적 묘사로 이름난 이하라 사이카쿠井原西鶴에게서도 눈에 띄는 것이다. 사이카쿠는 확실히 그의 작품 곳곳을 렌구의 호흡으로 묘사했다. 앞 구절의 감정적 내용이 그 지적 내용과 독립적으로 다른 구절을 연상시키는데, 이러한 구절의 연쇄를 통해 사건의 솔직한 묘사를 대신하는 경우가 많다. 이렇게 말에 의한 점묘법도 지적인 내용에서의 합리적인 맥락을 보이지 않는데, 이는 예술적 통찰력에 따라 말의 맥락을 느끼는 특성에 의해서만 가능한 것이다.

나는 이러한 특징이 통찰력에 의한 예술인 노우가쿠能樂, 시도우茶道, 가부키에서도 각기 발견된다고 생각한다. 그리스 전통을 훨씬 더 잘 이어가고 있는 불교미술에서도 이런 사례가 나타난다. 원래 일본인은 예술적인 국민으로 세계에서 인정받고 있으며, 또 실제로 내적인 것을 직관적인 모습으로 드러내는 데 능력이 탁월한 국민이다. 그러나 그리스인이 **본다는 것**에서 느끼는 데 비해 일본인은 **느끼는 것**에서 본다. 이 차이를 놓쳐서는 안 될 것이다. 그리고 이 특수성에 있어 일본은 중국이나 인도와도 공통점을 가지고 있다. 다른 점은 단지 예술적 통찰력에 의한 종합의 방식이다. 이 점에서 보면 인도 예술도 (일본과는) 전혀 다른 것이다. 나체상이 혼잡하게 무리지어 있는 듯한 아마라바티의 조각상이나 첨탑이 혼란스럽게 모아져 있는 듯한 힌두교의 전당 등에서 볼 수 있는 종합은 합리적인 규칙에 따른 것도 아니지만, 위에서와 같이 예술적 통찰에 의한 것도 아니다. 그것이 무엇인지는 모르겠지만, 다만 그것이 합리성을 압도하고 감각에 도취됨으로써 얻어진 것이라고 말할 수는 있을 것이다.

　　우리는 '규칙으로 이루어진 것'이라는 관점에 따라 동양과 서양의 예술을 비교하였다. 그리고 이것이 서양 예술의 성격이었으며, 동양 예술의 성격은 아니었음을 분명하게 하고자 하였다. 우리는 역시 이외에도 몇 가지의 관점을 선택할 수 있을 것이다. 특별히 '인간중심주의' 같은 것 말이다. 그러나 여기서는 문제를 단순화하기 위해 위와 같은 하나의 관점을 견지하면서 다음의 문제로 나가려고 한다. 위와 같은 특수성은 '장소'의 차이와 어떤 관련이 있을까?

3.

'장소'의 차이와 예술의 특수성과 관련된 문제는 '장소'를 지역적으로 세분화하면 양식의 미세한 부분의 문제가 되고, '장소'의 차이를 크게 하면 할수록 예술적 성격의 깊이와 관련되는 것처럼 보인다. 이 점에서 보면 우리가 앞에서 명료하게 했던 예술의 차이와 동서양 땅의 차이의 연관성은 이 문제를 가장 확대해서 본 것이라고 할 수 있을 것이다. 동양과 서양의 땅의 차이를 가장 두드러지게 느낄 수 있는 것은 '습기'이다. 몬순의 영향을 받는 인도, 중국, 일본에서 한창 더운 때는 비가 내리는 계절이어서 모든 식물이 물과 햇빛의 도움으로 왕성하게 자란다. 강우량은 대체로 유럽의 3~4배 내지 6~7배이고, 공기 중의 습기도 훨씬 많다. 이에 비해 아라비아, 이집트 등의 근동은 극도의 건조 지역이어서 특별한 조건이 없는 땅은 모두 사막이며, 전혀 식물이 없이 해골과도 같은 산과 들판이 드러나 있다. 다시 말해 유럽에서 보면 동양은 습윤과 건조의 양 극단이다. 겨울이 우기인 유럽은 강수량이 적고 또 비가 내려도 공기 중의 습기가 그다지 많지 않다. 여름의 건조기는 지중해 연안에서는 풀들을 말라버리게 할 정도이지만, 그러나 그 때문에 뿌리가 강한 잡초를 번성하지 못하게 한다. 이후 10월의 비는 부드럽고 약한 목초의 성장을 가능하게 한다. 햇빛이 약한 중부와 북부 유럽에서는 이 정도의 건조함도 없이 연중 내내 부드러운 풀이 무성하게 자란다.

이처럼 습기와 햇빛의 관계가 자연의 풍모를 확연히 다르게 만든다. 습윤한 동양에서는 햇빛과 물이 식물을 풍성하게 자라게 하지만, 같은 원인으로 인한 폭풍과 큰 비와 홍수 등은 식물들을 살기 어렵게 한다. 이 때문에 습윤한 동양의 식물은 왕성하게 자라면서 동시에 황량하게 뒤틀려 혼란스럽고 어지럽다. 일본의 풍경이 우아하고 아름다운 이유는 변화가 풍부한 소규모의 기복이나 섬세한 색채나 대기의 농담濃淡

등에 의한 것이지, 식물의 형태가 온순하기 때문이 아니다. **식물의 모양**에만 주목해서 보면 일본의 풍경은 **황량하고** 혼란스러운 풍경이다. 이에 비해 유럽에서는 일본과 같이 뿌리가 강한 잡초가 무성하지 않고 부드러운 목초가 은밀하게 땅을 감싸고 있으며, 수목은 바람의 위력을 알지 못하는 듯 질서정연한 모습으로 서 있다. 이것은 참으로 **온순한** 느낌이다. 사람들이 이러한 것에서 질서정연함을 느끼는 것은 어찌 보면 자연스러운 일일 것이다.

습기는 또한 대기의 느낌을 확연히 다르게 만든다. 일본에서 우리가 일상적으로 느끼는 아침 안개와 저녁의 구름 낀 안개 또는 봄날의 노을 등 변화가 풍부한 대기의 농담은 한편으로는 계절과 시간의 느낌 또는 한가함과 상쾌함의 기분과 같은 것이지만, 다른 한편으로는 풍경 자체가 주는 농담의 맛으로서도 매우 중요한 역할을 한다. 그러나 습기가 없는 유럽의 대기는 단조로운 안개를 만들기는 해도 그것은 일본인의 기분에 세밀한 차이를 줄 만큼 변화가 풍부하지는 않다. 북유럽의 특징인 **단조롭고** 음침한 구름 낀 날, 남유럽의 특징인 **단조롭고** 청명한 맑은 날, 이 **단조로움**이 확실히 유럽의 특징이라고 말할 수 있을 것이다. 이것은 또한 기온의 변화와도 밀접하게 연관된다. 온도계를 재보면 유럽에서는 하루에도 여러 번의 기온 차이가 있는데, 이것은 다만 물리적인 사실일 뿐, 일본인의 기분으로는 결코 두드러지게 느껴지지 않는다. 습기와 온도의 상관관계에서 일어나는 여러 현상 — 예를 들어 여름에는 저녁으로 갈수록 점차 시원함이 느껴지고 아침이 상쾌하며, 가을에는 한낮의 따뜻함과 날이 저물 때의 추위 사이에 기분을 완전히 바꿀 정도의 심한 기온차가 있다. 겨울에도 피부를 바싹 조이는 듯한 아침의 차가움과 그 이후 이어지는 초봄 같은 태양의 따사로움이 있다 — 이 있는데, 이렇게 변화가 풍부한 현상을 유럽에서는 경험할 수 없다. 북유럽의 여름 더위는 겨울옷을 입고도 견딜 수 있을 정도로 온화하다. 그러나 해가 저물 때도 상쾌한 시원함이 없고, 저녁이 되면서 기분이 맑아지는 변화도 없다. 조금 과장해서 말하면 이것은 수개월에 걸친 단조로운 여름 기분이다. 단조로움에 익숙해진 유럽인이지만, 그들은 이미 이것을 견디려고 땅을 변화시키며 단조로움의 고통에서 벗어나려 한다. 겨울이 되면 낮에도 밤과 큰 차이 없이 일정한 온도의 대기가 계속된다. 육체를 긴장시키고 이완시킨다는 점에서는 영하 3도나 영하 10도는 기분상의 변화가 전혀 없다. 맑은 날 해가 있는 곳으로 가도 햇빛은 마치 달빛과도 같이 어떤 따뜻함도 없다. 따라서 여기서는 음지와 양지의 어떤 변화도 없다. 이것은 북쪽이 차단된 양지가 후덥지근하지만 한발 밖으로 나가면 차가운 바람이 살을 에는 듯한 일본의 겨울보다 오히려 견디기 쉬울 뿐만 아니라, 또 더 나아가 이러한 추위를 정복하려고 하는 인간의 의지를 자극하는 것이기도 하다. 그래서 사람들은 인공적으로 따뜻한 세계를 만드는 등 이 단조로움을 인공적인 여러 자극으로 극복하려고 노력한다.

이러한 기후의 특성은 스스로 자각하는 것 이상으로 우리들의 체험의 깊은 곳에 뒤얽혀 있다. 식물에도 이러한 점이 두드러지게 나타난다. 일본에서 보는 신록은, 봄을 애타게 기다렸던 마음이 선명하게 드러나는 새싹의 색채를 흡족할 만큼 보고 있을 틈이 없을 정도로 빠르게 자라며 색깔도 짙어진다. 버드나무가 싹을 냈다는 느낌이 들 때부터 그 나무가 푸르게 번성하기까지는 참으로 분주하게 느껴질 정도로 빠르다. 그런데 유럽의 신록은 곧바로 시계의 바늘을 지켜보는 듯한 느낌을 준다. 새싹은 자라고 한 달 정도 지나면 꽤 달라지지만, 결코 일본인의 가슴을 울리는 듯한 변화를 보여주지 않는다. 단풍 역시 그렇다. 8월에는 더욱 노랗게 된 잎이 팔랑팔랑 소리를 낸다. 그러나 예쁘지 않는 검은 녹색은 변화 없이 음침하게 서 있다. 그리고 언제 변했는지도 알 수 없게 녹색이 서서히 물러나고 약한 노란색으로 변해 간다. 일본에서는 10월 하순에 모든 낙엽수의 잎이 노란색으로 될 때까지 눈에서 멀어진 적이 없다. 밤사이에 기온이 급격하게 변해서 첫 서리가 내리고 한밤 사이에 나무의 잎이 노란 색으로 물드는 것과 같은 선명한 변화는 (유럽에는) 결코 없다.

식물과 기후의 이런 연관성은 한편으로 일본인의 마음의 모습이라고 할 수 있다. 일본인은 유럽인 가운데 섞여 있을 때, 자신이 얼마나 심하게 기분의 섬세한 변화를 필요로 하는 인간인지를 깨닫고는 놀라지 않을 수 없을 것이다. 단조로움에 익숙해진 유럽인은 마치 나무의 싹이 안정되어 있는 것처럼 안정되어 있다. 유럽인 가운데 가장 흥분을 잘 한다는 이탈리아인조차 그 말의 억양이나 몸짓은 변화가 풍부하지만 결코 기분의 섬세한 변화를 추구하지는 않는다. 물론 이러한 안정성은 위대한 선승이 도달할 수 있는 것과 같은 흔들림 없는 인격적인 안정성이 아니다. 단지 기분의 단조로움에 익숙해진 것뿐이다. 말하자면 기분의 지속성일 뿐이다. 이에 비하면 일본인은 여름날에 매미 소리를 듣지 못하고 가을이 되어도 벌레 소리를 듣지 못하면 확연하게 허전함을 느낄 정도로 일상생활에서 여러 가지 농담과 음영陰影을 필요로 한다. 유럽의 근대 문명을 정말로 충실하게 이식하고 있는 일본인이 의식주는 결국 충분한 서구화를 이룰 수 없었는데, 그 이유는 (일본인이) 기모노와 쌀밥이나 다다미에 여전히 집착하고 있고, 이것이 일본의 계절이나 아침저녁의 기후 변화에 호응하여 가장 잘 (일본인의) 기분의 변화를 드러내기 때문이 아닐까?

기후의 특성은 단지 기분만이 아니라 실용적인 의미에서도 인간의 생활을 규정한다. 가장 확실한 예를 들어 보면 유럽의 농업은 잡초와의 전쟁을 필요로 하지 않고 폭풍이나 홍수의 걱정이 없으며 계절의 빠른 변화에 쫓길 일도 없어서, 매우 느릿느릿하며 여유가 있다. 습기의 관계로 밭이랑을 만들 필요도 없고 한번 싹이 난 밀은 노랗게 익은 이후에도 조용히 한 달 정도 그대로 서 있다. 7월 말에 한가롭게 밀을 벤 농부는 9월 초까지도 아직 여유롭게 그것을 계속한다. 이에 비해 일본에서는 10여 일 안에 밀을 자르고 밭에 다른 것을 심고 잠시 쉬고 나서 뙤약볕이 쏟아지는 논밭에서 잡초를 뽑는다. 그리고 숨 돌릴 틈도 없이 태풍과 폭우처럼 인력으로 어찌하기 어려운 자연의 위력 앞에서 마음을 졸이는데, 이러한 일본 농부의 노동은 분주함과 강도에 있어 도저히 (유럽과) 비교할 수 없을 뿐만 아니라, 자연과 교섭하는 태도에서도 당연히 다를 수밖에 없다. 단조롭고 온순한 자연에 정복적으로 관계하는 유럽인은 땅의 구석구석까지 인공적으로 지배하고, 또 그 지배를 쉽게 하기 위해 **열심히** 기계를 생각한다. 반면 철저한 정복을 상상할 수 없을 정도로 거칠고 사나운 위세가 심한 자연에서 그런 위세의 또 다른 측면인 윤택한 햇빛과 습기를 이용해 풍요로운 생산물을 만들어내는 동양인은 인공적인 수단을 생각하기보다 오히려 자연 자체가 가진 힘을 교묘하게 잡아 움직여서 이용하려고 한다. 이러한 차이는 더 나아가 합리적인 성격이 잘 드러난 기술과 단지 지시적인 가르침을 활용할 뿐인 기술에 대한 태도의 차이를 확연하게 드러내준다고 할 수 있다.

이와 같이 자연과 인간의 교섭에서 자연의 특수성이 인간생활의 특수성이 되어 드러난다는 점은 어느 누구도 부정할 수 없을 것이다. 인간이 외계의 자연에 대립하는 자신을 발견할 때, 이미 인간은 그 자연의 특수성을 자신의 특수성이라 여기고 있는 것이다. 한없이 청명하고 건조하기 때문에 농담이 없는 그리스의 '대낮'의 밝음은 곧바로 현상이 남김없이 자신을 드러내고 있다는 사상이 된다. 자연의 온순함, 습기가 없는 따뜻한 대기나 부드러운 목초, 표면이 매끄러운 석회암은 곧바로 자연에 대항하여 스스로를 지킨다는 분위기가 적은 해방적인 그리스의 옷이 되고, 나체 경기가 되며 나체상을 애호하는 태도가 된다. 이것은 자연 현상이 원인이 되어 백지와 같은 인간의 정신에 특수한 결과를 가져오게 된다는 것을 말하는 것이 아니다. 인간은 주위의 자연으로부터 격리되어 있는 백지 상태에 있지 않다. 그리스의 한낮의 밝음은 처음부터 그리스인의 밝음이고, 그리스 자연의 규칙성은 처음부터 그리스인의 합리적인 경향이었다. 그래서 자연의 특수성은 그 자연에서 살아가는 어떤 인간의 정신적 구조에 속하는 문제로 보지 않을 수 없다.

이처럼 동양과 서양이라는 '장소'의 차이가 정신적 구조의 차이를 의미하게 된다. 이것은 예술의 특수성 문제뿐만 아니라 물질적 생산의 방식이나 세계관과 종교의 형식과도 관계가 있다. 즉 전체적으로 인류의 모든 문화적 산물과 관계가 있다. 앞에서 '습기'로 표현한 것은 단순히 기상학의 문제가 되는 현상이 아니다. 이것은 한편으로는 준엄한 인격신의 신앙을 생산한 건조한 **사막생활**에서 보이는 극도의 의지적이고 실천적인 생활방식이며, 다른 한편으로는 모든 **생물**이 하나임을 믿는 습윤한 지방에서 보이는 극도의 감정적이고 명상적인 생활방식이다. 그리고 이 두 가지 방식과 달리 인간중심적인 지적·관조적 생활방식을 구별하는 정신적 구조상의 한 원리이다. 물론 이것들은 역사적 영향관계에 따라 다른 '장소'로 옮겨갈 수도 있다. 예를 들어 사막생활이 낳은 구약성서가 천 년에 걸쳐 유럽인을 주술적으로 얽어매고 있다는 사실, 같은 사막에서 나온 코란이 현재 인도에서 강한 정신력을 행사하고 있다는 사실이 '장소'의 특수성이 절대적이지 않다는 사실을 잘 보여주고 있다. 그럼에도 불구하고 구약성서와 코란은 사막생활의 특수성을 이해하지 않고는 제대로 이해될 수 없다. 이러한 이해가 결여되어 있을 때 도리어 이런 문화적 산물에 신비한 빛을 더하게 될지도 모른다. 그러나 이 때문에 특수성을 이해하는 것이 무의미하다고 할 수는 없다.

그렇지만 문제는 단지 예술의 특수성에 관한 것이다. '장소'의 특수성이 정신적 구조의 특수성을 의미하는 것과 같이 이것은 또한 예술의 상상력, 따라서 예술가의 상상력의 특수성을 의미하기도 한다. 예술창작력 자체는 인간의 본성에 뿌리를 두는데, 이것이 '장소'의 차이로 인해 그 본질이 2~3개로 나뉜다는 의미는 아니다. 그렇지만 구체적으로 어떤 예술가의 창작 능력이 예술창작력으로서 어떤 '장소'에 나타나는 한, 그 '장소'의 특수성을 자신의 성격으로 가지지 않을 수 없다. 폴리클레이토스가 비례에 맞는 인체 조각상을 만들었을 때 이는 확실히 그의 내면에서 표현을 하도록 솟구치는 체험이 밖으로 드러난 것이었다. 그가 일상생활에서 마주친 인간의 육체는 그의 상상력에 의해 새롭게 만들어지고 고양되며 유형화되었다. 그리고 설사 현실에는 존재하지 않을지라도 그의 체험에서 발랄하게 살아 있는 인간의 모습이 밖으로 드러난 것이다. 이 과정은 수이고부쯔[推古佛, 아스카飛鳥 시대의 불상 조각가]가 몸 부분이 가늘고, 사람과 같은 근육을 가지지 않은 듯한 불상을 만들 때도 변하지 않았다. 그러면서도 폴리클레이토스에게서 풍부한 인체의 경험이 의미 깊은 모습으로 그의 **감정**을 움직여 상상력의 변형 metamorphosis 활동을 자극하도록 한 것은 인체에 있는 미묘한 수량적 관계였다. 이러한 규칙성이 상상력의 활동을 이끈 이유는 그의 눈에 비친 인체가 인류 가운데 가장 규칙적인 형태를 지니고 있었기 때문이다. 그리고 주변의 온순한 자연이 이러한 인체를 나체로 놀게 하고 그것을 자연의 중심으로 느끼도록 하지 않았다면 아마 (그의 상상력은) 일어나지 않았을 것이다. (만약 호메로스에게서 결실을 맺는 기사騎士 시대가 지속되는 기간의 체육활동을 통해 이러한 질서정연한 인체의 형성이 이루어졌다고 한다면, 더욱이 명예욕과 모험을 핵심으로 한 기사 시대의 생활은 에게 해 연안 지역과 같은 온순한 자연에서가 아니라 예를 들면 자연의 위협이 끔찍한 사막에서 있었던 일이 아닐까 하는 것도 생각할 수 있는 문제인데, 이 문제는 논의의 여지가 있다.) 예술가가 자신의 체험에서 규칙성에 감동하는 이유는 그의 체험이 자연의 규칙성을 함축하고 있기 때문이다. 같은 인종이고 같은 나체형에 가까운 풍속을 가지고 있지만 인도인의 상상력은 이 규칙성과는 가장 거리가 멀다. 이것은 인간에게 질서를 느끼게 하지 않을 정도로 넘치는 인도의 자연의 힘과 그 모습에서 이해할 수 있다.

이렇게 우리는 자연의 합리적인 성격과 비합리적인 성격 가운데 어떤 것이 두드러지는가에 따라 예술에 뚜렷한 차이가 있음을 보았다. 이것은 곧 인간이 자연에서 무엇을 구하고 있는가를 반영하는 것이기도 할 것이다. 유럽에서는 온순하고 규칙적인 자연이 단지 '정복되어야 할 것', 법칙이 발견되어야 할 것으로 취급되었다. 특히 유럽적인 시인 괴테가 얼마나 열렬하게 박물학적 흥미를 가지고 자연을 대했는가 하는 점은 우리를 정말 놀라게 할 정도이다. 인간은 자신의 무한성을 향한 욕구를 신을 향해서만 발전시켜 나갈 뿐 자연을 향해서 뻗어 나가지 않는다. 자연이 가장 중요시된 때에도 기껏 신이 만든 것이라고 하거나 신 또는 이성이 거기에 드러난 것이라 하였다. 그런데 동양에서 자연은 그 비합리성 때문에 결코 쉽게 정복될 수 없는 것, 무한한 깊이가 있는 것으로 취급되었다. 인간은 자연에서 위로를 구하고 구원을 찾는다. 특히 동양적인 시인 바쇼芭蕉는 자연을 미적으로 대할 뿐 아니라 윤리적이고 종교적으로 대하는데, 여기에서 지적 흥미는 전혀 보이지 않는다. 자연과 함께 **살아가는 것**이 그의 관심사이고 따라서 자연에 대한 관조는 종교적 해탈을 목표로 한 것이었다. 이러한 태도는 동양의 자연이 예측할 수 없는 풍부함을 지니고 있기에 비로소 가능한 것이리라. 인간은 이러한 자연에 자기를 비추어 봄으로써 무한히 깊은 형이상학적인 것을 향한 통로가 보이고 있음을 느낀다. 위대한 예술가는 그 체험에서 이러한 통로를 체득하고 그것을 표현하려고 하는 것이다. 이것이 비록 풍경화일지라도 그는 결코 자신의 체험을 통해 풍경 안에 있는 '법칙적인 것', '변하지 않는 구조'를 포착하려는 게 아니다. 마치 위대한 선승이 해탈의 심경을 단순한 서경시敍景詩로 표현하는 것처럼 풍경을 단순한 상징으로 하여 무한히 깊은 것을 드러내고자 하는 것이다. 물론 나는 이러한 일을 동양 예술가 모두가 이룰 수 있다고 말하는 것이 아니다. 다만 동양의 자연이 보여주는 황량함, 그리고 불규칙적이면서도 풍부한 모습에서 심오한 의미가 있는 것을 배운 (동양) 예술가의 '통찰력' 안에는 유럽 예술에서는 찾을 수 없는 지향점이 강하게 드러나고 있음을 지적하고자 하는 것이다.

이러한 것들은 모두 과거의 것이다. 세계가 하나로 되는 듯이 보이는 현재는 다른 문화의 자극이 자연의 특수성을 압도해버리는 것처럼 보인다. 그렇지만 자연의 특수성은 결코 사라지지 않는다. 인간은 알지도 의식하지도 못한 채 여전히 그 제약을 받으며 거기에 뿌리를 내리고 있다. 이런 과거의 전통에서 가장 용감하게 자신을 해방시킨 듯이 보이는 로마적 일본인들조차 그 운동의 성급한 흥분성에서 여전히 일본의 국민성을 보여주고 있는 것이다. 변화가 풍부한 일본의 기후를 극복하는 일은 어쩌면 부르주아 계급을 극복하는 일보다 더 어려울 것이다. 일본인은 이런 풍토에서 살고 있다는 숙명의 의미를 깨닫고, 이것을 사랑하지 않으면 안 된다. 이런 숙명을 가지고 있다는 것은 그 자체로 '우월한 것'도 아니고, '여러 나라 가운데 으뜸'인 것도 아니다. 그러나 이것을 지양하면서 살아감으로써 다른 나라 민족이 할 수 없는 특수한 것으로 인류 문화에 공헌할 수 있을 것이다. 그리고 또 이렇게 할 때 비로소 지구상의 여러 지역이 다양한 모습으로 그 특징을 달리한다는 사실도 의미 있는 일이 될 것이다.

(1929년)

5
풍토학에 대한 역사적 고찰

1. 헤르더에 이르기까지의 풍토학

    풍토의 문제는 역사가의 직관에서 언제나 힘 있게 움직여왔다. 고대와 근대에도 마찬가지다. 따라서 역사에 대한 논의는 언제나 이것을 당연한 문제로 취급하였다. 이러한 입장과 의견을 달리한 것은 근대의 역사철학이다. 근대에 이 문제를 특별히 취급한 것은 역사학, 정신과학[영어의 moral science를 독일어로 번역하면서 나온 말]에서 신시대의 획을 그은 헤르더이다. 계몽주의 시대의 합리주의적 문화 해석, 지성적인 목적 개념에 따른 역사 서술 등이 유행하던 시대에 그는 각 국민과 각 시대의 독자적인 가치를 인정하고, 이것을 풍토와 연관하여 고찰하였다. 이런 시도는 자연과학이 강력한 힘을 발휘하던 시대, 자연과학의 기초 위에서 인식론을 구축하려 했던 시대에 일어났다는 점에서 매우 큰 의미가 있다. 그 이전에는 자연환경과 역사(혹은 운명)가 어떻게 연관되는지의 문제가 자연과학적 관점과 정신과학적 관점의 무자각적인 혼돈 속에서 다루어졌다. 그는 이 혼돈을 극복하고 그것을 정신과학적 문제로서 확립하고자 하였다. 여기서는 먼저 그 이전의 풍토학을 개관하여 헤르더의 업적이 갖는 의의를 명확히 하고자 한다.

고대에는 근대 역사론의 주요 문제인 '발전' 개념이 없었다고 할 수 있다. 그 대신 여러 국민의 특수성에 관해서는 충분히 알려져 있었다. 그리고 이 특수성은 주로 풍토의 특수성에 제약된다고 생각했다. 이러한 생각은 이미 헤로도토스나 투키디데스에게서도 보인다. 그런데 이것을 하나의 이론으로 종합한 사람은 의학의 아버지로 명성이 높은 코스의 히포크라테스이다. 물론 그가 '의학의 아버지'였다는 것은 사실이 아니다. 히포크라테스 이전에도 이미 의학과 생리학이 있었다. 다만 그는 이러한 기존 재료를 가지고 추상적인 원리를 배척하면서 **경험적으로 드러나는 대로**의 사람을 파악하고 개별적인 특수한 사례에서 출발해 귀납을 통해 건강과 질병의 법칙을 수립하고자 했다. 그러나 그는 특수한 사례에서 출발하면서도 자연철학자의 보편화 방법을 배우고 그것을 채택하는 것을 잊지 않았다.

그의 주된 노력은 특수한 사례를 보편적 조건 아래 분류하는 것에 있었다. 이러한 노력을 하다가 그는 **풍토와 장소**에 특별히 주목하였다. 그의 이름으로 전해지는 여러 저작 가운데 그의 작품으로 의심의 여지가 없는 것은 겨우 4~5개에 불과하다. 이 가운데 풍토를 다룬 《공기, 물, 장소에 대하여De aere, aquis, locis》가 있는데, 이 책은 그의 저작 가운데 가장 흥미로운 것으로 전해진다. 그래서 헤르더는 히포크라테스를 '풍토에 관한 주요 저자[37]'로 분류한다.

히포크라테스에 따르면 풍토는 더위와 추위, 그 변화의 많고 적음 등에 의해 인체에 영향을 끼친다. 또 공기의 습윤·건조가 호흡의 성질, 혈액의 속도, 육체의 이완과 활발함 등에 영향을 준다. 그렇기 때문에 풍

---

37 Littre, 1839–1861. 10vol. 프랑스어 번역을 첨가. Kühn, 126–127. 3Bde. Kühlwein, 1894, 1902. Eremerius, 1859–1863. 3Bde. 독일어판, Upman, 1847. 3Bde; 1895–1899. 3Bde. 일본어 번역본 히포크라테스 전집.

토의 특수성에 **익숙해짐**으로써 민족의 특수한 성질이 완성된다. 예를 들면 근성이 강한가 약한가, 게으른가 활발한가, 흥분을 잘하는가 냉정한가 또는 용감한가 비겁한가와 같은 민족적 특성 말이다. 마찬가지로 땅의 특수성이 미적인 차원에 연관되거나, 사람들의 심정이나 육체의 특수성이 먹거리의 특수성에 연관되기도 한다. 이런 관점에서 그는 아시아인과 유럽인을 비교했다. 이것은 아리스토텔레스의 '시민의 특성'에 대한 논의(*Politica*, VII, 7.)와 연관되는 것으로 유명하다. 아리스토텔레스에 따르면 추운 북방의 유럽 민족은 활발하고 용감하지만, 지력과 기술이 부족하고, 아시아 민족은 지력과 기술이 풍부하지만 비겁하다. 그런데 그리스 민족은 '장소'가 그 중간에 위치한 것과 마찬가지로, 특성도 그 중간이어서 용기와 지력을 동시에 갖추고 있다. 이러한 생각과 똑같이 히포크라테스도 아시아 민족이 전쟁을 좋아하지 않고, 고요한 마음을 지니고 있는 것은 사계절의 변화가 적고 추위와 더위의 차가 크지 않은 풍토에 기초한 것으로 생각하였다.

풍토가 인간에 끼치는 영향이라는 의미에서 지금도 보편적으로 사유되고 있는 것은 이미 히포크라테스가 언급했다고 말해도 좋을 것이다. 기후의 변화는 육체를 자극하고, 육체의 자극은 정신을 흥분시킨다. 이렇게 흥분된 정신이 역사의 원동력이다. 그래서 기후와 풍토는 국민의 특성과 운명을 결정한다.

이런 사유는 풍토를 인간의 외적인 것으로 전제하고 있으며 풍토 현상의 본질이 무엇인지는 문제 삼지 않고 있다. 이러한 풍토관은 이른바 상식으로 고대인을 지배했다. 기원전 2세기의 유명한 역사가 폴리비오스Polybios나 기원전 1세기에 방대한 지리학 결과물을 낸 스트라본Strabo 등도 모두 그렇게 생각했다. 이러한 사고방식은 자연환경이 인간의 역사나 운명을 지배한다는 것으로 귀결되지 않을 수 없었다. 따라서 이러한 지배를 성취할 수 있는 것은 오로지 신뿐이라는 입장, 즉 모든 역사나 땅의 특수성이 신의 의지에 기초한 것이라는 중세의 세계관에서는 전부 버려지게 된다.

16세기 말에 프랑스의 보댕Jean Bodin이 풍토의 문제를 다시 거론했을 때도 근본 생각은 고대의 사고방식과 다르지 않았다. 보댕에 따르면 인간(개인, 민족)의 행위는 '자연적 소질'에 의해 규정된다. 그런데 자연적 소질은 풍토에 따라 다르므로, 각각 특수한 풍토를 가진 국토는 각각 특수한 민족의 성격을 보여준다. 특히 중요한 것은 풍토의 차이에 따라 **노동방식의 차이**가 발생하고 이것이 자연적 소질에 강한 영향을 준다는 점이다. 예를 들어 풍요로운 땅에서는 많이 노력할 필요가 없기 때문에 육체나 정신의 능력이 발달하지 않는다. 반면 척박한 땅은 사람의 머리와 육체를 긴장시킨다. 그에 따라 여러 종류의 능력, 기술, 학문 등이 발전한다. 척박한 땅에 사는 민족이 산업적 혹은 상업적인 까닭은 그 때문이다. 그런데 이렇게 노동의 방식이 달라짐으로 인해 다른 능력이 발전한다면 인간의 타고난 본성이나 경향 등에서도 그 특수성이 나타나지 않을 수 없다.

보댕의 생각은 풍토가 인간에게 영향을 준다는 한에서는 고대의 사유와 다르지 않지만, 그 영향의 방식에 '노동의 방식'을 매개로 도입한 점에서는 완전히 새로운 것이다. 또한 이 점에서 200년 후에 나타난 몽테스키외보다 앞선 것으로 알려져 있다. 몽테스키외는 역사에서 지리적 요소가 갖는 의미를 지적한 최초의 사람으로 종종 언급된다. 그러나 그가 말한 것은 주로 **육체적 성질에 대한 풍토의 생리적 영향**에 관한 것이지, 풍토가 인간 존재에 주는 의미는 아니었다. 물론 그는 이러한 사실에서 출발해 다양한 국토의 지방적·사회적 조건이 어떻게 법률과 제도의 발달을 규정했는지 논하며, 여러 국토에서 나타나는 국가 형식의 차이를 필연적인 것으로 보여주고자 했다. 그러나 몽테스키외에게 풍토는 어디까지나 자연과학적 대상에 지나지 않았고, 그의 영향은 생리적인 영향에 그쳤다. 보댕이 풍토를 인간의 노동 활동의 규정과 밀접한 연관이 있다고 본 것은 몽테스키외보다 한발 더 진보한 것이다.

18세기 말 독일의 문화사가들 사이에 미미하지만 이러한 방향으로 진전된 모습이 보인다. 슐뢰처[38]는 풍토를 민족에게 형태를 주는 것, 각 민족으로 하여금 여러 노동 방식과 생활방식에 따라 살도록 압박하는 것으로 파악했다. 이러한 이해는 단지 '먹거리의 종류'에 따라 인간의 심신에 영향을 주는 것을 문제 삼는 것이 아니다. 또한 공기의 습도나 온도가 인간의 성정에 영향을 끼친다는 것만을 문제 삼는 것도 아니다. 그의 입장은 참으로 **인간이 자연을 정복하고 변화시키도록 하는 것**, 즉 자연과 자연에 대항한 인간의 싸움 태도 상호 간의 차이에서 다양한 사회가 나온다는 것이다. 또한 아델룽[39]은 보다 일반적인 관점을 추가하여 인구의 밀도와 땅의 넓이가 역사적인 여러 문물을 규정한다고 보았다. 넓은 토지를 가지고 임의로 퍼져나갈 수 있는 민족은 골짜기나 섬의 민족만큼, 또는 사막으로 둘러싸인 민족만큼 강력한 문화를 만들 수 없다. 왜냐하면 제한된 땅에서 인구의 증가는 생활을 어렵게 하고 인간을 긴장시키지만, 인구가 증가해도 밖으로 확장해나가는 경우에는 그럴 일이 없기 때문이다. 이러한 사고방식은 19세기 인문지리학의 선구가 된다. 이것은 비슷한 지형에 따라 민족의 유형을 나누고, 문화 발달의 단계를 규정하는 방법이다. 그러나 이러한 접근 방식에는 같은 지형에서

---

38 아우구스트 루트비히 폰 슐뢰처August August Ludwig von Schlözer, 《역사적 사실을 발췌하여 그 인과관계의 중심 부분에 따른 세계사Weltgeschichte nach ihren Hauptteilen im Auszug und Zusammenhang》, 1785.

39 욘 크리스티안 아델룽Johann Christoph Adelung, 《인간의 성(性) 문화사(Versuch einer Geschichte der Kultur des menschlichen Geschlechts)》, 1782.

살아왔음에도 민족 사이에 서로 다른 특수성이 나타나는 현상을 설명할 수 없다는 난점이 있다.

2. 헤르더의 정신풍토학

　헤르더는 앞에서 소개한 문화사가들과 같은 시기에 등장했다. 풍토에 관한 그의 사상을 보여주는 것은《인류의 교육을 위한 새로운 역사철학*Auch eine Philosophie der Geschichte zur Bildung der Menschheit*》(1774)과《인류의 역사철학에 대한 이념*Ideen zur Philosophie der Geschichte der Menschheit*》(1784)인데, 이 책들은 슐뢰처와 아델룽 등의 저서에 전후하여 나왔다. 헤르더의 작업이 보여주는 현저한 특징은 풍토를 역사와 관련하여 말할 때 자연과학적 '인식'의 대상으로서가 아니라, **내적인 것을 드러내고 있는 '표식**Zeichen**'**으로 다루었다는 점이다. 그의 목표는 풍토의 정신Geist des Klima을 파악하는 것, 인간의 사유 능력 및 감수성 전체에 대한 풍토학Klimatologie aller menschlichen Denk und Empfindungskräfte을 만드는 것이었다. 풍토학의 역사에서 헤르더가 특히 중시되어야 하는 이유는 바로 이러한 관점 때문이다.

　우선 그의 방법에 대해 생각해보도록 하자.《인류의 역사철학에 대한 이념》은 당시 자연과학적 지식에 따라 먼저 우주에서 지구의 위치를 언급한다. 이어서 지구상의 동식물 조직, 그 가운데서도 인간 조직의 특성, 그리고 그에 따른 인간 존재의 의의를 언급하고, 거기서부터 여러 민족의 특성을 논하는 방향으로 들어간다. 이처럼 자연과학적 지식을 이용하기는 했지만 헤르더에게 '자연'은 '인식'의 대상 세계로서의 자연이 아니었다. 그는 이 책의 서문에서 이렇게 말하고 있다.

자연은 독립자존의 것이 아니다. 신이 모든 것 가운데서 자신의 행위를 드러내고 있는 것이다. … 우리 시대의 많은 책 때문에 자연이라고 하는 이름을 의미 없는 천한 것으로 생각하게 된 사람은, 그런 생각 대신에 어떤 전능한 힘·선善·지혜를 생각해보라. 그리고 인간의 말이 드러낼 수 없는 저 보이지 않은 것을 단지 마음 가운데서 명명해보라.《인류의 역사철학에 대한 이념》, I, S. XVI.)

헤르더에게는 만유인력이나 여러 물리 화학 법칙이 모두 신의 행위였다. 그가 인류사의 철학을 만들려고 한 이유는 자연에서 이렇게도 질서정연한 질서를 만든 신이 인류의 역사에서 무계획적일 리가 없다고 생각했기 때문이었다. 그러나 그가 말하는 신은 기독교 교의학에서 가르치는 대로의 신은 아니었다. 자연 및 인류의 운명 안에 드러난 무한히 깊은 신비, 그것이 신이었던 것이다. 그래서 그는 형이상학적 사변을 두고 자연의 경험과 유비Analogy를 떠난 허공에서의 여행에 불과하다고 하였다. 인간은 '자연에서의 신의 발걸음'을 성서로 생각하고, 이것을 직접 읽지 않으면 안 된다.

자연의 커다란 유비는 모든 곳에서 나를 종교의 진리로 이끈다. 그러나 나는 이것을 애써 억누르지 않으면 안 된다. 왜냐하면 나는 종교의 진리를 미리 머릿속에서 관찰해서는 안 되고, 단지 한 걸음 한 걸음 충실하게

'숨겨 있는 곳에서 활동하는 신의 현재'에서 다가오는 빛을 파악하지 않으면 안 되기 때문이다.(《인류의 역사철학에 대한 이념》, S. XV.)

이렇게 그는 자연의 밑바탕에 있는 신비한 것을 감히 신이라고 이름 짓지 않고 고찰한다. 생물에서 그가 발견한 신비는 '살아 있는 유기적 힘'으로 이름 붙여졌다. 그는 동물의 모태 안에서 창조되는 과정을 서술한 뒤에 다음과 같이 말하였다.

이 기적을 처음으로 본 사람은 뭐라고 말했을까? 살아 있는 유기적 힘이 거기에 있다고 밖에 말할 수 없을 것이다. 나는 이 힘이 어디에서 오는지 모른다. 또 내부에 무엇이 있는지도 모른다. 그렇지만 이러한 힘이 거기에 있다는 사실은 의심할 수 없다.(《인류의 역사철학에 대한 이념》, II, S. 85.)

이러한 생명의 힘은 우리 모두의 안에 있다. 우리 자신은 알지 못해도 우리 육체 안에 그것이 발랄하게 살아 있다. 이성의 능력은 이 육체를 도구로 하여 작용하고 있다. 그러나 (이성은) 육체를 충분하게 아는 힘도 없고, 육체를 만드는 것도 아니다. 정신적 사유라고 해도 육체의 조직과 건강에 의존하기 때문에 우리의 심정에서 일어나는 모든 욕망과 충동이 동물적인 따뜻함과 다르지 않다는 것은 당연한 사실이다. 이러한 것들은 어느 누구도 의심할 수 없는 **자연의 사실**이다. 이 승인이 최초의 철학에도 있었듯이, 또한 이것은 최후의 철학에도 있을 것이다. 그런데 이와 같은 생명의 힘은 단지 '신비'를 지칭한 이름에 지나지 않는다. 우리는 어떻게 그 힘에 접근해갈 수 있을까? 학문의 방법은 이 통로에 의해 정해진다. 그는 '인식'을 통해 그것에 도달할 수 있을 것이라고 생각하지 않았다. 그가 목적으로 한 학문은 앞에서 서술한 바와 같이 살아 있는 자연에 대한 해석Auslegen이다. 눈에 보이는 형태로 드러난 정신을 통역하는 것이다.(《인류의 역사철학에 대한 이념》, II. S. 93.)

사람과 관련해서 말하자면 사람의 **모습**은 단지 내부에 있는 충동구조의 겉모습에 지나지 않는다. 더욱이 그 형태는 하나의 통합된 전체를 이루고 있다. 각 부분을 열심히 해부해도 전체의 의미는 알 수가 없다. 언어에서처럼, 각각의 철자로 구성된 문자는 언어에 속하지만 의미를 가진 것은 철자로 이루어진 전체로서의 단어이지 각각의 철자는 아닌 것이다. 그렇기 때문에 언어와 관련해서는 밖으로 드러난 형태에 내재한 것을 지시하는 것deuten과 문자의 연결에서 의미를 이해하는 것이 학문의 방법이 된다. 그는 유추를 통해 이 방법을 인상학(人相學, Physiognomik) 또는 정상학(情相學, Pathognomik) 등으로 불렀다. 생리학Physiologie이나 병리학Pathologie은 퓌시스Physis나 파토스Pathos의 참된 의미를 파악하는 학문이라는 뜻이다. 이것은 인식의 입장과 대비하여 이해의 입장을 선호한다. 이것은 결코 근거 없는 것이 아니다. 우리는 일상생활에서 이미 이러한 인상학을 사용하고 있다. 노련한 의사는 환자의 태도나 얼굴색을 보고 병을 곧바로 안다. 아이들은 상대의 표정이나 몸짓에서 좋아하는지 그렇지 않은지를 바로 알아차린다. 더 일반적으로는 사람의 얼굴 표정을 보는 것만으로도 그 사람의 마음에 소용돌이치는 감정을 이해할 수 있다. 즉 우리는 보통 **인상학적인 안목**으로 인간의 모습에 드러난 정신을 이해하고 있는 것이다. 이처럼 일상생활의 인상학과 정상학을 학문적으로 순수하게 확립한 것이 그의 방법이다.

헤르더가 주장하는 '인간 정신의 풍토학'은 앞에서 서술한 바와 같이 **해석의 방법**으로 인간의 일상생활의 모습에서 신비한 생명의 힘이 형성되는 여러 과정을 발견하려고 하는 것이다. 그가 이것을 **방법론적으로**

명확하게 자각하고 있었던 것은 아니다. 오히려 그 자신이 예술가적 소질을 발휘해 수행한 '해석'의 기술 자체에 이 방법이 드러나 있다. 그래서 이것은 때때로 재료의 풍부함에 압도된 채 혼란에 빠져 자연과학적인 민족지民族誌적 서술에 빠져버리기도 한다. 그럼에도 불구하고 헤르더의 시도가 정신의 풍토학으로서 매우 흥미로운 점은, 풍토나 생활의 방식을 단순한 인식의 대상으로 취급하지 않고 언제나 주체적인 인간 존재의 표현으로 보는 태도로 일관하고 있다는 점이다. 그렇다면 헤르더는 풍토에 대해서 어떤 의미를 해석해냈을까? 그는 인류가 다종다양한 모습으로 지구상에 나타나 있으면서도 **같은 인류**라는 사실을 고찰한 후 이런 인류가 지구상의 모든 '장소'에서 자신을 **풍토화하고 있다**는 점에서 논의를 이끌어간다. 먼저 아시아 초원에서의 몽고인이나 사막에서의 아라비아인, 세계의 끝 캘리포니아(라고 말했지만, 지금은 세계의 중심이 되어가고 있는)의 토인 등의 **생생한 생활 모습을** 묘사하고, 모든 국민이 땅과 생활방식에 따라 성격을 만들어간다는 사실, 곧 풍토적이라는 사실을 보여준다.

이것으로 국토와의 밀접한 연관 속에서 형성되는 감성적인 민족이 그 땅에 충실하고, 그 국토에서 떠나기 어렵다고 느끼는 이유가 우선 분명해진다. 이것은 육체나 생활방식의 성질이나 어릴 때부터 익숙해져 있던 오락이나 일 등이, 바꾸어 말하면 그들의 마음에서 보이는 전 세계가 풍토적이기 때문이다. 그들에게 그 국토를 빼앗는 것은 그들에게서 모든 것을 빼앗는 것이나 다름없다.(《인류의 역사철학에 대한 이념》, II, S. 70.)

이와 같이 인류가 자신을 풍토화하고 있다는 것, 국민의 마음도 성격도 풍토적이라는 것은 주어진 사실이다. 인간은 언제나 풍토적으로 특수한 모습으로만 나타난다. 여기서 문제는 **풍토와 인간의 관계**를 명확히 하는 데 있다. 이 방법은 크게 둘로 나뉜다. 하나는 인간과 풍토를 따로 떼어 그것을 각각 독립적으로 고찰하고, 그 후에 둘 사이의 인과관계를 발견하는 방법이다. 다른 하나는 인간생활 자체의 구체적인 풍토적 모습을 중시하여 인간에게서 떼어낸 풍토, 풍토에서 떼어낸 인간 같은 추상적인 것을 주제로 하지 않고, 인간의 삶의 구체적인 모습으로서 풍토를 고찰하는 방법이다. 첫 번째 방법에서 풍토는 인간 존재에서 추출되어 단순히 객관적인 자연 현상이 된다. 그리고 이것은 똑같이 자연 현상화된 생리학적 인체에 물리적·생리적·심리적인 영향을 주고, 그런 영향 아래 구체적인 특성을 지닌 풍토인이 나타난다고 생각한다. 명확하게 자각한 것은 아니지만 헤르더는 계속해서 이 방법이 불충분하다는 점을 지적하면서 앞서 언급한 두 번째 방법을 채택한다. 〈풍토란 무엇인가? 그것은 인간의 육체와 심령의 형성에 어떠한 영향을 주는가?〉라는 제목의 장(《인류의 교육을 위한 새로운 역사철학》, VII, S. 3.)에서 다루고 있는 것이 바로 이 문제이다. 여기서 그는 먼저 당시의 자연과학적 지식이 얼마나 풍토를 설명하는 데 부족했는가를 지적한다. 모든 풍토의 바탕을 지구의 구조나 자전과 공전 등의 법칙에서 구하는 것은 소용없는 일이다. 태양의 영향이 완전히 동일한 장소들일지라도 그 장소들의 풍토가 동일하다고는 말할 수 없다. 바다에 가깝고 바람이 많고 산에 가까우며, 고원이거나 계곡이라는 등의 무수한 설명이 지역적 규정이 되어 서로 이웃하는 땅에서도 완전히 다른 풍토를 드러낸다. **보편적 법칙** 등은 도저히 찾기 어렵다.

풍토란 극단적으로 말하면 지구상의 각각의 **땅에 고유한, 유일한 것**이다. 이것은 예민한 관찰을 통해 서술될 수는 있어도 보편적 결론에 도달할 수는 없다. 풍토의 영향을 받고 있는 인체 또한 생리학적인 일반

법칙만을 따르지 않는다. 열을 받고 또 보내는 방식에서 동물에게는 여러 특성이 있고, 인류에게도 지역적으로 차이가 있다. 체온보다 더운 풍토에서는 생활할 수 없다고 말하는 것은 온대지방의 인체에 대한, 즉 이미 풍토적인 인체에 대한 생리학적 법칙에 지나지 않는다. 더욱이 인체의 생리에 관해서는 알려진 것보다 알려지지 않은 것이 더 많다. 이처럼 불명료한 인체에 대한 풍토의 영향을 마치 간단한 물리학 실험에서의 인과관계와 같이 단순하게 취급하는 것은 위험천만한 일이다. 인체의 생리학적 구조에 대한 것이 이 정도라면, 정신적 구조에 풍토가 미치는 영향 같은 것은 더욱더 설명하기 어려운 문제인 것이다. 더위가 인체를 나른하게 하고 추위가 인체를 긴장시킨다는 것은 잘 알고 있는 경험적 사실이다. 그러나 여기에서 여러 생리학적 현상을 설명하고, 더 나아가 민족의 특성이나 정신적 활동의 특성을 결론짓는 것은 도저히 용납할 수 없는 일이다. 이런 방법으로 인간 정신의 풍토학에 도달하기에는 **사물에 관해 지금 우리가 모르는 것이 너무 많다.** 그래서 자연과학적으로는 도저히 극복할 수 없는 인과관계의 혼돈을 구체적인 생생한 모습에서 파악하고, 그 구조적인 계기로서의 풍토의 의의를 파악하려고 하는 방향을 역사철학자인 헤르더가 선취한 것이다. 그 방향은 **살아 있는 자연**에 대한 해석이다.

헤르더의 방향은 참으로 올바르다고 할 수 있다. 그러나 그가 그것을 자연과학적 방법에 대비되는 정신과학적 방법의 차이로서 파악한 것은 아니었다. 따라서 그는 자신이 사용한 '자연'의 개념이 자연과학적 대상으로서의 자연과 다르다는 사실을 역설하면서도 그 구별을 철저하게 할 수 없었던 것이다. 그에 따르면 자연의 생생한 신비는 자연과학적 인식을 통해 **명료해질 수 있는** 것이다. 단지 우리의 인식이 아직 거기까지 도달하지 않았기 때문에 미래에 서서히 인식될 수 있는 것을 지금은 직각적直覺的인 방법으로 해석하는 것이다. 이러한 생각 때문에 그는 결국 해석의 방법을 자연과학의 대상인 자연에 적용하는 것과 같은 오류에 빠졌다. 예를 들면 '공기'는 추위와 더위로 영향을 미칠 뿐 아니라 우리에게 알려지지 않은 다양한 힘의 저장소이다. 공기 가운데는 전류가 흐르고 있지만, 우리 몸이 그것과 어떻게 관련하고 있는가는 아직 모른다. 우리는 공기를 들이마시고 내뱉으며 살고 있지만 그 가운데 있는 생명의 바탕이 무엇인지 아직 모른다. 어느 지역의 공기는 여러 가지 병과 독을 가지고 있고, 다른 지역의 공기는 건강을 가져오는 힘을 가지고 있다. 그러나 우리는 무엇 때문인지 알지 못한다. 더욱이 이 알지 못하는 모든 힘이 공기 중에 존재하며 **살아 있다**. 이것이 **공기의 비밀**이다. 이렇게 공기는 아직 그 비밀이 인식되지 않았지만, (여전히 생명체를) '살아가도록 하는 것', 그 '살게 함'의 자격 조건을 지닌 것으로 취급된다. 이때 그는 그가 말하는 바의 비밀이 어떻게 발견되더라도, 예를 들어 공기 중의 생명의 근원은 산소이고 공기 중의 병과 독이 되는 것이 말라리아라는 벌레 때문이었다는 것과 같은 사실이 명확해졌다 해도, 그것이 자연과학적 입장인 한 인간 정신의 풍토학에 기여한 것은 없다는 점이다. 따라서 공기를 (어떤 것이) 살게 하는 것으로 취급한다는 것이 그의 본래 목표와는 일치하지 않는다는 것을 이해하지 못했던 것이다. 그러나 그가 스스로 이해하지 못하고 실제로 수행했던 공기 취급 방법은 공기가 단순히 객관적 대상이 아니라, 인간이 자기의 삶을 거기에서 발견할 수 있는 어떤 것이라는 사실을 보여준다. 공기가 (인간을) 살게 할 수 있는 것은 인간이 공기에서 자기의 삶을 발견했기 때문이다. 공기의 비밀이란 사실은 인간 삶의 비밀이었다. 앞에서 공기에 대해 말한 것은 물, 햇빛, 땅의 형태, 성질, 땅의 동식물, 생산물, 식료와 음료, 생활방식, 행동방식, 옷, 오락의 방식, 기타 여러 문화적 생산물 모두에 대해서도 말할 수 있다. 이것들은 모두 인간의 삶의 시작으로서 '풍토의 그림'을 형성한다. 풍토는 이들 모두를 포함하는 일상생활 전체의 모습에서 발견되어야 마땅하다.

> 풍토는 어떤 국토에 뿌리내린 민족에게는 그 풍속이나 생활방식 전체의 모습에서 발견될 수 있는 바의 미묘한 소질을 만들어낸다. 이것은 매우 표시하기 어려우며, 특히 하나하나 떼어서는 도저히 드러낼 수 없는 것이다.(《인류의 역사철학에 대한 이념》, II. S. 84.)

이러한 관점에서 헤르더는 인간 정신의 풍토적인 구조를 명확히 했다. 우선 첫째로 사람의 **감각이 풍토적이다.** 인간이 일상생활에서 마주하는 특성은 동시에 감각의 특성이 된다. 예를 들어 '미각'에 대해 말하자면, 물이 별로 없고 식물도 적은 땅의 환경에서 음식물을 강제로 빼앗듯이 격렬한 생활을 하고 있는 국민에게 먹을 것은 단지 식욕을 채우고 배고픔을 면하게 된다면 그것으로 족한 것이다. 이들은 맛은 물론 (음식물의) 종류를 묻지 않고 단지 먹을 것을 탐하기 때문에, 맛에 대한 섬세한 감각 같은 것은 발달하지 않는다. 그런데 풍부한 혜택을 누리는 지역에서 자유롭게 좋아하는 것을 먹을 수 있는 국민은 기아의 위협을 받지 않기 때문에 식욕에 있어 차분하고 담백하다. 또 적게 먹고, 엄밀하게 (음식물의) 종류를 구별하여 가린다. 좋은 기름, 좋은 향, 좋은 맛, 보기 좋은 색깔 등이 발견된다. 이러한 풍토에서는 지극히 자극적인 먹거리를 원하며 동시에 물의 맛도 분리하여 나누는 섬세한 미각이 발달한다. 마찬가지로 피부의 '촉각'에서도 거의 무감각에 가까운 국민에서 가장 예민하게 느끼는 국민에 이르기까지 풍토적으로 다양한 차이가 있다. 시각이나 청각도 마찬가지이다. 광막한 평원이나 사막에 사는 민족은 유럽인이라면 어떤 것도 볼 수 없을 먼 곳의 연기를 보고 사물이 내는 소리를 들을 수 있다. 밝은 국토에서는 시각이 섬세하게 발달하고 어둡고 음침한 국토에서는 청각이 예민하게 발달한다. 그래서 헤르더는 말한다.

> 여러 지역이나 다른 생활방식 속에서 사는 사람의 감각을 관찰하면 할수록, 자연이 모든 것에서 어떻게 깊은 혜택을 주는가를 발견할 수 있다. 어떤 관능이 만족될 수 없는 곳에서는 자연은 그것을 자극하지 않고 조용히 잠자게 내버려둔다. 또한 자연이 관능을 여는 곳에서는 그것을 만족시키는 수단도 함께 주어진다.《인류의 역사철학에 대한 이념》, II. S. 116.)

둘째로 **상상력이 풍토적이다.** 모든 감성적 민족은 자신이 속한 국토에서 감각적으로 받아들이는 것 밖에서는 표상이나 개념을 만들어낼 수 없다. 따라서 표상의 방식과 이해의 방식은 풍토적으로 제한된다. 더욱이 이것이 상상력을 제한한다. 그뿐만 아니라 상상력은 전승의 힘에 강하게 영향을 받는다. 아이들은 말로 전해진 전설을 열심히 듣고 거기에서 그들이 현재 보고 있는 것이 설명됨을 체험한다. 이때 각 민족의 생활방식과 정신이 강력하게 아이들의 마음에 침투해 들어오는 것은 두말할 필요도 없다. 양치기는 어부와는 다른 안목으로 자연을 보고 다른 방식으로 상상의 세계를 만들어낸다. 더운 나라 사람들은 산타클로스를 만들어낼 수 없다.

셋째로, **실천적인 이해가 풍토적이다.** 이것은 생활방식의 필요에서 나오며 민족의 정신, 전승, 습관을 반영한다. 과일을 따고, 짐승을 사냥하고, 물고기를 잡고, 가축을 사육하고, 곡물을 심으며 생활하는 사람들은 이러한 사물과의 교섭에서 이미 그것들을 이해하고 있다. 그런 이해가 없으면 그들은 굶어 죽게 될 것이다. 그런데 이 이해는 각각의 상대방에 따라 다르다. 같은 상태가 풍토적으로 다를 뿐 아니라, 어떤 사물을 상대로 하는가 역시 풍토적으로 결정된다. 그래서 유목민은 가축과 더불어 살고, 가축에 관한 실천적 이해를 발전시키며, 유목생활 자체로부터 자유의 자각을 발생시킨다. 이에 비해 농업생활은 '우리의 것', '남의 것'을 발견하도록 하고 사람들을 땅에 속박시킨다. 이런 생활에서는 자유가 자각되지 않는다. 여기에 두려워해야 할 전제주의와 노예제가 발전하는 까닭이 있다.

넷째로, **감정이나 충동이 풍토적이다.** 이것들은 인간 생활의 상태와 조직에서 규정된다. 특히 중요한 것은 사람과 사람을 결합시키는 애정이다. 남녀의 혼기는 풍토에 따라 다르다. 이것은 남녀의 사랑을 각각 다른 것이 되게 한다. 여자를 바라보는 방식, 특히 여자를 향락의 수단으로 보는가 또는 인격으로서 존중하는가와 같은 차이는 많은 경우 풍토에 기초한 것이다. 일례로 옛 독일인은 여자의 아름다운 성질, 똑똑함, 정절, 용감함, 신실함 등을 인정했다. 우애 역시 그 결합방식에서 풍토적으로 다르다. 마지막으로, **행복도 풍토적이다.** 행복은 헤르더에게 특히 중요한 개념이었는데, 그에게 문명 혹은 문화는 반드시 행복을 의미하지는 않는다. 소박하고 건강한 삶의 기쁨이야말로 진정한 행복이다.

'육체의 건강', '감각의 건강한 사용, 삶의 현실과 마주하여 발랄한 이해, 활발한 기억, 재빠른 결단, 좋은 결과 등을 수반한 강한 주의력', '우리의 삶을 사랑과 기쁨으로 채우는 고요한 감정', 이러한 것들에 의해 살아가는 사람은 그 생을 즐겁게 사는 것이다. 그는 **무엇을 위해** 존재하는가를 묻지 않는다. 그의 존재가 그에게는 목적이고, 목적은 그의 존재 그 자체이다.《인류의 역사철학에 대한 이념》, II. S. 163-167.)

여기서 헤르더는 독특한 인간다움Humanität 개념을 명시한다. 어떤 사람도 지배하지 않고, 또 어떤 사람도 지배당하지 않고 자신 및 타인에 대하여 행복하기를 바라며 생각하는 것, 이것이 인간다움이다. 이러한 인간다움의 관점에서 보면 건강한 존재의 이해 대신 여러 귀찮은 학문이나 모험적인 기술을 발달시킨다거나, 고요한 사랑의 감정 대신 기교적인 의지 규정을 자각하는 것은 사람들을 조금도 행복하게 하지 않는다. 따라서 여기에는 인간다움에 기여하는 바가 없다.

> 고요한 기쁨으로 아내와 자식을 사랑하고, 자신의 부족에 대해서도 자신의 삶에 대해서도 단지 사려 깊게 행동하는 그러한 야만인이 인류애에 흥분하는 사람들보다 훨씬 진실한 인간이라고 생각한다. 인류애 등이라고 말해도, 단순한 이름에 지나지 않는 인류의 그림자에 도취해 있는 것이며 위와 같은 사랑으로 살아가는 사람은 현실적인 인간은 아닐지라도 교양 있는 모습의 그림자gebiete schatten인 것이다.″《인류의 역사철학에 대한 이념》, S. 170.)

이런 관점에서는 국가도 중요하지 않다. 큰 국가에서 왕관을 쓴 한 사람이 잘 살기 위해 다수의 많은 사람이 굶고, 억압받고, 죽임을 당하는 것과 같은 상태보다 국가 없이 모든 사람이 고요한 삶을 즐기는 작은 단체가 훨씬 인간다움에 부합한다.

> 아버지와 어머니, 남편과 아내, 자녀들과 형제, 친구들과 동료, 이것이 우리를 행복하게 하는 자연의 관계다. 국가는 우리에게 인위적인 도구를 줄 수 있지만, 그러나 그것은 더욱 본질적인 것, 즉 우리 자신을 빼앗아버린다.《인류의 역사철학에 대한 이념》, S. 172.)

이러한 입장에서 헤르더는 **전 세계를 바쁘게 돌아다니는** 유럽인에게 경고한다. 유럽인의 행복 관념으로 다른 국토의 주민의 행복을 재단해서는 안 된다. 유럽인은 행복이라는 점에서 결코 가장 진보한 인간, 즉 모범이 되어야 할 대상은 아니다. 단지 유럽에 특유한 한 유형을 보여주고 있는 것에 지나지 않는다. 세계의 각 지역에는 인간다움이라는 관점에서 보았을 때 결코 유럽에 뒤지지 않는 행복이 각각의 땅에 존재한다. 즉 행복은 풍토적인 것이다.

헤르더의 풍토학의 내용은 대체적으로 위에서 서술한 바와 같다. 그는 이러한 주제 외에도 언어, 예술, 학문의 문제를 다루고 있지만, 이러한 문제들은 풍토적으로 다루고 있지 않다. 이상의 서술에서 분명해졌듯이, 헤르더의 '정신의 풍토학'은 자연과 정신을 구별하지 않는 자연의 개념에 기초하여, 개별 국민의 가치와 개성을 극단적으로 역설한 것이다. 여기에 독일 관념론의 역사철학과 대비되는 특수한 의미가 있다. 첫째로 해석의 방법이다. 그는 이것을 방법적 자각보다는 시인 철학자로서의 놀랄 만한 재능을 통해 실현했다. 그가 역사에서 추구한 것은 인류의 여러 가지 삶의 표현을 직관하는 것이다. 특수한 것을 (자신의 삶으로) 살아내는 것, 즉 개별자를 개별자이게 하는 특수한 것, 전적으로 개성적인 형식, 이것들의 삶 전체를 파악하는 것이 그의 목표였다. 두 번째로는 국민 개성의 존중이다. 그에게 국민은 **그 자체의 특수성에서** 독자적인 의미를 가지며, **인간다움의 실현으로** 완성될 수 있다. 개개의 국민은 인류의 궁극적 목적을 향해 가는 발전의 단순한 한 과정이다. 헤르더는 이를 **전후 계기의 질서**에서만 보는 것을 강력하게 배척했는데, 이것은 **병존의 질서**에서 파악되지 않으면 안 된다. 따라서 그는 ①변증법적 운동에서와 같이 사건을 주도적으로 보는 입장과 반대로 정적이며 아름다운 삶의 '존재의 질서'를 보려고 한다. ②국민을 극적劇的 동작에서 보는 입장과 반대로 조각적으로, 모든 방향에서 상태적·항상적인 것을 그 정적 구조에서 보려고 하였다. ③궁극적인 목적의 관점에서 국민 사이의 우열을 주장하거나 **특정** 국민을 세계정신의 의지의 도구(즉 선민選民)로 보는 태도와는 반대로, 개별 민족의 개성을 평등하게 존중한다. 이렇게 국민은 역사적 업적보다 특수하고 유일한 방식을 통해 실현된 삶의 가치, 즉 국민성의 실현으로서 삶의 가치에서 세계사의 대상이 된다.

이와 같은 헤르더의 역사철학에 관해 일찍이 그 약점을 지적한 사람은 칸트였다. (*Rezensionen von Herders Ideen zur Philosophie der Geschichte der Menschheit*, 1785.) 이것은 먼저 헤르더 쪽에서 칸트를 혼란스럽게 했기 때문으로 풀이된다. 칸트는 당시에 마침 인식비판 작업을 끝마치고, 윤리학으로 이행하여 역사철학의 문제를 생각하고 있던 참이었다. 이 예리한 방법론자가 자신의 청강생이었던 헤르더에게 방법에 대한 반성을 촉구하였다. 먼저 앞에서 든 첫 번째 특징에 대해 (칸트는) 헤르더의 방법론이 **학문적이지 않다**고 지적한다.

개념 규정에 있어 논리적 정확성이나 원칙의 주의 깊은 구별·보존이 없이, 한 곳에 계속해서 머무르지 않는 이해력이 풍부한 관찰, 유비Analogy의 발견으로 채워진 민감한 지혜. 더 나아가 이것을 사용할 경우에는 대담한 상상력이 이해할 수 없는 대상을 감정 또는 감성적으로 받아들이는 교묘함과 결합되어 작용하고 있다. (WW., Cass. Ausg., 카스판 전집 IV, S. 179.)

표현을 활기 있게 하는 시인적 정신이 때때로 저자의 철학에 깊이 들어와 동의어를 설명으로 대신하고, 비유를 진리로 하고 있다. 철학의 영역에서 몇 개가 시의 나라로 이행하기 때문에 양자의 한계와 영역 구분이 완전히 혼란스럽게 되어 있다.(do., S. 195.)

이것은 비판철학자 칸트로서는 참으로 당연한 비판이지만, 헤르더가 취급한 세계가 곧바로 칸트가 보지 못하고 있는 대상세계, 즉 역사세계였다는 점을 고려하지 않으면 안 된다. 카시러도 말했듯이(XI, S. 245.) 헤르더에게는 **개념의 결핍**에도 불구하고 커다란 전체적 직관이 있다. 그래서 이 시인 철학자가 '직관에서 직접直接의 개념으로, 개념에서 직관으로'라는 방식으로 이행하고 있는 사고방식 안에도 칸트에게서 볼 수 없는 구체적인 이해가 존재하고 있다. 칸트 이후 구체적인 현실, 개성적인 현실의 해결이 문제가 되어 오면서 동시에 역사적 세계에 대한 이해의 문제가 방법론적으로 전면에 부각되지 않을 수 없었다. 그 맹아가 바로 여기서 보인다.

(두 번째 특징은 역사철학과 연관된다. 헤르더 철학의 이) 두 번째 특징에서 칸트는 자신의 입장과 상반되는 입장을 발견하였다. 칸트의 역사철학은 그의 목적론 체계에 속하는 것이어서, 제2·제3비판에서 충분하게 기초가 다져진 것이지만, 위와 같은 헤르더에 대한 비판이나 그것에 앞선 역사철학적 소논문 〈세계 시민의 관점에서 본 보편사의 이념Idee zu einer allgemeinen Geschichte in Weltbürlicher Absicht〉(1784), 〈계몽이란 무엇인가에 대한 답변Beantwortung der Frage: Was ist Aufklärung?〉(1784)에서 그는 그때까지 '존재'의 영역에서 '당위'의 영역으로의 이행을 명확하게 보여주고 있다. 칸트에 따르면 엄밀한 의미에서 '역사'는 사건의 일정한 계열을 단지 그 시간적 계기 혹은 인과관계에서 파악하는 데 그치지 않고, 사건들을 **내재적 목적의 관념적 통일**에 관계시킬 때 비로소 성립하는 것이다. 자연법칙의 타당성은 주어진 자연이 법칙을 가지지 않고 법칙개념이 비로소 자연을 구성한다고 하는 통찰에 의해 볼 수 있는 것이었다.

이와 마찬가지로 '역사'도 이미 정해진 사실과 사건 이후에서 의미와 목적을 갖는 것이 아니라, 이러한 의미와 목적을 전제함으로써 비로소 가능한 것이다. 그런데 역사는 단순한 사건의 계열이 아닌, '행위'의 계열에서 성립한다. 그런데 행위는 '자유'의 기반 위에서만 수행된다. 그렇다면 **역사철학의 원리는 윤리학 안에서 찾지 않으면 안 된다**. 이런 입장에서 칸트는 처음으로 '역사'를 발견하였다. "인류의 정신적, 역사적 발전은 자유사상의 심화 발달에 다름 아니다." 자기 해방의 과정, 자연적 속박에서 자율적 의식으로의 진전, 이것이 사건의 진정한 의의이다.

이러한 역사관을 발전시켜 나가던 칸트는 헤르더의 '병존의 질서'와 대립하여 '전후 계기의 질서'를 강조하고, 인간 상태의 가치가 아니라 궁극적인 목적에 의해 규정되는 존재 자체의 가치, 따라서 인류의 중단 없는 진보를 주장하지 않을 수 없었다. 이것도 또한 매우 타당한 주장이다. 특별히 이 대립의 배후에는 칸트의 윤리적 원리와 헤르더의 윤리적 원리의 대립이 있다. 즉 인간의 전체적 규정과 행복과의 대립이다. 이 점에서 헤르더의 행복 원리가 도저히 칸트에 필적할 수 없다는 것은 두말할 나위가 없다. 그가 가장 인간다운 행복으로 예를 든 것은 칸트의 이른바 인간성의 원리 없이는 불가능한 것이다. 그렇지만 칸트의 주장이 올바르다는 것이 곧 병존의 질서가 틀렸다는 의미는 아니다. (칸트에 대항하여 헤르더의) 병존의 질서가 필요한 이유는 인간에게서 단지 이성을 가진 사람으로서의 본질만 보고, 인간의 개성, 성격, 자연적 소질과 같은 것은 모두 우연적인 것으로 제거하는 칸트의 입장 때문이다. 칸트에게 '인류의 성격'이란 인간이 이성적인 존재라는 가장 보편적 규정을 의미하지, 개별자의 특수한 개성을 의미하지 않는다. 이것이 바로 독일 낭만파 사상가들이 칸트를 떠난 핵심적인 이유였다. 그러나 칸트 자신도 개성의 제거를 어느 정도 부적절하다고 여긴 것으로 생각된다. 그는〈세계시민의 관점에서 본 보편사의 이념〉에서 이렇게 말하고 있다.

　'생물의 모든 자연적 소질은 한번은 충분히 합목적적으로 발전할 수 있도록 규정되어 있는 것'이고, 그리고 이것은 '감추어진 자연의 계획'에 의해 인도되는 것이다.

　그렇다면 병존하는 여러 국민의 자연적 소질의 차이와 같은 개성의 문제도 무언가의 자연 목적에 기초해 있다고 생각하지 않을 수 없을 것이다. 이 책에서 자연 목적이 '섭리' 또는 '세계의 창조주'를 바꾸어 말한 것에 불과하다는 사실은 자주 논의되고 있다. 만약 그렇다면 신은 무엇 때문에 여러 지역과 여러 풍토, 여러 특수 민족을 만들어냈을까를 묻지 않을 수 없다. 그는 나중에 이런 자연 목적을 섭리에서 떼어내고 도덕적 주체로서의 인간의 관점에서 주어진 '자연 전체의 합목적성'에 의미를 두었다. 그러나 앞에서 든〈세계시민의 관점에서 본 보편사의 이념〉에서 '자연'은 인류에게 이성이자 자유의지를 **준 것**이고, 또 인류가 동물적인 존재방식을 넘어 모든 행위를 전적으로 자발적으로 행동하는 것과 같이 **원했던 것**이다. 자연이 이렇게 **주고 또 원하는 것**이라면 어떤 국민에게는 도덕적인 노력을 자극하는 환경을 주고, 다른 국민에게는 의무와 경향성이 조화되기 쉬운 환경을 준다고 하는 것도 단순한 우연으로 생각되지 않는다. 자연은 풍토적인 차이를 **원하고**, 따라서 풍토에 의한 개성의 차이를 **원했던** 것이다. 바꾸어 말하면 인간의 길이 여러 형태로 실현되는 것을 원하는 것이다. 그렇다고 하면 헤르더가 말하는 '병존의 질서'도 역시 자연의 목적으로서 승인되지 않으면 안 될 것이다. 풍토적 특성과 인류사의 사명은 따로 떼어서 생각할 수 없는 것이다.

3. 헤겔의 풍토철학

칸트의 도덕적 역사관은 '사건'의 깊은 의미를 지시한 것으로, 독일 관념론에 강한 영향을 주었다. 그러나 헤르더가 역설한 '병존의 질서' 역시 여러 형태로 살아남아 전부 사라지지는 않았다. (이것은) 피히테가 **국민 개성**을 역설할 때, 셸링이 **살아 있는 자연**과 **가치의 완성**을 주장할 때, 더 나아가 헤겔이 정신이 드러나는 곳의 자연의 특수성이 민족문화의 형성에 공헌한 것을 승인했을 때, 각각의 문제와의 연관 속에서 견지되었다. 피히테는 역사관의 토대와 관련하여 칸트를 계승한 인물이다. 그에게도 역사의 궁극적 목적은 이성의 자유다. 그러나 칸트가 가치의 보편성만을 중시하고, 특수성을 보편성의 한 사례로 밖에 보지 않는 데 비하여, 피히테는 이론적으로 근거 지을 수 없고, 다만 직접적인 느낌으로만 알려지는 개별 가치의 개성을 역설하기에 이른다. 가치 전체로서의 전체성은 단지 개별적이고 개성적인 가치에서 드러나고, 또 그것을 통해서만 드러난다. 국민은 더더욱 이러한 개성적인 가치로서의 개인을 성원으로 하는 전체성이며, 그 자신이 인류라는 전체성의 한 일원이다. 칸트에게 개인은 고립된 하나의 견본으로서 추상적 보편에 대립되지만, 피히테는 개인에게서 '참으로 현실적인 전체 개성, 참된 구체적 보편'을 발견하였다. 피히테가 《독일 국민에게 고함Reden an die deutsche Nation》에서 역설한 것은 이러한 국민의 개성이었다.

> **정신적 자연**은 인류의 본질을 단지 극도로 다양하게 개별자로 또 전체적인 개별성으로, 즉 여러 종류의 민족으로 드러낸다. … 이 국민의 특성은 자신의 안목으로는 볼 수 없는 것이지만, 그러나 그것으로 국민이 근원적인 삶의 원천과 연결된 것이다. 거기서만 국민의 현재 및 장래의 품위, 덕, 업적이 보증된다. 만약 이 특성이 혼합이나 마찰로 인해 둔해진다면 그 국민은 **정신적 자연**으로부터 떨어져 나가는 것이다.(Lack, Ges. Schr. (Lack 에 의해 편집된 전집), I, S. 266.)

즉 국민의 생명은 바로 그 특성이다. 국민은 신적인 것의 자기전개 과정에서 **한 특수한 법칙 아래** 서 있다. 이 특수한 법칙과 함께하는 것이 인간의 모임을 영원의 세계, 곧 시간적인 세계에서 하나의 **자연적인 긴밀한 전체**와 결합시킨다. 또 이 근원적인 것의 발전법칙이 한 민족의 국민성이라고 부르는 것을 철두철미하게 규정한다.(Fichte, *Schriften*, VII, S. 381.) 이런 법칙에 대해서는 그것이 있다는 것은 이해하지만, 그 아래 서 있는 개인에게는 결코 **개념적으로 명확하게 될 수 있는 것이 아니다**. 국민 또는 민족이 이 통일성을 자각하는 것은 '역사'를 통해서이다. 공동의 행위나 고뇌, 즉 지배자, 땅, 전쟁, 승리, 패배 등을 공동으로 경험하는 것, 이것이 인간의 모임을 민족으로 자각시킨다. 그러나 이것이 없는 경우에도 독일 민족과 같이 **형이상적 존재의 힘**에 의해 민족의 통일 개념을 지니는 경우도 있다. 이것은 독일 국민성의 두드러진 특징으로 알려져 있다. 그렇다면 민족의 특성은 **초역사적인 의의**를 가지는 것이 된다. 그것은 역사적 전개 안에 구체화되지만, 그러나 그 자체의 근거를 **형이상적 정신적 자연** 안에 가지고 있는 것이다. 피히테 자신은 이것을 풍토로 이해하지 않았지만, 그러나 우리의 풍토의 문제는 진실로 형이상적인 정신적 자연 안에서, 따라서 그 자신의 이른바 '신적인 것의 특수 법칙'으로 존재한다.

셸링을 초월론적 철학에서 나와서 직접의 직관으로 나가도록 한 것은 가치개성이 아니라, 진실로 자연이었다. 칸트의 제3 비판서에 나오는 자연과 자유의 통일에서 출발한 그는 '생산된 것으로서의 자연'이 아니고, '생산성'으로서의 자연을 발견한 것이다. 피히테에게 객관으로서의 생산이었던 자연은 이제 자아가 살아 있는 자연, 즉 **주체로서의 자연**이 된다. 따라서 자연이 정신이 된 것이다. 합목적론자에게는 형식과 실질, 개념과 직관이 서로 융합돼버리고 만다. 이것이야말로 관념적인 것과 실재적인 것이 절대적으로 합일하는 정신의 성격이다. 그렇기 때문에 모든 유기체에는 뭔가 상징적인 것이 있다. 모든 식물에는 말하자면 심령心靈이 들어 있는 것이다. 우리 눈앞에서 일상적으로 일어나고 있는 것은 확실히 자연의 생산력이 합목적적으로 형성되어가고 있는 것을 보여준다. '삶'이란 이 '현상 가운데 있는 자율'이다.

보통 (사람들) 자연을 볼 때 개개의 분리된 물적 요소가 기계적으로 결합되어 하나의 체계를 형성한다고 생각한다. 그러나 이러한 자연은 전적으로 **인공적인** 것이지 실재적인 것이 아니다. 진정한 현실은 '삶'이며 '생산성'이다. 이것은 직접적인 직관, 즉 삶 자체의 내적인 통일에서 분명해진다. '우리'가 자연을 아는 것이 아니고, 자연이 먼저 우리를 안다. 자연 안에 있는 개별적인 것은 **이미 사전에** 전체성 즉 자연 일반의 **이념**에 의해 규정되어 있다. 이 이념은 과제, 요구와 같은 것이 아니다. 이것은 **창조적인 힘, 형성의 원리이고 삶 자신에게 자신을 드러낸다.**

인간이 사물을 분별하고 반성하여 인식하기 이전에 그 자신의 자연을 이해하고 있는 것은 그가 자연과 같기 때문이다. 이러한 이해는 순수 직관 또는 창조적 상상력이 이미 오래전부터 발명해온 **상징적 언어에** 명백하게 드러나 있다. 우리가 **자연을 반성적으로 생각하는 정도를 적게 하면 할수록 자연은 한층 알기 쉽게 우리에게 말을 걸어온다.** 이러한 '살아 있는 자연'의 개념은 헤르더의 자연개념에 매우 가깝다고 말할 수 있을 것이다. 비록 셸링의 주된 관심이 이러한 자연에서 삶의 계열을 자유(의 방향)으로의 점차적인 접근으로서 전후 계기의 질서라는 점에서 보고 있기는 해도, 그가 헤르더의 흐름을 참조하여 이러한 삶의 형성에서 '예술적인 완성'을 인정하고 있다는 것, 즉 모든 존재를 단지 자유를 향해 가는 진보의 통로로서 잠정적인 것으로만 보지 않고 완성된 것이 어떤 때라도 출현할 수 있다는 것을 인정한 점에서 병존의 질서와의 연결점이 드러난다고 생각한다. 만약 이 자연철학을 앞에서 기술한 가치문제와 결합한다면 여기서 헤르더의 '정신풍토학'을 새롭게 추진시키는 길이 열릴 것이다.

비록 미미한 정도에 그친다고 해도 헤겔은 참으로 이 결합을 잘 보여주고 있다. 젊은 시절 헤겔의 주된 관심사는 역사였다. 그리고 그 무렵 민족종교에 관한 논문은 확실히 헤르더의 정신에 따라 쓰고 있다.(*Nobl, Hegels Theologische Jugendschriften*, S. 3ff: Dilthey, Schriften, IV, S. 28ff.) 그런데 그의 옆에서 그보다 어린 셸링의 화려한 작업이 시작되고 있었다. 지성적인 범주에 반항하여 직관의 권리를 주장하고, 물리적 세계를 정신적인 것이 드러난 것으로 말하기 시작하였다. 이러한 영향 속에서 헤겔의 신비적 범신론이라고 부르는 근본 사상이 성립되었다. 두 사람의 교제는 (각각의 사상) 체계를 형성하는 시기에 더욱 의미 깊은 것이 되었다. 자연에서 출발한 셸링과 역사에서 출발한 헤겔은 세계 전체성의 인식이라는 한 점에서 조우하고, 서로 도와 지적 직관의 체계를 형성하게 된다. 이러한 역사적 배경을 갖는 헤겔의 역사철학이 '발전'을 중심 사상으로 하면서도 자연규정성을 가볍게 보지 않았던 것은 당연하다고 할 수 있을 것이다.

헤겔의 체계는 자신의 탐구 여정을 반영하고 있다. 처음 역사적 현실에서 출발한 그는 이 현실의 바탕에 존재하는 이법理法으로 나아갔다. 그리고 이것이 파악되었을 때에 이것을 추상적이고 일반적인 논리로서 부각시켰다. 그 다음에는 이러한 논리가 자연이나 역사를 통해 어떻게 자기를 실현해가는가의 단계로 나아가게 된다. 《엔치클로페디 *Enzyklopädie*》에서의 체계가 바로 그것이다. 따라서 그의 논리학이 '사유의 근본형식'을 드러내면서 또한 '현실의 구조'를, 즉 절대적 정신이 자신을 유한성 안에서 실현하는 규정의 연관을 드러내고 있다고 알려진 것도 이유가 없는 것이 아니다. 역사적 현실로서 자신을 **전개해온** 논리는 원래 역사적 현실의 이법으로 **발견된** 것이었다. 그러나 만약 이 체계적 연관을 무시하고 단지 사유의 근본형식에 지나지 않는 논리학, 즉 절대적 이념으로 나아가는朝宗 관념체계가 그 자신의 규정에 따라 먼저 타자로서의 자연이 되고, 더 나아가 자신으로 돌아와 정신이 된다고 생각하면, 논리적 관계 그 자체가 이미 자연이나 정신에서 **개성화로**의 진행을 함축한다. (헤겔 철학에서) 사유가 현실을 낳는다는 식으로 이해되고 있는 것은 이와 같은 생각에 기초를 둔 것이다. 우리는 헤겔의 생각이 그렇다고는 생각하지 않는다. 헤겔에게 '정신'은 관념으로서 자신을 자각함과 동시에 또한 자신을 객체화하여 자연이 되고, 더 나아가 이 자연에서 자신을 실현하면서 문화를 형성해가는 **주체적인 것**이다. 그래서 사유나 관념도 정신의 차원에서는 차이가 없지만, 그것만이 정신인 것이 아니다. 물질도 또한 정신이다. 논리는 이러한 정신의 작용방식이지 단순한 사유형식이 아니다. 이러한 의미에서 논리는 정신의 활동으로서 현실의 구조를 드러내는 것이다.

헤겔의 역사철학은 위와 같은 체계에서 일정한 위치場所를 차지하고 있다. 즉 정신 발전의 세 단계를 구조화한 정신철학 가운데서 그 위치를 갖는 것이다. 역사는 그에게 있어 '자유의 발전' 과정이지만 그것은 동시에 '정신의 자각'이며 이 자각은 **외면성에 있어서의 실현**이라는 계기를 피할 수 없다. 그 때문에 역사는 그 자체로 이미 몇 층의 외면화와 극복을 포함하고 있는 것이다. 절대적인 이념을 정점으로 하는 개념이 '자연'에서 자신의 완전한 외적 객관성을 가진 후에 이 자기 외화를 지양하고 자신으로 되돌아 갈 때 그것을 정신이라고 부른다. 그런데 정신의 본성은 자기현시, 자기계시이다. 그리고 이 자기계시는 정신의 객관성 정립, 즉 **자연을 그의 세계로서** 정립하는 것이다. 그래서 정신이 1단계인 주관적 정신 위에서 1단계인 '마음'은 첫째로 직접의 자연 규정성에서 드러난다. 즉 이것은 그 전체성에서 '지리적인 부분 세계'의 자연을 표현하고, 따라서 인종의 차이를 형성해내는 **특수한 자연정신**으로 분리되어 나타난다. 이 차이는 자연의 '우연성' 가운데 들어온 지역 정신이라고 할 수 있는 특수한 것이다. 그리고 (이 특수한 것들은) 여러 민족의 외면적인 생활방식, 활동방식, 체격, 소질, 더 나아가 내면적인 지적 및 윤리적 경향, 성능 안에서 드러난다. 이러한 지방적 정신을 직접태로 하여, 여기에서부터 주관적 정신의 논리적 발전이 피력되고 있는 것이다.(Encyklopädie, 299–312.)

마찬가지로 객관적 정신의 3단계인 인륜적 정신에서도 인륜적 정신 자체는 **개별적인 특수한 민족에게서** 그 현실성을 가지고 있다. 개별 민족의 전체성은 직접적인 자연성을 드러낸다. 이것이 **지리적, 풍토적 규정**이다. 이렇게 규정된 민족은 각각의 정신생활의 특수한 발전단계에서 존재하며 그 단계 가운데서만 자신을 파악한다. 그래서 인륜적 정신이 '병존' 및 '전후 계기'의 질서에 있어 일정한 규정 아래 개별 개체로서 자기를 드러낸 것, 이것이 민족이다. 바꾸어 말하면 이것은 '특수한 민족으로서의 정신'인 것이다. 이러한 특정한 민족정신은 그 **특수원리**에 규정된 그 자신의 현실의 발전, 즉 '역사'를 갖는다. 그러나 그것은 **한정된** 정신이라는 이유에 의해 보편적인 세계사로 이행한다. 그리고 세계사에 있어서의, 즉 정신이 세계정신이 되어 가는 것에 있어서의, 바꾸어 말하면 인륜적 실체가 개별 민족으로서의 특수성에서 자신을 해방하는 운동에 있어서의 **하나의** 계기, 단계가 된다.(위의 책, 442-449.)

　이와 같이 정신은 그 **특수성**에 있기 때문에 개별 민족으로서 현실적인 것이고, 이 현실적인 민족정신을 계기로 하기 때문에 발전이 있을 수 있다. 그렇다면 이 특수성은 정신의 발전 과정에서 극복되어야 할 것임과 동시에 또한 그 발전을 가능하게 하는 것이어야 한다. 이런 의미에서 이 특수성은 필수적인 것이다. 더 나아가 이것이 지리적, 풍토적으로 규정되어 있다면, 이 규정 또한 필수적인 것이어야 한다. 그렇다면 민족정신 안에 지양된 계기로서 포함되어 있는 지역적 정신 또한 '우연적'이 아니고 '필연적'이어야 한다. 그래서 만약 '마음'의 풍토적 규정성이 '필연적'으로 인정되면 《엔치클로페디》에서 정신현상학은 풍토적인 색채를 띠지 않을 수 없었을 것이다. 헤겔의 《역사철학》 서문에 포함되어 있는 '세계사의 지리적 토대Geographische Grundlage der Weltgeschichte'에서 이와 관련된 언급이 드러난다.

　인륜적 전체(즉 인륜적 정신)의 보편성 또는 그 개개의 행위하는 개성에서 본다면 민족정신의 자연연관은 확실히 외면적이다. 그러나 이 자연연관은 정신이 활동하는 지반으로 보지 않으면 안 된다. 따라서 **본질적, 필연**

적으로 토대를 이루는 것이다. 정신의 이념은 **현실적으로 존재하는 민족**으로서의 다양한 외적인 모습에서 세계사 안에서 현실로 드러난다. 이 현실적인 존재의 측면은 자연물의 존재와 마찬가지로 **시간 안에 있음과 동시에 공간 안에 있는 것**이다. 세계사적인 민족이 지니고 있는 '특수원리'는 동시에 **자연규정성**으로서 그 자신의 안에 있다. 이러한 자연성의 모습에 자신을 드러내는 정신은 그 특수한 모습을 **따로따로**auseinander 나열하고 있다. 왜냐하면 개별은 자연성의 형식이기 때문이다. 이러한 **자연의 차이**는 정신이 자신을 전개하는 특수한 가능성으로 보아야 할 것이어서 거기에 지리적 바탕을 주는 것이다. 우리들이 생각하는 것은 땅을 '외면적인 지역'으로 아는 것이 아니고, 이러한 땅의 아들로서 민족의 성격·유형과 정밀하게 연관된 '지역의 자연형Naturtypus der Lokalität'을 아는 것이다. **민족의 성격**은 진실로 그 민족이 세계사에 걸어 들어오는 거기에서 지위를 얻는 그 방식에 다름 아니다.(WW., IX., S. 98f.)

여기서 우리는 '정신풍토학'의 훌륭한 프로그램을 발견했다고 할 수 없을까? '정신이 자신을 전개하는 특수한 가능성'으로서의 '자연의 차이'는 이제 결코 '우연성'이 아니다. 민족의 성격이 그 지역의 자연 유형과 연관되면서 동시에 그 민족의 세계사에 있어서 **활동방식**을 결정한다면, 자연 유형의 의의는 진실로 본질적으로 필연적이다. 물론 헤겔이 앞에서 말한 문장의 한 구석 뒤에서 말하고 있듯이 "부드러운 이오니아의 하늘은 호메로스 시의 우아함에 많은 것을 기여했지만, 그것만으로는 호메로스를 낳을 수 없었다." 그러나 정신이 예술을 낳을 때 이 예술에 그러한 특수한 모습을 준 것은 자연 유형인 것이다. 헤겔도 이 점을 분명하게 인정하고 있다.

자연은 인간의 모든 자기해방 운동의 최초 입각점으로서 그 문화적 산물의 특수성을 규정한다. 자연이 상당히 우세한 때는 이러한 자연으로서 자신을 외화하고 있는 정신에게 자신으로 돌아오지 못하게 하는 경우조차도 있을 수 있는 것이다. (위의 책, S. 121.)

이러한 관점에서 헤겔은 자연 유형을 세 가지로 나누고 그것을 세계사의 고찰에 항상 발동시키고 있다. ①넓은 초원이나 평지를 지닌 물이 없는 고원, ②대하大河가 관류하고 관개하는 하곡의 평야, 이행하는 국토 ③바다와 직접 관계하는 해안의 국토. ①의 고원에서는 유목생활과 족장정치가 있어 때로는 문화세계에 강한 자극을 주지만, 그 자신은 발전할 수가 없다. ②의 평야에는 농업과 큰 국가가 발달하고 문화의 중심지가 들어선다. 소유, 군주와 노예의 관계 등이 두드러진다. ③의 해안 국토는 세계의 연관을 드러나는 듯이 형성되어 있다. 바다만큼 잘 결합시키는 것은 없다. 여기서 상업이 발달한다. 그런데 또한 바다는 비규정적인 것, 비제한적인 것, 무한한 것의 표상을 준다. 그래서 무한을 자신 안에서 느끼는 사람들은 한정을 넘어 밖으로 나가는 용기를 가진다. 정복욕, 모험에 대한 욕심이 솟아오른다. 이와 더불어 시민의 자유가 자각된다.

역사는 ①의 고원에서 시작하여 ②의 평야에서 보편적인 것에 대한 반성으로 각성하며 ③의 해안에서 이 반성을 발전시킨다. 아시아에서는 ①의 고원과 ②의 평야가 결합하여 있고, 유럽에서는 ③의 해안 및 ①, ②가 융합하여 이행한 온화한 자연이 존재한다. 지중해의 그리스, 이탈리아 등은 ③이고 중부와 북부 유럽은 고원이나 하곡河谷과 같은 현저한 대립이 없는 양자의 중간이다. 그래서 역사의 시작이나 보편자를 향한 반성의 개시開始는 동양에서만 보이는 것이며, 서양은 단지 그 발전을 받아들인 것이다. 이 때문에 (헤겔은) 세계사는 태양의 운행과 같이 동쪽에서 시작하여 서쪽에서 끝난다고 말하고 있다. 즉 동양에서는 단지 한 사람만이 자유를 알지만, 그리스 로마 세계에서는 약간의 사람들이 이를 자각하고, 게르만 세계에 이르러 모든 사람이 자유를 자각한다. 이것이 헤겔의 세계사의 근본 사상이다.

헤겔의 세계사가 내용적으로 이제는 적용되기 어려운 것이란 점은 누구에게나 이론의 여지가 없을 것이다. 세계 역사에 대한 연구는 그의 사후 100년 동안 급격한 발달을 보이고 있기 때문이다. 특히 그가 살던 시대의 유럽인은 동양에 관해 매우 무지했는데, 이는 무엇보다도 중국과 인도에 관한 헤겔의 기술을 보면 알 수 있다. 이런 이유로 위에서 말한 것과 같은 세계사에 대한 (그의) 견해는 그 자체로는 어떤 의미도 없다. 그러나 그가 세계사를 어디까지나 유럽 문화의 역사로 보는 입장에서 있었음에도 불구하고 유럽 이외의 지역에 눈을 돌려 그 자연 유형을 생각했다는 점에서 충분한 의의를 발견할 수 있다. 만약 그가 중국 문화나 인도 문화에 대한 충분한 의의를 이해할 수 있는 시대에 살았더라면, 그는 이들 문화의 지리적 바탕을 더욱더 깊이 고찰하였을 것이다. 또한 거기에서 얻어낸 자연 유형의 의의도 보다 깊이 반성했을 것이다. 따라서 그가 제시한 자연 유형의 파급력이 비교적 약한 이유는 세계사에 대한 시야가 협소했기 때문이지, 자연 유형의 의의가 적었기 때문이 아니다. 이론적인 면에서 헤겔은 지리적 토대의 의의를 누구보다도 잘 파악하고 있었다. 다만 그것을 (당시의) 현실 여건상 충분히 채울 수 없었던 것이다. 우리는 헤겔과 같이 유럽인을 '선민'으로 보는 세계사를 받아들일 수 없다. 유럽인 이외의 여러 국민을 노예로 취급하는 것이 모든 사람의 자유 실현은 아니다. 세계사는 풍토적으로 다른 각각의 국민에게 그 장소를 줄 수 있어야 한다.

4. 헤겔 이후의 풍토학

헤겔 이후에 먼저 주목해야 할 사람은 마르크스이다. 마르크스는 헤겔의 형이상학적 목적론적 형식을 완전히 버리고, 단지 논리학적이고 합리적인 형식만을 받아들인 것으로 알려져 있다. 바꾸어 말하면 방법, 변증법을 헤겔로부터 취한 것이다. 그 때문에 헤겔의 정신철학 특히 그 일부분인 역사철학은 마르크스에 의해 버려진 것에 해당한다. 헤겔에 있어 '정신'이 차지하고 있는 위치는 이제 물질적 생산과정 또는 사회적 생활과정과 같은 경제과정으로 채워진다. 헤겔에 있어 정신의 자기 외화였던 '자연'은 이제 정신에서 떼어져 자연과학적 대상으로서의 자연에 수용되어버린다. 그럼에도 불구하고 헤겔의 변증법이 그 형이상학적인 성격 때문에 가지고 있었던 마력은 결코 버려지지 않았다. 헤겔은 그것을 맨 처음 역사적 현실의 이법理法으로서 발견했다. 마르크스의 물질은 진실로 이 이법에 근거를 둔 물질이기 에 단순한 자연과학적 물질은 아니다. 그것은 정신에서 떼어졌음에도 불구하고 정신이 주는 활력을 가지고 있다. 바꾸어 말하면 이것은 낭만파의 의상을 자연과학의 의상으로 탈바꿈한 만큼의 '살아 있는 자연'인 것이다. 이 점에 주목하면 마르크스가 헤겔의 '부르주아 사회'의 개념을 그대로 쓰고 있는 이유도 쉽게 이해될 수 있을 것이다.

풍토에 관한 마르크스의 견해는 그의 '국민'에 관한 여러 논문(*Neue Rheinische Zeitung*, 1848-1849)에서 볼 수 있다. 그는 국민을 토지, 기후, 종족 등의 특정한 자연 기반 위에 역사적 전승, 언어, 성격의 특징 등을 함께 하면서 역사적, 사회적 발전과정에 의해 나온 대중적 형성체로 정의한다. 여기에서 명백히 **자연 기반과 역사적·사회적 발전**의 두 가지 계기를 인정한다. 그리고 물질적 생산과정이 인간과 자연의 공동작용으로서 자연에 규정되는 것, 따라서 생산방식이 지리적 공간의 자연적 조건에 의존하는 것을 인정하고 있다. 그러나 이 자연이 인간 존재로부터 떼어내진 때는 어떤 역사적 발전에도 관여하지 않는다. 단지 그것이 노동력 및 기술과 결합하여 경제과정의 한 요소가 되었을 때에만 역사적 발전에 참여한다. 예를 들면 비옥한 풍토는 그 풍부한 천연산물 때문에 척박한 풍토보다 많은 인구를 부양할 수 있을 것이다. 그러나 농업의 발전은 이 자연조건이 야기하는 것이 아니고 인간이 농업을 발명하여 습득한 때만 일어나는 것이다. 따라서 비옥한 풍토는 기술적 능력과 결합될 때 비로소 그 특수한 영향을 역사에 준다. 이렇게 보면 여기에서 자연기반이라고 하는 것은 인간의 경제적 존재의 한 계기에 지나지 않음이 분명하다. 풍토는 이러한 의미에서 물질적 생산과정을 규정한다.

그러나 마르크스는 생산방식의 진보가 점차 위와 같은 풍토적 규정을 벗어났다고 생각한다. 자본주의 산업에 이르러서는 어느 곳이나 같은 형태여서 지역적 제한은 거의 없어진다. 그래서 현대에 중요한 것은 역사적·사회적 발전뿐이다. 이러한 (그의) 생각은 자주 무비판적으로 신봉되고 있다. 그러나 같은 기계를 사용하고 있으면, 어디에서라도 산업은 같다고 생각하는 것은 기계도 수공업 도구도 똑같이 도구라고 생각하는 것과 조금도 다르지 않다. 이것은 오류라고 말할 수는 없지만, 구체적인 사태를 이해했다고 할 수 없다. 근대 산업에서 방적업은 무슨 이유로 특히 영국에서 번영했을까? 방적에는 일정한 습도가 필요한데 (이것이) 영국의 풍토에서 발견되었기 때문이다. 일본이 메이지 이후 모든 근대 산업을 배워 얻으려고 했을 때, 무엇 때문에 특히 방적업만이 장족의 진보를 하였을까? 일본의 습도가 좋은 조건이었기 때문이다. 그렇다면 어떤 이유로 면화의 산지이며 또한 습기가 있는 인도에서는 왕성하게 발달하지 못한 것인가? 인도의 기온과 습기의 결합은 사람의 몸이 견디기 어려운 것이기 때문이다.

그렇다면 영국의 방적업과 일본의 방적업은 어떠한 풍토적 차이를 가질까? 일본의 습기가 영국보다 심하다는 것일까? 그 점도 있을 것이다. 그러나 가장 중요한 것은 사회의 풍토적 특성으로서 가족생활의 특수형태이다. 일본의 방적직공은 (일정 정도의) 나이가 찬 처녀들로 구성되어 있다. 그들은 가정에서 나와 수년간 일하고 다시 가정으로 돌아간다. 이 흐름을 잠시 막는다면, 임의로 몇 퍼센트의 직공을 줄일 수 있다. 또한 이 부단한 유동은 임금을 높이 끌어 올리지 않는다. 이 점이 영국의 방적공장과는 전혀 다른 것임을 알 수 있다. 영국의 방적업은 몇 사람의 가족을 부양하는 성인 남자가 오랜 동안의 근무에 의해 숙련직공으로서 높은 임금을 받고 있다. 그들은 쉽게 해고될 수 없으며 또한 스스로가 능률을 높이고자 하지 않고 강한 힘으로 경영자와 대립한다. 더욱이 그 능률은 일본 여공의 반에도 미치지 않는다. 이러한 조건하에서 방적업이 일본과 영국에서 다르지 않다고 한다면 그것은 크게 웃을 일이다.

우리는 또한 다른 모든 근대 산업 부분에 걸쳐 사회의 풍토적인 특수형태가 어떻게 특이한 성격을 만들어내는가를 열거할 수 있다. 물질적 생산과정에서 풍토적 규정은 결코 약하지 않다. 그런데 문제는 거기에 그치지 않는다. 왜냐하면 풍토적 규정이 작용하는 장소는 물질적 생산 과정에만 머무르지 않기 때문이다. 풍토적 규정은 인간 존재의 구조에 속하는 까닭에 또한 인간 존재의 전면에 걸쳐 작용하고 있다. 그것은 계급의 대립이 격화된다고 해서 없어지는 것이 아니다. 일본이 지리적 으로 특수한 위치를 가지고 있다는 단순한 사실조차도 대립한 두 계급 에 동일한 낙인을 찍고 있다. 부르주아가 아메리카를 통째로 삼키면 이 와 완전히 똑같이 프롤레타리아는 러시아를 통째로 삼킨다. 멀리 떨어 진 것을 미화하여 본다는 점에서 양자는 공통적이며, 이 점에서 유럽의 여러 국민이 갖지 않는 성격을 공통적으로 가지고 있는 것이다. 마찬가 지로 일본인의 현저한 민감성, 템포가 빠른 감정의 움직임, 어두운 인상 의 피로성 등의 특징도 계절의 변화가 심한 일본 풍토의 표현이며, 계 급의 구별에는 관계하지 않는다. 이러한 점은 물질적 생산과정에만 주 목하는 입장으로부터는 해명될 수 없을 것이다.

그러나 마르크스 자신은 자연 기반에 규정된 국민적 존재의 깊은 뿌 리를 알고 있었던 것처럼 보인다. 왜냐하면 그는 프롤레타리아가 정치 적 지배를 획득한 후에는 자신을 **국민적 계급으로 높이고**, 자신을 **국민으 로 구성하지 않으면 안 된다**고 말하고 있기 때문이다. 똑같은 경제적 경 우가 프롤레타리아에게서 그 국민적 특성을 씻어내버리고 마는 것이라 면, 이와 같은 말은 전혀 무의미하다. 현재 국민이라 불리는 것은 부르주 아의 독점이어서 프롤레타리아를 참여시키지 않는다는 것, 프롤레타리 아 자신에게도 국민적 특성이 있다는 것을 같이 보지 않으면 안 된다. 마 르크스는 전술상의 필요에서 전자를 주장하면서도 실질적으로는 후자 를 승인하고 있는 것이다. 바로 이 때문에 프롤레타리아 전체가 국민을 구성할 때 **국민은 진실로 국민이 된다**고 말할 수 있는 것이다. 그러나 무슨 이유로 프롤레타리아가 국민을 구성하지 않으면 안 되는가? 그의 답은 아마 처음에 제시된 국민의 정의 밖에서 나올 것이다. 즉 답은 자연 기반과 사회적, 역사적 발전의 두 가지 계기 밖에 없다는 것이다.

마르크스에 이어서 주목되는 인물은 헤르더의 사고방식을 대성하여 인문지리학을 이루어 냈다고 하는 라첼이다. 그의 주요 저서로는《인문지리학》(1882-1891),《인종학》(1886-1888),《정치지리학》(1844-1904),《토양과 생활》,《비교지리학》[40] 등이 있는데, 이 저서들의 특징은 지리학을 인간생활과 밀접히 결합시키는 노력에 있다. 그는 국가와 그 영토 사이의 관계를 추구하여, 이 양자의 관계가 본래 인정되고 있는 것보다 훨씬 깊다는 사실을 발견했다. 따라서 국가는 발전의 모든 단계에서 자연유기체로 보지 않으면 안 된다. 가장 단순한 유기체로서는 불완전한 상태에 지나지 않는 것이고, 보다 높은 단계에 이르면 오히려 이미 정신적, 인륜적인 것으로 된다. 그러나 중요한 점은 국가는 우선적으로 **영토 및 그것에 속한 민중의 국가적 조직**이라는 점이다. "국가는 인류의 한 부분이면서 또한 조직된 땅의 한 부분이다."(*Politische Geographie*, S. 4.) 이러한 생각의 기초이론으로는《삶의 공간 *Lebensraum*》(1901)을 들 수 있다. 이 책에서 그는 생물학적이 삶과 지구 공간과의 연관을 논하고, 공간은 단순히 똑같이 넓은 어떤 것이 아니라 진실로 삶의 공간임을 명확히 한다. 사람들은 삶의 전환에는 주목하지만 그 삶이 의존하는 대지의 변화를 망각하고 있다. 그러나 지구의 표면은 끊임없이 변한다. 예를 들면 기후대, 육지와 바다 등의 정세는 항상 변한다. 그런데 이 변화는 삶과

---

40 프리드리히 라첼Friedrich Ratzel, 《인문지리학*Anthropo-Geographie*》, Stuttgart, J. Engelhorn, 1882;《민족학*Völkerkunde*》, Bibliographisches Institut, 1894;《정치지리학*Politische Geographie*》, Leipzig; Wien : Bibliographisches Institut, 1893;《토양과 생활*Die Erde und das Leben*》, Leipzig; Wien : Bibliographisches Institut, 1901;《비교지리학*eine vergleichende Erdkunde*》, Leipzig, Bibliographisches institut, 1901.

관계없는 공간적 변화가 아니다. 그것은 삶의 바탕, 삶의 조건의 변화이다. 즉 삶의 공간의 변화이다. 같은 넓음으로서의 공간이라는 점에서는 차이가 없다고 하더라도 공간의 **내적 성질**은 현저하게 변해 간다. 그 변화와 함께 새로운 삶의 형식이 일어난다.

이러한 변화 중에서 가장 중요한 것은 **육지와 물의 연관**이다. 즉 습윤, 건조 등의 변화다. 습윤에서 생명이 생기며 건조는 생명을 죽인다. 그런데 우리가 꼭 멀리 바라볼 수 있는 시간의 범위 내에서 지구가 똑같이 물로 덮여 있다는 등의 생각을 할 필요는 없다. 언제든 육지와 물이 있고 그 연관이 변하고 있는 것이다. 그런데 '생명(삶)'의 특징은 운동이며, 운동은 **공간 정복**이다. 떡갈나무가 쌍으로 된 잎사귀를 낸다. 그것은 공간적으로 확장해가는 것일 뿐이다. 더 나아가 쌍으로 된 잎사귀는 몇 아름이나 되는 거목으로 성장하여 간다. 이것은 공간 정복이다. 모든 생물의 삶은 이렇게 발전해나간다. 젖먹이는 젖을 찾아 엄마 쪽으로 움직인다. 즉 엄마가 점유하고 있는 근접공간을 획득한다. 의식주의 활동은 모두 공간 정복이다. 이렇게 생물은 모두 공간과 결합되어 있으며, 그 때문에 또한 역으로 공간이 살아 활동한다. 삶의 공간은 무수히 특수한 크고 작은 삶의 공간으로 나누어져 있다. 그리고 그것에 대응하여 각각의 삶의 형식이 일어난다. 이러한 '삶의 공간'을 고찰한 점에서 라첼의 가장 날카로운 통찰이 보인다. 그러나 앞에서 서술한 개관에서 밝힌 대로, 그가 다루는 삶은 어디까지나 생물학적인 삶이지 주체적인 삶이 아니다. 또한 지리학자인 그에게 주체적인 삶을 문제 삼도록 하는 것도 무리일 것이다. 그러나 그가 깊은 의의를 인정하고 있는 헤르더의 요구에는 주체적인 삶의 긴박함이 내포되어 있다. 만약 주체적인 삶의 입장에서 '삶의 공간'을 문제로 삼는다면 어떨까? 그것은 살아 있는 공간, 주체적인 공간이 될 수밖에 없을 것이다. 우리가 추구하는 것은 바로 이것이다. 라첼의 삶의 공간은 우리를 이 본래의 문제 입구까지 이끌어 간다.

　그렇다면 라첼 뒤에 이 입구를 통해 걸어간 사람은 없을까? 이 길 위에서 이 문제를 주제화한 사람은 스웨덴의 국가학자 루돌프 셸렌Rudolf Kjellen 이다. 그는《생활형식으로서의 국가Der Staat als Lebensform》에서 라첼의 작업을 잇고 있다. 그에 의하면 국가는 개인과 똑같이 '감성적, 이성적인 것'이다. 단순한 법의 주체로서가 아니고 살아 있는 유기체, 초개인적인 생물이다. 이것을 그는 '국토 및 민족Reich und Volk'으로 파악한다. 국토로서의 국가를 논하는 것이 지정학Geopolitik이고, 민족으로서의 국가를 논하는 것이 민족국가학Ethnopolitik이다. 지정학은 국가를 지리적 유기체로 취급한다. 국토는 국가의 신체이다. 따라서 국가에는 지리적인 개성이 있다. 물론 국가가 역으로 국토에 영향을 주기도 하지만, 국토 없는 국가는 있을 수 없다. 개인의 신체에 위해를 가하는 것은 그 사람의 소유물을 해하는 것이 아니라 그 사람 자신을, 그 인격을 해하는 행위인 것처럼, 영토에 위해를 가하는 것은 국가에 위해를 가하는 것과 다르지 않다. 국토는 국가의 인격에 해당한다. 이러한 생각은 국토의 주체성에 대하여 일보 진전하고 있는 듯이 보인다. 그러나 그는 결코 라첼의 입장을 떠나 있지 않다. 국가를 생물학적인 유기체로 생각하는 점이 이미 그것을 명시하고 있다. 여기서도 우리는 국가의 인격에 해당하는 국토의 주체성을 더욱 명확히 파악하도록 박차를 가해야 할 것 같은 느낌이 든다. 그러나 셸렌이 실제로 박차를 가한 것은 지정학의 운동이었다. 1928년《지정학 잡지Zeitschrift für Geopolitik》가 창설된 때의 선언은 이 운동의 경향을 분명하게 보여준다.

　지정학은 정치적 과정이 대지에 묶여 있는 것에 대한 학문이다. 이것은 지리학의 광범한 바탕, 특히 정치적 공간유기체와 그 구조의 학으로서의 정치적 지리학의 바탕에 근거한다. … 지정학은 정치적 행동에 무기를 주고, 국가생활에 있어서는 지도자가 되게 한다. 따라서 이것은 실제 정책을 구체적으로 지도할 수 있는 기술론이 된다. … 지정학은 국가의 지리적 양심이기를 바라고 또 양심이지 않으면 안 된다.

이 선언으로 분명해졌듯이 게오폴리틱Geopolitik은 지정학이라기보다는 오히려 영토 정책, 나아가서는 식민 정책에 가까운 것이다. 우리의 풍토학은 여기에서 많은 것을 기대할 수 없다. 지정학적인 경향을 갖는 학자로는 독일의 지리학자 칼 하우스호퍼Karl Haushofer, 에리히 옵스트Erich Obst, 오토 마울Otto Maull, 리하르트 헤닝Richart Henning, 헤르만 라우텐자흐Hermann Lautensach, 역사가 발터 포겔Walter Vogel, 정치학자 아르투르 딕시Arthur Dix가 있으며 프랑스의 비달 불라쉬Vidal de La Blache, 피농Pinon, 부룬헤Brunhes, 발로Vallaux, 영국의 맥킨더Mackinder, 제임스 페어그리브James Fairgrieve 등이 있다. 끝으로 풍토의 심리학적 연구로 헬파흐Willy, Hellpach의 저서를 들 수 있을 것이다. 《정신생활에 영향을 주는 지리적 현상, 날씨, 기후, 땅 그리고 경관》은 자연과학적 심리학의 입장에서 일기天候, 기후, 토지, 경관과 같은 '자연 현상'의 의의를 밝히고, 이것과 정신생활의 인과관계를 명확히 하고자 한 시도이다. 이것은 이 입장에 대한 연구로서는 흥미로운 것이지만, 그 내용 그 자체는 이 논문의 처음에 언급한 히포크라테스와 같다. 이것이 구체적인 풍토 현상에 대하여 갖는 관계는 일반적으로 자연과학적 심리학이 구체적인 인간생활에 대해 갖는 관계와 같다. (1928년 11월~1929년 1월)

나는 지리학 분야에는 극히 어둡고, 앞의 글을 쓰기 시작할 당시, 프랑스의 인문지리학이 얼마나 비약적 발전을 이루었는지를 조금도 몰랐다. 앞의 글 끝에 국토학적인 경향을 갖는 학자의 한 사람으로서 비달 불라쉬의 이름을 든 것인 리하르트 헤닝의 《지정학Geopolitik》(1928)에 의거한 것이다. 그런데 그보다 6년 전에 이미 불라쉬의 《인문지리학 원리Principes de Geographie humaine》가 출판되었다. 또 같은 해에는 루시앙 페브르 Lucien Febvre의 《대지와 인류의 진화La Terre et l'Evolution humaine》도 간행되어, 라첼의 방법에 대한 극히 예리한 비판과 더불어 인문지리학이 나아가야 할 바른 길이 제시되었다. 만약 당시 내가 이러한 저서에 친숙해질 수 있었더라면, 풍토학에 대한 역사적 고찰은 상당히 달라졌을 것이다.

그 후 이들 저서는 이이즈카 코우지飯塚浩二 씨의 노력으로 일본어로 번역되어 이와나미 문고로 출판되었다.

불라쉬 저, 이이즈카 코우지 역, 《인문지리학 원리》, 상하 2권, 1940.
불라쉬 저, 이이즈카 코우지 역, 《대지와 인류의 진화》, 상하 2권, 1941. 1942.

이 두 저서가 일본에서 널리 읽히게 되면, 나의 부족한 지식으로 쓴 풍토학에 대한 역사적 고찰은 없어지는 게 좋겠다는 생각을 하기도 했다. 그러나 이 책의 1장에서 말했듯이 내 풍토학의 목표는 반드시 인문지리학과 같지 않기 때문에 암중모색의 기록으로서 앞의 글을 원형대로 보존하기로 했다. 또한 이 저서 이후에 도달한 (나의) 풍토학적인 고찰에 대해서는 최근에 나온 《윤리학》 하권을 참조하길 바란다. 《윤리학》 하권은 이 책의 1장에서 서술한 계획을 약간 체계적으로 전개해본 것이다.

(1948년 12월)

옮긴이 후기

이 책은 와쓰지 데쓰로의 《風土 - 人間學的考察》을 우리말로 옮긴 것이다. 이 제목은 자칫 풍토에 대한 인간학적인 혹은 인류학적인 고찰을 연상시킨다. 즉 풍토 그 자체를 대상으로 하여 연구하거나, 인간과 풍토를 나누어 고찰한다는 인상을 준다. 기존 풍토학의 입장은 저자가 언급하고 있듯이 기후, 토양, 식생 등 한 지역의 풍토가 그 지역에 사는 사람들의 성격이나 생활양식, 윤리 그리고 국가 형태 등을 결정한다는 환경 결정론적 문명이론이다. 그러나 독자는 책을 읽어가면서 인간의 삶과 문화가 풍토에 의해서 결정되는 것이 아니라, 이러한 측면과 함께 인간이 풍토를 능동적으로 만들어간다는 인상을 받게 될 것이다.

저자가 이 글을 통해서 보여주고자 하는 것은 풍토와 인간 삶의 연관성 자체이다. 어떤 학문적 입장에서 풍토 그 자체를 연구하고자 하는 것이 아니라, 인간과 풍토의 상호 연관성 자체를 보는 데 저자의 근본 의도가 있다. 저자의 이러한 관점은 서양 철학에서 후설과 하이데거의 현상학적 입장과 그대로 통한다. 그 때문에 인간과 풍토에 대한 현상학적 이해가 없으면 이 책은 제대로 이해하기 힘들다. 현상학의 입장에서 존재와 시간의 상호관계를 드러내기 위해 하이데거가 자신의 저서에

《존재와 시간》이라는 제목을 붙인 것처럼, 이 책의 저자도 이러한 연관 관계를 보여주기 위해 노력한다. 따라서 그런 맥락을 반영하여 이 책에 《인간과 풍토》라는 제목을 붙여도 무리가 없을 것이다. 하이데거가 존재와 시간성, 존재와 역사성의 문제를 주제로 한 것처럼, 저자는 인간과 풍토성을 주제로 하여 하이데거가 설정한 역사성의 문제를 다루며, 나아가 새로운 차원에서 그 지평을 확대하고 있기 때문이다.

　서문에서 밝히고 있듯이, 저자 와쓰지는 하이데거의 《존재와 시간》을 읽고 아이디어를 얻어 이 책을 쓰게 되었다고 말하고 있다. 그는 이 책에서 하이데거의 시간 이해를 바탕으로 한 역사성 개념을 비판적으로 언급하면서, 지리적·장소적 공간성에 기초한 역사성의 개념을 구체화하고자 한다. 하이데거가 말하는 역사성이란 시간성에 기초한 역사성이다. 기존의 시간 이해와 구별된 차원인 시간성의 틀에서 역사성 개념을 정립하고자 하는 것이 하이데거의 의도였다. 와쓰지가 보기에 이러한 역사성 개념에는 풍토적 차이를 지니고 드러나는 공간성에 기초한 역사성 개념이 빠져 있다. 즉 하이데거의 역사성 이해의 틀에서는 특정한 문화의 역사적 과정에서 일어나는 사건의 의미는 새롭게 조명

될 수 있으나, 전혀 다른 지리적 상황으로 인해 다양하게 드러나는 역사적 사건의 의미는 이해될 수 없다. 문화적·풍토적 관점으로 시야를 확장함으로써 와쓰지는 하이데거의 역사성 입장을 수용하면서도 비판적인 안목에 이르게 된다. 이렇게 장소 혹은 공간을 중심으로 하여 역사성을 새롭게 이해하는 방식은 헤르더와, 일본의 교토학파 창시자라고 할 수 있는 니시다 기타로西田幾多郎에게서 잘 나타난다.

　와쓰지의 이러한 시선은 두 가지 의미를 가진다. 하나는 서양인의 시선을 그대로 수용하는 입장과 다른 하나는 이를 비판적으로 바라보고 상대화하는 입장이다. 와쓰지의 이러한 구분은 서양 근대의 문명을 받아들이는 일본 근대인의 두 가지 시선을 반영하기도 한다. 이 두 가지 태도는 후쿠자와 유키치를 비롯하여 서양 근대를 그대로 수용하는 태도와, 서양을 비판적으로 받아들이며 서양을 상대화하여 역으로 일본적인 것의 고유함을 찾으려고 하는 태도이다. 아주 짧게 언급하고 지나가지만, 예를 들면 그가 중국이나 조선을 바라보는 관점은 서구 근대인의 시선과 크게 다르지 않다. 그러면서도 서양을 바라볼 때는 서구적인 것과 일본적인 것의 차이와 관련해서 문화상대주의적인 시선을 견지한다. 이는 그가 일본의 독특함을 느낄 때 가장 잘 드러난다.

문화상대주의 관점은 이 책의 전 부분을 관통하는 기본적인 입장이라고 할 수 있는데, 특히 예술에 대한 분석에서 가장 명료하게 드러난다. 저자는 고대 그리스에서 시작하여 로마를 거쳐 유럽으로 유입된 예술 이해, 즉 기하학적 균형과 조화에서 예술을 이해하는 방향, 혹은 인도 등에서 등장한 것으로 예술을 감정의 과잉으로서 이해하는 방향과 일본 예술의 독특성이 구별된다고 분석하는데, 이 과정에서 예술의 독특성을 상대화하여 설명하고 있다. 하지만 이러한 문화상대주의적 관점에서 문화와 예술의 차이 그 자체를 서술하는 것이 목적은 아니다. 그의 목적은 어디까지나 자신이 속한 일본문화를 이해하는 것이다.

　와쓰지는 처음부터 풍토의 차이를 염두에 두고 이 차이에서 나오는 문화적, 사상적 차이에 주목한다. 이러한 관점에는 서양 근대인의 시선을 내면화하는 과정과, 다른 한편으로 서양 근대를 상대화하며 일본인의 정체성을 발견해가는 과정이 중첩되어 있다. 이 점에서 보면 그가 역사성을 이해하는 방식은 루돌프 불트만이 《역사와 종말론》에서 말하는 역사연구의 목적과 일치한다. 불트만은 역사연구의 목적이 궁극적으로 현재의 자기 이해에 있다고 말한다. 마찬가지로 와쓰지가 역사를 연구하거나 다른 풍토 지역을 여행한 목적 역시 당대 일본과 그 시공간을 살아가는 자기 자신을 이해하는 것이었다고 할 수 있다.

《인간과 풍토》에만 주목해서 보면, 와쓰지는 문화상대주의적 관점에서 일본을 이해하는 데 관심을 가지고 있다고 볼 수 있다. 하지만 이 책에도 암시되어 있듯이 그가 쓴《윤리학》의 관점에서 보면, 여전히 일본 교토학파의 철학적 관점에서 서양을 바라보고 서양을 상대화하면서 일본적인 것의 고유함을 찾으려 했다는 것을 알 수 있다. 그는《인간과 풍토》에서 하이데거의 역사성 개념을 비판하는데,《윤리학》에서는 하이데거의 현존재Dasein 이해에 대해서도 비판적 입장을 취한다. 그는 사람 사이를 뜻하는 한자어 人間 개념에 주목하여, 하이데거가 말하는 사물과 연관한 도구 연관구조에 앞서 타자가 있다는 사실에 주목한다. 타자와의 관계를 윤리적 인륜성Sittlichkeit의 토대로 보는 와쓰지는 하이데거의 현존재 개념에서 데카르트적 자아와의 유사성을 본다. 따라서 와쓰지의 '풍토의 역사성'과 '사람-사이 존재로서의 인간'이라는 입장에서 하이데거의 역사성 및 인간 이해를 비판하는 지점은 흥미 있는 주제라고 할 수 있다. 이는 하이데거뿐만 아니라 그의 제자인 가다머와 아렌트의 입장, 그리고 하이데거에 대한 프랑스 철학자 레비나스의 비판과 연결되는 쟁점이기도 하다.

번역을 하는 과정에서 지리적 지식이 부족해 지명에 대한 번역어나 설명에 많은 어려움이 있었다. 문학적, 예술적으로 섬세한 표현을 한국어로 번역하는 일도 힘들었다. 여행을 하면서 느낀 저자의 섬세한 시선과 관찰은 번역하면서 강한 인상으로 다가왔다. 예술과 관련해서 보면, 풍토의 차이에 따른 예술의 차이에 대한 와쓰지의 서술은 히사마츠 신이치久松眞一의 예술 철학과 유사한 점이 있다. 이 책을 번역하는 과정에서 도움을 준 분들이 있다. 대안 연구 공동체에서 메를로 퐁티의《지각의 현상학》강독 수업에 참여했던 분들이 부족한 초벌 번역을 읽고 지적해주었다. 원고를 정리하느라 애쓴 필로소픽 출판사의 편집진에도 깊은 감사의 말씀을 전한다. 무언가 의미 있고 새로운 여행을 하고 싶은 분들, 풍토는 물론이고 문화나 생각의 차이, 특히 서양과 동양의 차이, 하이데거의 현상학과 일본 불교의 비교 연구에 관심 있는 분들, 그리고 한국인으로서 자신을 세계시민의 한 사람으로 이해하고 싶은 분들에게 이 책을 추천한다.

□ 찾아보기

인간과 풍토

초판 1쇄 발행 | 2018년 2월 10일

지은이 | 와쓰지 데쓰로
옮긴이 | 서동은
펴낸이 | 이은성
펴낸곳 | 필로소픽
편집 | 문화주, 황서린
디자인 | 드림스타트
주소 | 서울시 동작구 상도2동 206 가동 1층
전화 | 02 883-9774
팩스 | 02 883-3496
이메일 | philosophik@hanmail.net
등록번호 | 제379-2006-000010호

ISBN 979-11-5783-098-5 93100

필로소픽은 푸른커뮤니케이션의 출판브랜드입니다.

이 도서의 국립중앙도서관 출판시도서목록CIP은 서지정보유통지원시스템 홈페이지seoji.nl.go.kr와
국가자료공동목록시스템www.nl.go.kr/kolisnet에서 이용하실 수 있습니다. CIP제어번호: CIP2017031776